穆云畲族乡志

LOCAL RECORDS OF MUYUN TOWNSHIP OF SHE

福建省福安市穆云畲族乡志编纂委员会　编

图书在版编目（CIP）数据

穆云畲族乡志 / 福建省福安市穆云畲族乡志编纂委员会编 .-- 北京：方志出版社，2018.11

（中国名镇志丛书）

ISBN 978-7-5144-3377-7

Ⅰ.①穆… Ⅱ.①福… Ⅲ.①乡镇—地方志—福安 Ⅳ.① K295.75

中国版本图书馆 CIP 数据核字（2018）第 244998 号

·中国名镇志丛书·

穆云畲族乡志

编　　者：福建省福安市穆云畲族乡志编纂委员会
责任编辑：顾　洁

出 版 人：冀祥德
出 版 者：方志出版社
地址　北京市朝阳区潘家园东里 9 号（国家方志馆 4 层）
邮编　100021
网址　http://www.fzph.org
发　　行：方志出版社图书经销中心
电话　（010）67110500
经　　销：各地新华书店
排　　版：北京纺印图文设计制作有限公司
印　　刷：北京中科印刷有限公司

开　　本：787 × 1092　1/16
印　　张：18.75
字　　数：377 千字
版　　次：2018 年 11 月第 1 版　2018 年 11 月第 1 次印刷

ISBN 978-7-5144-3377-7　定价：151.00 元

序一

习近平总书记指出:“不忘历史才能开辟未来，善于继承才能善于创新……只有坚持从历史走向未来，从延续民族文化血脉中开拓前进，我们才能做好今天的事业。”中国优秀传统文化是在漫长的历史长河中历经无数次涤荡和沉淀而形成的思想精髓，蕴藏着无穷的宝藏和无尽的力量。发掘和继承优秀传统文化，是延续中华文明“根”与“魂”的必由之路。与时俱进，推动传统文化不断开拓创新，是中华文明常葆勃勃生机的重要保证。

“国有史，邑有志。”编修地方志是中国特有的文化现象，是中华民族的优秀文化传统。数千年来，连绵不断的志书编修为保护中华民族根脉，传承中华文明发挥了不可替代的作用。中国现存古志有 8000 余种，占现存古籍的十分之一。中华人民共和国成立以来，编修完成数万种省、市、县三级综合性行政区域志、部门志、行业志、专志等，编纂数万种地方综合年鉴、行业年鉴和专门年鉴等，整理出版数千种历代方志及相关研究成果，发表相当数量的方志理论与年鉴理论研究成果。这既是对我国国情、地情持续开展的大规模普遍调查，也是对各地自然与社会发展状况进行的综合研究，其成果构成了一座丰富的文化资源宝藏，为各级领导科学决策提供了重要参考，为推动经济社会发展和文化建设发挥了重要作用。

当前，中国特色社会主义进入新时代，全国地方志事业也进入新时代。如今的地方志事业围绕党和国家利益、经济社会发展，以人民为中心开拓创新，志、鉴、馆、史“四驾马车”并驾齐驱，志、鉴、馆、网、库、用、会、刊、研、史“十业并举”，加快实现在全国范围内全面推进地方志从一项工作向一项事业转型升级。在党中央、国务院的亲切关怀和各级地方志工作者的共同努力下，一批紧密结合社会发展需求、具有独特创造性的工作逐步开展，涵盖中国名镇志、中国名村志、中国名山志、中国名水志、中国名街志等“名志”系列文化工程是其中代表。作为首个“名志”系列文化工程的中国名镇志文化工程，启动于 2015 年，至今已是第三个年头。中国名镇志丛书在记述主体上，选择中国历史文化名镇、经济强镇、特色镇等在全国具有影响力和代表性的乡镇，旨在全面展示中国名镇的文化精髓；在内容题材选择上，重在突出不同名镇的“名”和“特”，力求集中体现不同名镇最精彩的部分，增强可读性；在志书编纂程序设置方面，志书申报、篇目设计、专家审读、专家组验收等流程环环相扣，紧密结合，力争把每一部志书都打造成精品佳志。

习近平总书记指出：“历史和现实都表明，一个抛弃了或者背叛了自己历史文化的民族，不仅不可能发展起来，而且很可能上演一场历史悲剧。”2018 年是改革开放 40 周年，40 年来中华大地发生了翻天覆地的变化，乡镇发生了极为深刻的改变，从粗茶淡饭到有机食品，从粗布衣裙到精美时装，从土屋平房到高楼大厦，人民生活水平大大提高，城乡差距不断缩小。然而，在感受辉煌成就的同时，我们也应该看到，许多精巧的古建、精湛的工艺、亲切的乡音、独特的乡俗也在快节奏的发展中与我们渐行渐远，曾经的家乡正逐渐变为记忆中的故园。

党的十九大报告提出乡村振兴战略，此后党中央、国务院又推出一系列重大举措。实施乡村振兴战略，必须全面加强乡村文化建设，培养乡村文化自信，培植文化之“根”，铸牢文化之“魂”。没有乡村文化的高度自信，没有乡村文化的繁荣发展，就难以实现乡村振兴的伟大使命。振兴乡村文化，既要塑形，更要铸魂，必须遵循乡村发展的客观规律，在发展中把文化的精髓保留下来，把乡土味道、乡村风貌的“魂”传承下去。在保留优秀乡村文化内核的基础上，用现代表现方式，把反映时代精神、先进理念的内容通过群众喜闻乐见的文化产品表达出来，才能够让乡土文化具有更强大的生命力。用创新性的模式书写乡镇志，传承和抢救乡土历史文化，激发爱国爱乡情怀，为探索中国特色新型城镇化发展经验、发展模式、发展道路提供历史智慧和现实借鉴，正是实施中国名镇志文化工程的目的和意义所在。

“月是故乡明”。中国人素有“家国情怀”，家乡的山水是最为美丽的，家乡的风俗是充满温暖的，一声亲切的乡音，一口熟悉的家乡菜，都能拨动游子的心弦，让其魂牵梦萦。中国名镇志丛书是一套全面梳理中国名镇历史人文，挖掘文化特色，突出“名”和“特”的镇志。它能让人民群众深刻感受到本土本乡自然的优美、历史的醇厚、人物的杰出、艺文的风雅等，有助于培养人民群众对家乡文化的自信，激发起人民群众浓烈的爱乡爱国情怀，助力国家新型城镇化建设和乡村振兴战略的实施。

是为序。

中国社会科学院院长
中国地方志指导小组组长　谢伏瞻

序二

连绵不断地编修地方志是我国特有的文化传统，为传承中华文明作出了巨大的贡献。在党中央、国务院的高度重视和支持下，这一古老的文化传统焕发勃勃生机，展现新的活力，成为保存、继承、发扬光大中华优秀传统文化的重要依托，培育和践行社会主义核心价值观的重要媒介，社会主义先进文化建设的重要组成部分，发展中国特色社会主义，增强道路自信、制度自信、理论自信的重要载体，在实现“两个一百年”奋斗目标和中华民族伟大复兴中国梦进程中具有不可替代的地位和作用。

事物总是在不断发展中前进。经过改革开放以来30余年的发展，中国特色地方志事业与传统的编修地方志已不可同日而语，形成了志（志书）、鉴（年鉴）、库（地情数据库）、馆（方志馆）、网（地情网站）、刊（期刊）、会（学会）、研（理论研究）、用（开发利用）等多业并举的新格局。截至2015年10月底，全国编纂完成首轮、二轮省、市、县志书8000多种，编修部门志、行业志、专业志、乡镇村志27000多种，编纂地方综合年鉴2300多种，累计整理旧志2500多种，还编纂出版了大量的地情书，字数以百亿计，形成以反映国情、地情为主要内容，全面系统、持续不断、卷帙浩繁的社会科学成果群。另外，还开通了27个省级网站、230个市级网站、816个县级网站；建成国家方志馆1个、省级方志馆16个、市级方志馆86个、县级方志馆近300个。这些成果，成为国家极为重要的文化资源，是国家文化软实力和公共文化服务体系的重要组成部分。

最近几年，地方志工作的触角在不断延伸，部门志、行业志、专业志、特色志、乡镇村志编纂方兴未艾，成为当前地方志事业发展新的增长点和亮点。特别是乡镇志，兴起了编纂热潮，从自发的民间行为逐渐过渡为政府组织的文化行为，有的省份以政府令形式将其纳入地方志编修范畴，像河南省还以省政府办公厅名义要求全省普修乡镇志。乡镇志并不是一个新生事物，据现有资料可考，宋代常棠所撰《澉水志》是现存最早的一部乡镇志。与省、市、县三级志书相比，乡镇志虽属小志，但意义却不小，特别是在当前国家全力推进新型城镇化建设的背景下，乡镇志的作用更显重要。

启动中国名镇志文化工程，是适应当前新型城镇化建设形势发展需要、地方志事业发展形势需要的重要举措，也是充分发挥地方志存史、资政、育人功能的重要手段。作为最基层行政组织的志书，镇志是最接近中国社会发展变迁的国情、地情记录文本，具有重要的历史文献价值。而作为充分反映本区域自然、政治、经济、文化和社会的历史与现状的资料性文献，镇志又能全面展示发展脉络，摸索发展经验，为探索中国乡镇未来发展方向提供借鉴和参考。当然，对于祖祖辈辈生于斯长于斯的中国人来说，故乡就是一个魂牵梦萦的地方，故乡的情怀终生难忘。留得住乡愁，记得住乡思，充分展示名镇文化魅力，激发爱乡、爱国情怀，正是中国名镇志文化工程题中应有之义。

是为序。

中国社会科学院原院长
中国地方志指导小组原组长 王伟光

序三

“国有史，邑有志”，中国自古就有注重编史修志的传统。按照我国目前地方志行政法规，国家各级地方志机构的法定职责是编纂省、市、县三级志书，并不包括县以下的乡镇志和村志。这种规定，一方面可能因为全国有数百万自然村落和数万乡镇，全部实行官修很难实现；另一方面可能因为我国历史上就有“皇权止于县”的说法，县以下的民间社会历来是一个以自治为主的领域。然而，改革开放几十年来，我国社会正在发生巨变，这种巨变在基层社会的乡镇、村落、家庭领域更为深刻。作为“乡之首，城之尾”的镇，逐渐被日益崛起的大都市淹没了光彩，村落在快速的城镇化过程中每天都在大量消失，农村家庭的小型化、空巢化趋势非常突出。在这种情况下，我一直在思考，如何留得住历史文化记忆和乡愁，如何把修志的工作向基层社会延伸？

中国人的“家国情怀”，是从“诚意、正心、修身”开始，到实现“齐家、治国、平天下”。所以从国家一统志，省、市、县三级志，到乡镇志、村志、家谱，也是一个完整的系统。

正是在这种背景下，我们决定启动中国名镇志文化工程。乡镇是无数中国人生命的底色和成长的摇篮。如何在城镇化进程中，留得住乡愁，记得住乡音，忘不了乡思，事关城镇化进程的人文关怀和文化保护，事关文化血脉的传承。同时，科学记录城镇化进程，反映城镇化成就，也为今后探索城镇化发展规律、积累经验提供了基本素材。作为全面系统记述一定行政区域的自然、政治、经济、文化和社会的资料性文献，志书是以上功能最好的载体。

我国目前有 4 万多个乡镇，全部修乡镇志还不具备条件。中国名镇志丛书选择的是传统文化名镇、历史军事重镇、革命历史名镇、民族特色名镇、特色经济名镇、旅游景观名镇等类型的乡镇，应该是最具代表性的，在中国乡镇文化传承和社会发展中具有标杆意义。

编纂中国名镇志丛书是对乡土历史文化的保护。随着城镇化进程加快，有不少乡镇被撤并，有些还是在历史上有重要意义的历史文化名镇、特色镇等。如不及时对其历史进行整理、记录，这些重要的历史资料将散佚殆尽。因此，中国名镇志丛书的编纂是对宝贵历史资料的抢救。

编纂中国名镇志丛书是对乡土意识的传承。什么东西有魅力？故乡的山水，乡音乡情的记忆，乡土的气息和家乡菜的味道，不管走到哪里，总是触动心弦。中国名镇志丛书记录的是家乡的山山水水，家乡的历史文化，家乡的风土人情，留住的是乡愁。这些最能激发远方游子和本地民众的爱乡情怀、爱国情怀。

编纂中国名镇志丛书是一种学术探索。镇志的编纂，实质也是一次深入的社会调查研究。“麻雀虽小五脏俱全”，相比省、市、县，乡镇第一手资料的获得需要付出更大的努力。我们也希望在志书编纂上有所创新，使中国名镇志丛书成为一套图文并茂、雅俗共赏的新型志书。

中国社会科学院副院长
中国地方志指导小组常务副组长

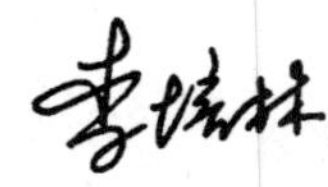

中国名镇志丛书编纂委员会

中国名镇志丛书编纂委员会办公室

福建省福安市穆云畲族乡志编纂委员会

（2015 年 7 月至 2016 年 5 月）

顾　　问　陈昌东　江成泉

主　　任　缪碧华　钟廷富

常务副主任　汪明安

副 主 任　陈铃亮　高卫民　徐仰德　施溢坤　王祖峰
李　萍　陈晓辉　雷振春　陈晓鸿　缪　丹

委　　员（按姓名笔画为序）
丁泽铃　方学锋　王义芳　王茂华　刘　灰
林金顺　林新富　钟伏生　钟伏言　钟秀云
蓝发章

福建省福安市穆云畲族乡志编纂委员会

（2016 年 5 月至 2017 年 12 月）

顾　　问　陈昌东　江成泉

主　　任　缪碧华　钟　文

常务副主任　徐仰德

副 主 任　郭　斌　陈铃亮　高卫民　郑仁寿　王祖峰
陈晓辉　雷振春　陈晓鸿　张祖平　苏亮清
林金顺　缪　丹

委　　员（按姓名笔画为序）
丁泽铃　方学锋　王幼萍　王茂华　兰　翔
刘　灰　林新富　林赛芳　钟伏生　钟伏言
钟丽利　蓝发章

福建省福安市穆云畲族乡志编辑部

顾　　问　蓝炯熹　林校生　梁丽琪

主　　编　缪碧华

执行主编　缪　丹

编　　辑（按姓名笔画为序）

陈小韦　李　杰　李毓贤　张玉文　林锦屏

罗承晋　罗鉴清　郑　青　郑摧如　徐仰德

蓝炯熹　赖艳华　缪　丹

审定单位　福安市地方志编纂委员会

中国名镇志丛书凡例

一、以马克思列宁主义、毛泽东思想、邓小平理论、“三个代表”重要思想、科学发展观、习近平新时代中国特色社会主义思想为指导，坚持辩证唯物主义和历史唯物主义的立场、观点和方法，存真求实，全面、客观、系统记述中国名镇城镇化进程和改革开放成果，传承和抢救乡土历史文化，激发爱国爱乡情怀，留住乡愁，为探索中国特色新型城镇化建设、服务乡村振兴战略提供历史智慧和现实借鉴。

二、为全面反映入志事物发展脉络，各志上限追溯至事物发端，下限一般断至各镇志启动编修年份，个别重大事项可延至搁笔。详今明古，着重反映时代特色和地方特点，重点体现各镇的“名”与“特”。

三、记述地域范围以下限年份的行政辖区为主。为体现名镇在更大区域内的意义，可以从更开阔的区域视野记述与该镇相关的内容。

四、统一采用纲目体，设类目、分目、条目三个层次。横排门类，纵述史实，述而不论。

五、综合运用述、记、志、传、图、表、录等各种体裁，以志体为主。体裁运用适当创新，篇目设置不求面面俱到，一般意义上的乡镇级内容略去不载。

六、除引用文字和附录文献资料外，统一使用规范的现代语体文记述，行文力求朴实、严谨、简洁、流畅、优美，具有较强可读性。

七、人物部类遵循“生不立传”原则，人物传主按生年排序，只选录对本镇发展有重大影响的人物，不面面俱到。

八、各项数据一般采用国家统计部门数据。数据缺乏的，采用主管部门或主办单位正式提供的数据。

九、数字用法、标点符号、计量单位分别执行国家标准《出版物上数字用法》（GB/T 15835—2011）、《标点符号用法》（GB/T 15834—2011）、《国际单位制及其应用》（GB 3100—1993）和《有关量、单位、符号的一般原则》（GB 3101—1993）。历史上使用的计量单位，如斗、石、里、尺、磅、华氏度等，在引文时可照录。考虑到社会使用习惯，全书中亩不统一换算。

十、中华民国成立前的纪年，使用朝代年号纪年，括注公元年份；中华民国成立后的纪年，均使用公元纪年。志中所称“解放前（后）”，以该镇解放日为界；“新中国成立前（后）”，以中华人民共和国成立日 1949 年 10 月 1 日为界；“改革开放前（后）”，以 1978 年 12 月中共十一届三中全会召开为界。本志“××年代”，凡未加世纪者，均指 20 世纪。

十一、为节省篇幅，避免重复，本志采用条目互见法。参见条目的表示形式为：参见本志“××类目·××分目·××条目”。

十二、对旧志、古籍中的繁体字、冷僻字一般用简化字或通用字替换，易引起误解的则保留。

十三、记述各个历史时期的党派、机构、职务、地名等，均以当时的名称为准。对频繁使用的名称，首次用全称并括注简称，其后用简称。

十四、各镇志需要单独说明的事项，均在各自编纂始末中记述。

穆云畲族乡在中国的位置

穆云畲族乡在福建省的位置

穆云畲族乡地图

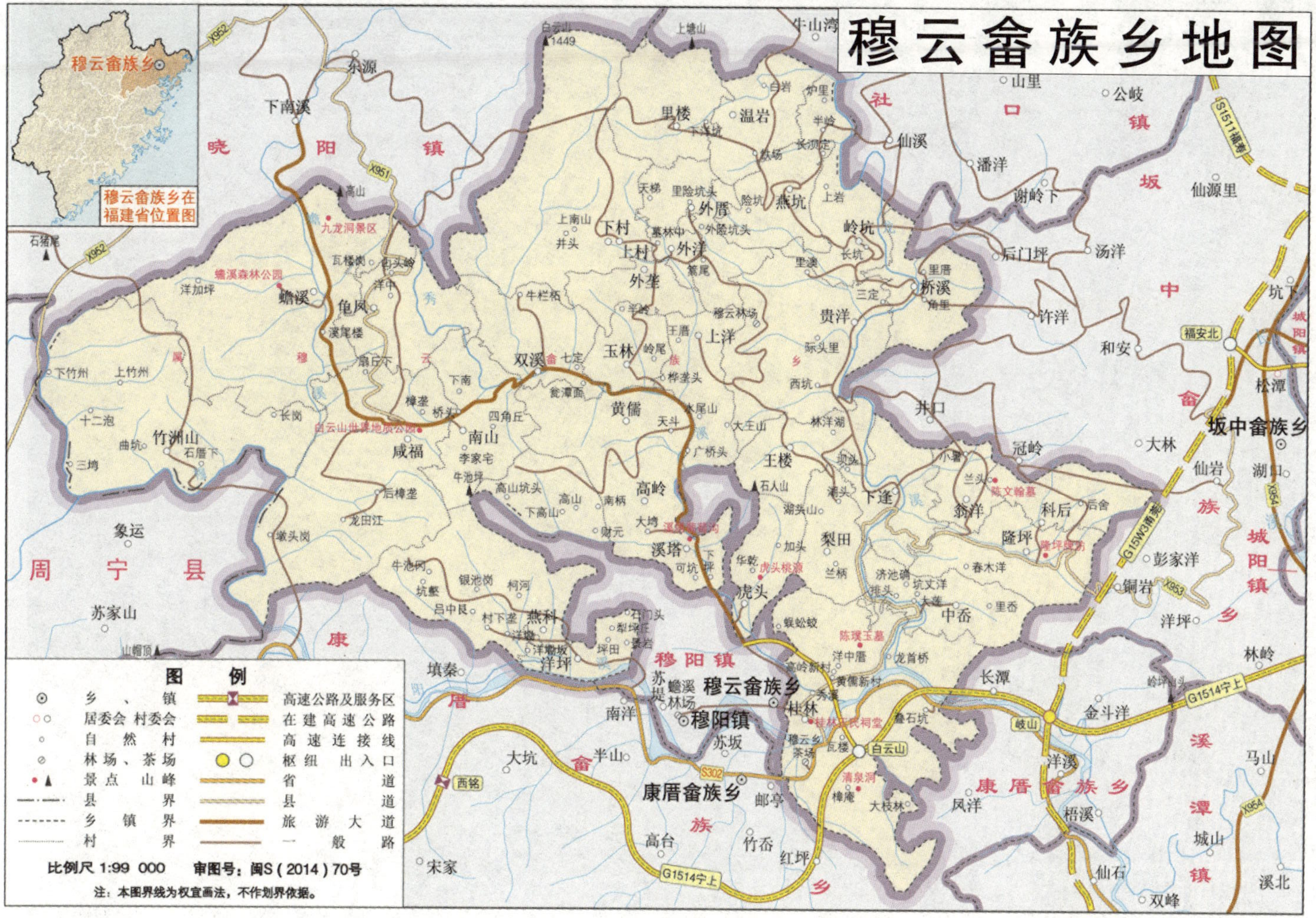

穆云畲族乡在福建省位置图
穆云畲族乡
图 例
乡、镇
居委会 村委会
自然村
林场、茶场
景点 山峰
县界
乡镇界
村界
高速公路及服务区
在建高速公路
高速连接线
枢纽 出入口
省道
县道
旅游大道
一般路
比例尺 1:99 000
审图号：闽S（2014）70号
注：本图界线为权宜画法，不作划界依据。
穆云畲族乡
穆阳镇
康厝畲族乡
坂中畲族乡
周宁县
晓阳镇
社口镇
溪潭镇
城阳镇
穆阳镇
双溪
黄儒
南山
咸福
龟岗
蟾溪
竹洲山
玉林
上洋
外洋
外厝
下村
上村
外垄
里楼
温岩
燕坑
岭坑
桥溪
贵洋
王楼
高岭
溪塔
虎头
梨田
下蓬
翁洋
隆坪
科后
中岙
桂林
苏堤
林场
苏坂
象运
苏家山
宋家
大坑
半山
南洋
填秦
高台
竹岙
红坪
邮亭
凤洋
洋溪
梧溪
仙石
双峰
城山
溪北
马山
金斗洋
长潭
林岭
洋坪
铜岩
彭家洋
仙岩
湖口
大林
冠岭
井口
和安
许洋
汤洋
后门坪
谢岭下
潘洋
仙溪
仙源里
公岐
山里
坑下
松潭
福安北
岐山
白云山
西铭
下南溪
东源
石猪尾
白云山 1449
上塘山
牛山湾
G1514宁上
G15W3甬莞
S1511福寿
S302
X951
X952
X953
X954

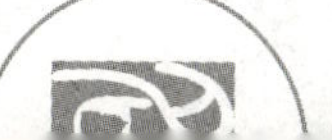

梯田下的咸福村（2016 年）

陈恩进　摄

桃乡花正红（2014 年）　　阴亮　摄

溪塔葡萄沟（2014 年）　　陈品寿　摄

游龙洞日落　　　　林新富　摄

第三届世界地质公园（福安）文化旅游节在穆云畲族乡举办（2013年） 丁立凡 摄

上市的刺葡萄（2010年） 曾斌 摄

虎头村的畲家婚礼（2017 年） 丁立凡 摄

南山村的畲家婚礼 丁立凡 摄

玉林村的春天（2017 年）　　丁立凡　摄

目录

穆水白云映畲乡

穆云畲族乡得名于穆阳溪与白云山，早在清代就形成了如今的33个建制村落。南国独有的溪塔葡萄沟和沃野千里的虎头桃花源像两条玉带围绕着冰臼奇观白云山，是穆云得天独厚的自然宝藏。

在穆云畲族乡人漫长的繁衍生息中，畲汉两族人民共同在云山穆水间发展起独特的畲族文化。经过改革开放十多年滴水穿石的奋斗，穆云畲族乡正朝着建设新时代中国特色社会主义美丽村镇而努力。

在福安市西部、坐落于穆水流域与白云山麓的穆云畲族乡，是福建省十八个畲族乡之一。这里独特的民族风情、秀丽山水、丰富物产，吸引着慕名而来的八方游客。穆阳溪与白云山，这一水一山孕育了穆云畲族乡，“穆云”之名亦来源于此。

早在商周时期，穆云就已经有古人类活动。福安在南宋淳祐年间（1241—1252）始立县，据明嘉靖《福宁州志》记载，明洪武二十四年（1391），福安县总人口为25663人。穆云地域内人口的大量迁入与乡野聚落的大规模构成始于明清时期。明代福安设置的镇市，是县域经济命脉之所在，明嘉靖年间（1522—1566），掌控福安商贸经济的是“一镇三市”，即黄崎镇、穆洋市、石磯津市以及苏洋市。“穆洋市，在十八都。盐货从富溪津过者，居积于此。盖廉溪之上游，亦泰顺、寿宁、政和、浦城之喉舌也。”[①] 位于廉溪上游的穆洋市既是叩开闽北、闽东北腹地商贸大门的起点，又是接纳三江口、白马门海洋文化的终点。经济繁荣，必然是人才汇集，诚如明嘉靖《福宁州志》所云：穆洋市“在十八都，人才颇盛，鬻盐者发迹于此”。[②] 明清时期，西部商贸经济圈在福安有举足轻重的历史地位，是以穆洋市为中心，辐射到钦德里5都，即十五都至十九都，其中包括穆云畲族乡区域的乡村聚落群。这个聚落群中有大量的汉族村落，还有几乎同等数量的畲民村落以及安邑特例的丁氏回族村落。穆云畲族乡33个建制村的聚落格局在清代已初步形成。其中，有16个畲族村，16个汉族村，1个回族村。八百多年间，汉族、畲族、回族等世居民族文化互动、交融，他们鼎建祠堂，修撰族谱，披荆斩棘，耕山耘水。

清代畲族迁入穆云，其开基祖均为农户，或搭建茅寮，刀耕火种，开垦荒地，或向当地汉族购买土地山场。穆云的畲族村很少由畲族单独一姓居住，大多是蓝、雷、钟、吴等畲族诸姓聚居，也有少部分村落是畲、汉杂居。畲族人民与当地汉族和睦相处，在穆云大地上繁衍生息，如今人数占穆云畲族乡总人口的三分之一。畲族的特色文化大放异彩，畲族村的民间故事和谚语机智幽默，字里行间透露着畲族人对生活的热情与达观。畲歌与畲舞是畲族人日常生活中不可缺少的一部分。他们以歌代言，无所不歌，抒怀抒情，教化育人，交流交际。最具畲族特色的是其服饰文化，黑色衣裤，绣着简单的马牙花纹，未婚少女用红绒缠着辫子盘在头上，留着刘海，被称作“布妮

① 明万历《福安县志》卷之一《舆地志》。
② 明嘉靖《福宁州志》卷之一《镇市》。

头”，已婚妇女则将长发盘成高帽状，环束几根深红色绒线，插上银簪。

白云山是宁德世界地质公园三个核心园区之一，位于穆云畲族乡和晓阳镇境内。以火山岩、晶洞碱长花岗岩地貌和峡谷深切曲流地貌、河床侵蚀地貌为主，集壶穴、水体景观等地质遗迹于一体，是国家 AAAA 级旅游景区。其中九龙洞景区在穆云畲族乡区域内，所谓“石臼垂天下，龙洞藏古今”，长达 5 千米的河谷里有令人叹为观止的壶穴石臼群，这些石臼的臼口或呈圆形、椭圆形，或呈蝌蚪形状，甚至爱心形状，有的石臼一眼见底，有的石臼盛着清水成为深不可测的碧水潭，数千个大小不一、深浅有别、形态各异、绚丽多彩的石臼遍布河谷，姿态万千。景区的核心景点九龙洞大洞套小洞，小洞连大洞，清泉汩汩，飞瀑连连。九龙洞内的飞天井是全国最大的单体石臼，洞顶穹窿“天眼”处天然嵌着一块圆石，在这一线天下“坐井观天”，让人不得不叹服大自然的鬼斧神工。九龙洞石臼群的发现属机缘巧合，以前这些石臼群长期湮没在水底，不为世人所知晓，上游建起水电站蓄水后，这一奇观才得以浮出水面，曾引发地质学界、冰臼学界专家关于白云山石臼的争论和探讨。

地处白云山景区核心区位的溪塔葡萄沟和虎头桃源是闽东北亲水游线路的重要组成部分，共同构成穆云畲族乡的生态旅游景区。“全国三大葡萄沟之一”的溪塔葡萄沟系当地畲民们利用秀溪、詹溪两条溪流，在溪旁种植野生刺葡萄，溪面搭架，形成绵延近 5 千米的葡萄沟，沟上绿荫蔽日，沟下流水潺潺，形成一道南国独有、美不胜收的风景线。沿溪而下是依山傍水的虎头桃源，虎头村畲民以种植穆阳水蜜桃为主，种植面积达 1000 多亩，是穆阳水蜜桃最大的生产基地之一，形成虎头桃花“沃野千里，竞相绽放”的盛况。每逢桃熟季节，枝头挂满水灵灵的水蜜桃，吸引商贩云集溪坂竞相争购。依托溪塔葡萄沟、虎头桃源，每年一度的刺葡萄采摘节、桃花节热闹非凡，成为汇集八方来客的盛会。

穆云畲族乡区域宗教与民间信仰包容并蓄。白云山主峰“缪仙峰”是闽东第一峰，云遮雾罩，山重水复，形成以民间道教俗神缪仙为代表的民间宗教神秘文化。唐宋时期，较之福安的东部山区、南部沿海，西部的佛教文化不算发达，以三仙师为代表的民间道教闾山法门占有不可忽视的一席之地。明清时期，畲民信巫、好巫，巫风弥漫，畲汉村民共同推动临水夫人、马氏真仙、五显舍头、林公大王等信仰文化的兴盛。明末清初，西班牙传教士的足迹踏进白云山麓，天主教浸染了福安西部大留洋三十六村。清乾隆年间（1736—1795），福宁知府李拔在《福宁府志》中记载了福安愈演愈烈的从教之风“……近复崇奉天主，容留洋人，念经从教，男女倾心，子衿不免。乾隆十年（1745）以来，屡犯大辟，顽顿如故”。[①] 包括穆云山区在内的天主教穆阳教区是闽东天主教文化根据地之一。由多元信仰而起的信俗节礼，如迎神、游神、礼佛等活动，颇具地方特色。

1984 年，穆云畲族乡从穆阳公社独立出来。建乡的三十余年间，正是中国经济、社会发展最为迅速、最值得书写的时代，穆云畲族乡经济、政治、文化、社会、生态五大文明建设取得长足的进步。穆云畲族乡地理交通便利，区位优势明显，宁武高速公路、省道下浦线、县道福穆线贯穿全境，白云山互通口设于桂林村，是福建省第一批特色景观旅游名镇、福安市“一市三区六组团”发展布局之生态旅游经济区的重要组成部分。溪塔葡萄沟、虎头桃源、白云山，加之生活于此的畲民，青春洋溢的穆云畲族乡魅力十足。

习近平在其记录闽东工作的《摆脱贫困》中收录《闽东之光——闽东文化建设随想》一文提到：“闽东的锦绣河山就是一种光彩……畲族文化是一个闪光点”，要“把闽东之光传播开去，使更多的人——外地区、外省市的朋友，海外的朋友，也对闽东之光有所了解，大家就会向往闽东，热爱闽东，把心血汗水浇灌在闽东”。[②] 穆云畲族乡的亲水乡土、神秘自然和热情人文，是对闽东之光的淋漓展现，吸引着四海友朋前来寻访探踪。在穆阳溪与白云山一水一山间，穆云畲族乡正将闽东之光传扬开去。

---

① 清乾隆二十七年版《福宁府志》卷十四，《学校志·风俗》。

② 习近平：《闽东之光——闽东文化建设随想》，第 21、23、25 页，福建人民出版社，1992 年版。

蟾溪村·梯田农事（2015年）　　王志凌　摄

基本乡情

穆云畲族乡于1984年10月建乡，下辖33个行政村，其中畲族村16个、回族村1个，其余为汉族村落。地处福安市西部，位于北纬27°2' ~ 27°9'40″，东经119°26'40″ ~ 119°36'40″。东西相距27千米，南北相距13千米，总面积120.9平方千米。全乡总人口约2.8万人，其中畲族9300多人，占总人口的33.8%。

穆云畲族乡地处中亚热带，海洋性季风气候显著，物产丰富，陆路、水路交通便利，地理区位优势明显，在科教文卫、村镇建设等方面取得长足发展。

优越区位

自然区位 穆云畲族乡位于福安市西部，辖区西与周宁县接壤，东与坂中畲族乡接壤，南邻康厝畲族乡，北与穆阳镇、社口镇、晓阳镇相接。

乡内地形起伏较大，中低山和丘陵居多，境内有白云山、笔架山、王士岗、高山、长弯山五大山脉，其中白云山主峰海拔1450.2米，是福安市最高山峰。东南部属河谷平原地貌，海拔仅30米左右。穆云畲族乡气候受地形影响，具有山地、盆谷地等气候特点。

交通区位 县道福穆线、省道小浦线、宁武高速公路以及沈海复线、福寿高速贯穿穆云畲族乡全境，白云山互通口设于桂林村。全乡有贵里、留洋、穆蟾（后拓建为白云山旅游大道）3条主干道，公路里程约96千米。2012年6月30日，宁武高速公路建成通车，白云山旅游大道于2013年9月通车，交通便利。

由于西部地区地处穆水下游，地理位置优越，自古以来是闽东北物资集散地及工业品供应站，也是闽东北与浙南交往的必经之道，商贸发达，素有“福安好穆阳”之赞誉。穆阳溪过穆阳、洪口，至三江口汇入交溪。穆阳以下22.4千米均可通航，河宽20～200米，一般水深2米，可通7吨以下木船。洪口以下为感潮区，可通40吨以下船舶。水上有桥梁3座。

2012年6月，宁武高速公路正式通车，与2015年8月竣工建成的福寿高速、沈海高速复线，构成一个发达的交通网络，使穆云畲族乡在福安乃至闽东的交通区位优势更加凸显。

经济区位 穆云畲族乡是福安市“一市三区六组团”（“一市”即滨海山水园林城市，“三区六组团”即中心城区的富春溪组团和溪北洋组团、滨海新区的赛江组团和白马组团、生态旅游区的穆阳溪组团和白云山组团）发展布局中生态旅游区的重要组成部分。

茶叶、穆阳水蜜桃、刺葡萄是穆云畲族乡农业的三大主导产业。旅游业是穆云畲族乡新的经济增长点。2010 年 10 月，白云山风景区成功申报“宁德世界地质公园”，开启了畲乡旅游发展的黄金时期。

建置沿革

乡名由来 穆云畲族乡地处穆水流域与白云山麓，这一水一山孕育了穆云畲族乡。乡名是从穆阳溪与白云山中各取一字而得。

辖区变迁 穆云畲族乡区域宋时为长溪县永乐乡之钦德里，南宋淳祐五年（1245）属福安县永乐乡钦德里。元代析永乐乡为福安、用儒二乡，穆云一带属福安县用儒乡钦德里十五都、十六都、十七都、十八都及十九都。属十五都一图的有留洋、黄儒、下逢、溪塔、隆坪、财元、可坑、洋坪、春木洋、科后、后舍、里岙、大莲、岭头、王楼、长涢定。属钦德里十六都一图的有温洋（今温洋、白岩等自然村合为温岩村）、白岩、贵洋、湖头、角里、翁洋、湖头山、险坑、篙尾、兰头、上洋、长坑。属钦德里十七都一、二图的有桂林、加头、梨田、里湾。属钦德里十八都一图的有燕窝（今燕窝、险坑等自然村合为燕坑村）、洋磡、南山。属钦德里十九都一图的有樟垄、蟾溪、龟凤、玉林、龙田江、咸福、溪塔、岭头（今岭头、上下高山等自然村合为高岭村）。

民国初期，福安县沿用 3 个乡、9 个里、32 个都区划。1928 年 9 月，实施《县组织法》，县以下设区、村里。1929 年，福安县划分为 7 个区，统辖全县 99 个乡镇，今穆云畲族乡区域当时属穆阳区穆阳、黄坂、桂林、樟垄、隆坪、桥溪、蓬山、留洋等乡镇。1934 年，福建省实行保甲制度，福安县于 1936 年完成分区设署，全县划分 4 个区，第三区区署设穆阳，下辖 9 个联保、103 个保，今穆云畲族乡区域属穆黄、桂龙、咸楼、桥楼、隆蓬等联保。

1945 年，撤销区署，实行县、乡二级政制，1946 年，全县调整为 4 个镇、8 个乡，下辖 173 个保。今穆云畲族乡区域桂林、溪亭（塔）保属穆阳镇；桥（溪）（贵）洋、隆坪、翁洋、下逢、留洋诸保属蓬山乡；咸福、黄（儒）南（山）保属社湖乡。

1948 年，全县调整为 15 个乡镇，辖 144 个保。今穆云畲族乡区域桂林、溪亭（塔）保属穆阳镇；隆坪、下逢、燕（窝）桥（溪）、留洋诸保属蓬山乡；咸福、黄（儒）南（山）保属社湖乡。

中华人民共和国成立后，穆云畲族乡各村属穆阳区（即第四区）。1950 年，属穆阳区的苏堤、桂林、隆坪、留洋、燕桥、下逢、黄南、咸福、穆阳等乡镇。1956 年，属第四区（穆阳）的穆阳镇、隆坪、苏堤、咸福、桂林、留洋、贵洋、蟾溪乡。

1963 年，穆云畲族乡区域各村落皆属穆阳区，其中洋坪大队属渡头公社；桂林、秀溪大队属穆阳公社；翁洋、隆坪、中沃、王楼、梨垅（田）、下逢诸大队属下逢公社；里楼、温岩、燕坑、上岩、桥溪、贵洋诸大队属贵洋公社；上村、下村、外洋垄、外洋、外厝、里厝诸大队属留洋公社；溪亭、虎头、黄如（儒）、高岭、玉林、上洋诸大队属溪亭公社；咸福、南山、蟾溪、龟凤、双溪诸大队属咸福公社。

1975 年，福安县行政区划调整，取消渡头、下逢、贵洋、留洋、溪亭、咸福诸公社，桂林、溪亭、隆坪、翁洋、里村、外洋、玉林、南山、中沃（岙）、王楼、下逢、贵洋、燕窝（坑）、温洋（岩）、咸福、蟾溪、黄如（儒）诸大队属穆阳公社；洋坪大队属康厝公社。

1984年，废弃“政社合一”制度，建立县、乡（镇）、村三级组织。9 月，撤销坂中、康厝乡，建立坂中、康厝畲族乡；10 月，撤销穆阳公社，建立穆云畲族乡，下辖 32 个村委会：温岩、里楼、燕坑、蟾溪、龟凤、双溪、贵洋、梨田、翁洋、桥溪、咸福、南山、黄儒、王楼、溪塔、下逢、外厝、隆坪、科后、洋坪、虎头、中岙、桂林、下村、外洋、外垄、玉林、上洋、上村、燕科、高岭、岭坑。

1988 年，由蟾溪村划出部分行政区域，新设立竹州山村。穆云畲族乡下辖 33 个村委会。

村庄概况

竹州山村　一个纯畲族老区基点村，是全乡最边远的一个建制村，地处乡西部与周宁县交界大山河边，平均海拔 600 多米，下辖上竹洲、下竹洲、十二泡、三湾、曲坑、平中山（亦称屏峰山）、石厝下 7 个自然村。原来还有 1 个自然村葛藤湾，于

1936年为国民党军队所毁。全村耕地面积230亩，林地面积2000亩，福建省级公益生态林1368亩，毛竹300亩。截至2014年5月，户籍人口346人，其中畲族333人，占96%；汉族13人，占4%。乾隆年间（1736—1795），蓝、雷、钟三姓先祖相继迁入竹州山。上竹洲、十二泡为蓝姓，下竹洲、三塆为钟姓，曲坑、石厝下、屏峰山为雷姓。其中，蓝姓自乾隆年间由穆云畲族乡溪塔村迁至寿宁租洋村，再迁至上竹洲，后分移十二泡，已有220多年；有109人，占全村人口32%；雷姓自光绪年间（1875—1908）由穆云畲族乡南山村迁至石厝下后分移屏峰山，至2014年已有120多年；有144人，占42%。钟姓自乾隆年间由坂中乡濑头村迁至下竹洲，已有220年；现有78人，占23%。其他姓氏有15人。1956年，曾建竹州山小学。1980年，曾建供销社。竹州山村曾是南方三年游击战争闽东革命依托地，现遗留着红军枪支修造厂、子弹再造厂、后方医院、土豪看管所、红军洞等旧址。建有竹州山畲族革命纪念碑、竹州山畲族革命纪念亭及1951年叶飞拨款重建的中共闽东特委遗址民房。如今，茶与油茶是主要物产。节俗除“三月三”外，畲族与汉族相同。

燕科村 北连“银池坪”风景区，南与康厝乡南洋村交界，东与洋坪交界，西与康厝乡填头村交界，南面是穆阳溪，是一个纯畲族村，距乡政府所在地5.5千米。村旧名“燕窝”，与燕坑的“燕窝”村同名。清光绪二十二年（1896）修藏于高山村钟谱内《燕窝村记》载:“燕窝由宸城而南三十余里，居穆水之西，川绕于前，山环于后，清流湍耳得之而为声，茂林修竹目遇之而成色，幽居之胜概也。旁有小径达于村，行数十步，四顾渺然，反失所在，盖山道纡徐盘曲而群峰为之四合也。经数十步，乃豁然开朗，如贵李愿之盘谷，如桃源之别洞，阡陌交通矣。窝者，藏也，紫燕归来巢于梁上，无须桑土，何忧风雨之飘摇，故名之曰‘燕窝’，此其局安而地密也。”辖洋墈、村下垅、坑确、牛池岗、高山、燕科6个自然村。户籍人口777人，其中畲族739人，苗族1人，汉族37人。钟姓325人，雷姓230人，蓝姓164人，陈姓25人，吴姓10人，其他姓氏23人。蓝姓于光绪年间（1875—1908）由十六都井口村迁入，钟姓于清代由大林迁入，雷姓于清代由牛石坂迁入。全村耕地面积649亩，其中水田361亩；有林地面积4255亩，其中茶园面积201亩、果园面积261亩。以农业种植为主，发展林业、养殖业为辅，产茶叶、水蜜桃。有林公宫2座，分别建于1932年和1986年。

洋坪村 地处穆云畲族乡南部，穆水河畔，海拔65米，距离乡政府4.5千米。东邻穆阳镇苏堤村，南临穆溪，西通康厝畲族乡填头村，北傍银池坪山麓，东、南、西一派平川，北有森林，茶园遍野，清泉溪水，山清水秀。洋坪村又名“杨坪”，相传原为杨姓人居住，后杨村废圮，畲族居民多数为20世纪50年代初迁入，是中华人民共和国成立后新建的畲族村。辖洋坪、考河（亦称确河、柯河）、楼里、梨坪丘、梨壁山、石门头6个自然村。2012—2013年，洋坪村被评为福安市文明村。户籍人口780人，包括畲族756人，汉族24人。钟姓286人，雷姓215人，蓝姓202人，吴姓44人，黄姓18人，其他姓氏15人。钟姓由甘棠山头迁入，雷姓由康厝红坪迁入，蓝姓由社口谢岭下迁入。全村耕地面积560亩、山地80亩、园地70亩，经济收入以制作线面，种植生姜、茶叶、水蜜桃为主。

桂林村 穆云畲族乡最大的建制村，处于穆云畲族乡、康厝乡、穆阳镇互融的镇区所在地，辖桂林、秀溪、桥南新村（亦称过河）、洋中厝、寨边冈等6个自然村。桂林村旧名“卓家坂”，原始居民是卓姓，至2014年，村中无卓姓人家，主姓为王姓，系开闽王后裔，北宋初期迁入。户籍人口4538人，其中，王姓2787人，林姓349人，陈姓210

桂林村全景（2014年） 张玉文 摄

龟凤村全景 林新富 摄

人，缪姓146人，其他姓氏1046人。其中畲族38人，回族36人，哈尼族1人，黎族1人，壮族1人。有优质农田3000多亩，山田1000多亩，茶园4600多亩。主要产业为茶叶，有茶叶初精制厂50多家，是闽东最大村级茶叶市场之一。商业繁盛，建有穆云第一条农民商贸街。特产丰富，有烤肉、扁肉、水蜜桃、野生“牛松菰”和菜心等。

龟凤村 地处福安白云山风景区，海拔650米左右。辖龟凤、洋中、山头岭3个自然村。户籍人口605人，其中许姓231人，张姓201人，钟姓27人。张姓于明弘治二年（1489）自穆洋迁至龟凤，许姓于清康熙元年（1662）从晓阳镇迁入。全村耕地面积446亩，山林面积2271亩。村道路于2008年完成水泥硬化。主要经济收入为种植茶叶、太子参、水稻以及养鸡等。有将军骑马、庵坪罗鼓、旗山、卢山瀑布、石槽潭、安眠桥、寨门头、后门楼、龙头里等古迹。

蟾溪村 地处福安白云山西麓，海拔400米左右。村开基主杨姓于北宋天圣二年（1024）迁入，为村子取名为“大所”，后改名“成溪”，后村口的潭面上架起桥梁，夜晚“月映桥影”，颇有广寒宫的韵味，溪名和村名均改为“蟾溪”，沿用至今。另一主姓吴姓于北宋治平三年（1066）从政和西里十八都筠竹坑迁入。辖蟾溪、洋加坪2个自然

蟾溪村远景（2015 年）　　丁立凡　摄

村。全村户籍人口 918 人，主姓为吴姓。村总面积约 880 亩，其中耕地面积 530 亩、林地面积 350 亩，村民主要经济收入来自种植茶叶、太子参、水蜜桃、水稻，酿制农家米酒和外出务工。

咸福村　位于福安白云山南麓的樟南坂，蟾溪与龙亭溪的交汇地带，海拔约 500 米。阮姓先祖于清康熙五十八年（1719）迁入，郑姓先祖郑金三于雍正十三年（1735）自周宁鲤鱼溪迁入。咸福旧称“里洋”或“咸竹（谷）塆”，又作“含竹塆”，1937 年，“含竹塆”更名为“咸福”，沿用至今。辖咸福、樟垄、后樟垄、龙田江、茶塆、扇丘下 6 个自然村。户籍人口 1136 人，主姓为郑、阮、江等。主要产业为种植业，茶果园 150 多亩，种植水蜜桃、板栗、沙糖橘、蜜香梨、脐橙、核桃、樱桃、青枣等。

南山村　位于穆云畲族乡中部，距乡政府驻地 12 千米，地处穆云畲族乡银池坪山腰，海拔 400 米左右，周边山峦环绕，因村址座南遂名。村开基于清乾隆五十八年（1793），主姓雷姓于清代初期自霞浦垄边迁入。光绪十年（1884），属福安县用儒乡钦德里十八都。辖南山、守门山、金贝下，下南下村、下南上村、桥头、后坑7个自然村。户籍人口 872 人，其中畲族 673 人，汉族 194 人，回族 5 人。主姓为雷、钟、蓝、吴、

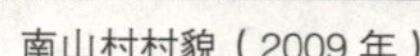

南山村村貌（2009 年） 张玉文 摄

缪、陈等。主要产业为农林种植业，主要种植竹、蜜桃、刺葡萄、茶叶。农村宅基地 600 多亩，耕地山林面积 3800 亩，植被资源丰富，有红豆杉、黄皮树、松树，其中百年红豆杉 5 棵。有滴答洞、银池坪、百年松等旅游景观。南山小学为福安市 15 所民族重点小学之一。

双溪村 位于穆蟾沿线的西北部，离穆云畲族乡政府所在地 10 千米。民国时期，是穆阳通往晓阳镇南溪的必经之地，当时取名金溪村。由于溪头有两条小溪汇合，一条来自白云山的流水，另一条来自南山村的流水，故改名“双溪”。辖双溪、牛栏柘、七

双溪村全景（2014 年） 林新富 摄

垟、瓮潭面 4 个自然村，主村位于双溪，瓮潭面已搬迁。全村山地耕地面积 3100 亩，其中林地面积 2830 亩，耕地面积 270 亩，毛竹面积占山地面积 80% 以上。清雍正三年（1725），穆云畲族乡外垄村王姓兄弟迁徙至双溪村，在此定居耕作，后郑（周宁鲤鱼溪郑姓）、夏、扬、徐、李、阮、雷、陈、彭、吴等各姓陆续迁入此地，其中，双溪村有王、郑、夏、扬、徐、李六姓，牛栏柘有王、阮、雷三姓，七垟有陈、吴二姓，瓮潭面为彭姓。全村户籍人口 434 人，其中汉族 420 人，占 97%；畲族 10 人，占 2%；回族 4 人，占 1%。 主要物产是冬笋。主要景观有观音亭、龙潭瀑布、百丈漈、石排镜、猴王照镜等。

玉林村 位于穆蟾旅游沿线西北部，海拔 200 多米，距离乡政府所在地 8 千米。辖玉林、半岭、岭尾、玉林亭、槟树下 5 个自然村，其中玉林亭自然村已搬迁。玉林村是过去大留洋三十六村（概数）的村民出入歇脚点。过去大留洋村民制作竹制品，挑往穆阳镇里变现，再换回日用品，必经玉林亭，溪面自古以来就有廊桥，几经重建。1977 年，蟾穆公路通车，尤其是近年经下逢方向往留洋的公路通车，廊桥逐渐冷落，玉林亭村也渐渐废弃。但古道犹存，至今仍是徒步登上白云山的最佳选择。主姓林姓于清康熙后期从穆阳上巷迁入。户籍人口 531 人，其中汉族 517 人，回族 12 人，苗族 1 人，畲族 1 人。全村山林耕地 1800 多亩，其中林地 1200 多亩，耕地 600 多亩，村民主要经济收入来自种植茶叶、林木、毛竹，特产有粉丝、粉扣。

上洋村 地处穆蟾公路沿线，海拔 300 多米。辖吴厝、陈厝、王厝、华龙（垅）头、

玉林村村貌　　林耀琳　摄

水尾（山）村、拱桥头6个自然村。户籍人口378人，其中汉族243人，畲族126人，回族9人。吴姓于清康熙六十年（1721）从溪柄茜洋迁入。雷姓于康雍年间（1661—1735）从板中林岭迁入华龙头。全村耕地面积450多亩，林地面积2160亩。2000年，修建上洋水电站、黄林水电站。由于地处偏僻、地势险要，2000年起，村民陆续迁入在秀溪洋新建的造福工程“上洋新村”，规划占地面积70多亩。其后，穆云畲族乡其他村造福工程搬迁户、地质搬迁户搬往此地，今上洋新村、黄儒新村相连在一起，共有236户，1160多人。

黄儒村 福安市唯一的回族村，地处海拔六七百米的山上，倚山靠崖，下临深渊，地势十分险峻，整个村落掩映在青青幽篁和森森林木之中，延绵起伏的中小丘陵高差大，坡度陡，坡度为30～35度，有的达40度。主姓丁姓于明嘉靖年间（1522—1566）由泉州晋江陈埭肇迁斯土。一条横穿村子而过的石路，把黄儒村拦腰分为上下两个部分。路下的民宅巧妙地利用地形，顺崖而建，家家相通，户户相连，形成非常独特的山村格局。路边依山而建的住房，下端凹进，上端突出，颇有“吊脚楼”的味道。黄儒村的田园都散布在山崖之上，大大小小，层层叠叠，远远望去，仿佛是置放于崇山峻岭之间的“碗”“碟”“瓢”“盘”。户籍人口1045人，其中回族788人，汉族233人，畲族23人，壮族1人。主要产业为毛竹加工。黄儒村原辖黄儒、天斗2个自然村，1997年，受11号台风影响，经地质部门勘察属特大地质灾害隐患村，全村搬迁至桂林秀溪洋重建的黄儒新村。

高岭村 地处白云山旅游大道旁，距穆云畲族乡政府5千米，平均海拔300多米，是纯畲族村。原辖高山、南柄（亦称兰柄）、岭头、大塆4个自然村，村委会所在地原在高山自然村。全村耕地面积500亩，林地2000多亩。全村户籍人口553人，其中畲族536人，占97%；汉族15人，占3%；另有彝族、壮族各1人。有一棵400多年树龄的刺葡萄树王，有一条4千米长的葡萄沟从溪塔延伸至高岭。该村为福安市茶叶名种“福安大白茶”原种之村。全村主要经济收入来自种植刺葡萄与水蜜桃。因地理条件恶

高岭新村（2014年） 林新富 摄

溪塔村村貌（2012 年） 丁立凡 摄

劣，2003 年后，高山自然村搬迁到桂林秀溪洋，岭头、南柄搬迁到穆阳坡头。

溪塔村 位于穆云畲族乡东部秀溪河畔，通往世界地质公园白云山蟾溪石臼景区公路沿线，距乡政府所在地 4 千米，海拔 90 米，相传临溪曾有一塔，故得名。村开基于明万历年间（1573—1620），主姓为蓝姓，于万历十六年（1588）从寿宁迁入，为宁德最大的蓝姓迁徙起始地，史称“溪塔蓝”。清光绪十年（1884），属用儒乡钦德里十九都；1946 年，属穆阳镇溪亭保。辖溪塔、下坪 2 个自然村，户籍人口 610 人，其中畲族 589 人，汉族 20 人，回族 1 人。溪塔村畲族风情浓郁，仍保留着畲族祖先遗留下来的一些习俗。2010 年，建成畲族民俗文化展览馆，馆内收藏有珍贵的畲族宗谱、畲族传统服饰、银饰以及大量畲巫的服饰、法器等，成为人们了解畲族文化的一个重要窗口。

虎头村 位于穆云畲族乡东部秀溪畔与白云山旅游大道沿线，距乡政府驻地 2 千米，海拔 60 米，为福安少有的位于平原的畲族村之一，是闽东与浙南地区特有的吴姓畲族聚居村。辖虎头、洋中亭、加头、和平洋、蜈蚣岔 5 个自然村。全村户籍人口 791 人，其中畲族 650 人，占 82%；汉族 133 人，占 17%；回族 8 人，占 1%。据《福安市吴姓统谱》记载，主姓吴姓约于明万历年间（1573—1620）自墓亭迁入虎头。存有清同治八年（1869）、光绪三十年（1904）所修《吴姓族谱》。曾有小学，学生达 260 人。村民收入主要来自种植穆阳水蜜桃、刺葡萄、茶叶及劳务输出。虎头村是穆阳水蜜桃专业村，村民种植“穆阳水蜜桃”千余亩。2009 年 1 月，成立福安市虎头水蜜桃种植专业合作社。

虎头生态农业（2014 年）　　　　林新富　摄

燕坑村　辖燕窝、险坑、长坝垵 3 个自然村。燕窝雷姓于清雍正二年（1724）自福宁东山迁入，险坑雷姓于乾隆四年（1739）自半头坪村迁入。全村耕地面积 560 亩，山林 3810 亩。全村户籍人口 664 人，其中畲族 641 人，占 97%；汉族 23 人，占 3%。村内以雷姓为主，有 513 人，占 77%；还有蓝、钟、王、吴、林等姓。主要经济收入以种植茶叶为主，另种植猕猴桃、水蜜桃等。有百年大枫树 2 棵、百年椿树 2 棵、千年红豆杉

燕坑村口（2014 年）　　　　林新富　摄

5株还有刺葡萄长廊。主要景观有石公石母、仙床仙桌、火山岩。

岭坑村　位于穆云畲族乡西北部，海拔360米，辖上长坑、下长坑、上岩、半岭、炉里5个自然村。上长坑为村委会所在地，半岭、炉里、上岩与社口交界，与主村上长坑交通不便。全村耕地面积570亩，山林3600亩。户籍人口624人，其中畲族451人，占72%；汉族172人，占28%；回族1人。半岭是汉族村，炉里为畲族村，上长坑、下长坑、上岩是畲汉杂居村。蓝姓自铁场迁入，王姓自桂林迁入。主要经济作物是茶叶。

桥溪村　位于穆云畲族乡北部，白云山麓，距乡政府13千米，海拔117米，是贵里公路及白云山的交通要道，东邻坂中乡后门坪、许洋、井口村，西与岭坑村相邻，南与贵洋村相邻，北与社口镇仙溪村相邻，是两乡一镇的交界村。民国时期，曾为桥溪乡所在地。辖桥溪、下厝下、角里、里厝4个自然村。全村耕地面积628亩，山、农地800亩，林地980亩。村庄开基于明朝中期。户籍人口438人，其中汉族417人，占95%；畲族17人，占4%；另有回族4人。主姓为郑、刘、康，其中刘姓于清嘉庆年间（1796—1820）迁入桥溪，有族谱传留。以农业和林业为主，种植有茶叶、水蜜桃等。

桥溪村古民居（2014年）　　林新富　摄

贵洋村 亦作“过洋村”，位于穆云畲族乡北部，白云山麓，是贵里公路及白云山的交通要道，距乡政府驻地12千米，海拔106米，东邻坂中乡井口村，西与留洋村相邻，南与王楼村相邻，北与桥溪村相邻。辖贵洋、漈头里、西坑、里沃、三埞5个自然村。贵洋开基系明正德十一年（1516）兰房十五世、蕙房十七世二祖自福岩中（门内朱）移迁于贵洋。清道光十八年（1838），增修《江夏黄姓总谱》，留传至今。全村耕地面积860亩，山林2940亩。户籍人口922人，其中汉族907人，占99%；畲族13人，占1%；还有壮族、回族各1人。主姓为黄姓，共524人，占57%；还有王、林、李、吴、陈、郑、周、雷、苏等姓。黄姓主要分布于贵洋与西坑，另有王姓分布于里沃和三埞，李姓分布于漈头里。经济也以农业和林业为主，种植茶叶、水蜜桃等。

王楼村 位于穆云畲族乡中部，白云山麓，海拔300米左右，距乡政府所在地10.5千米。长期居住蓝、雷、钟三姓畲民。蓝姓于清乾隆十四年（1749）由康厝半山迁入。钟姓为大林钟，于乾隆八年（1743）由社口徐墩坂迁入，雷姓由后舍迁入。辖王楼、林

贵洋村村貌（2014年） 林新富 摄

王楼村生态农业（2014年） 林新富 摄

洋湖、王楼小村3个自然村。户籍人口583人，其中畲族571人，汉族12人。全村有耕地530亩，山林2800亩。以种植水蜜桃、茶叶为主，种植合作社50多户，茶叶种植400多亩，水蜜桃种植300多亩，养殖业亦初具规模。该村为2007年福建省第二批省级扶贫开发村，由福州华能电厂挂钩帮扶。

下逢村 原作“下蓬村”，位于福穆公路沿线，下逢溪畔，与隆坪接壤。是穆阳通往社口的要道，商贸便利，村里老宅数量可观。辖下逢、坝头2个自然村，村委会驻地在下逢。民国时期曾设下逢乡。户籍人口775人，其中汉族762人，占98%；畲族13人，占2%。有许、张、郭、宋、林、陈、王、郑、黄、李等姓。宋姓自清康熙年间（1662—1722）迁入下逢，许姓大约在雍正年间（1723—1735）迁入下逢。许姓宗祠始建于嘉庆二十五年（1820）。道光四年（1824），修许姓族谱，留传至今。坝头以张姓为主。全村主要种植茶叶、生姜、水果（桃、橙、葡萄）。

科后村 亦为“窝后村”，地处穆云畲族乡东部，海拔300多米，是纯畲族村。辖科后、后舍（后泝）、蓝头3个自然村。全村有耕地550亩，山林1200亩。全村户籍人口573人，其中畲族551人，占96%；汉族22人，占4%。其中雷姓351人，钟姓139人，吴姓34人，蓝姓29人，其他姓氏20人。蓝头为雷姓，科后为蓝、雷、钟三姓，科后

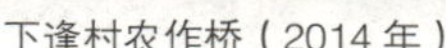

下逢村农作桥（2014 年）　林新富　摄

科后后舍村村貌（2014 年）　林新富　摄

雷姓由康厝迁入，后舍为雷姓，于清顺治七年（1650）由十五都赤墘迁入。后舍族谱保存颇好，有雷姓宗祠；是福安畲族银器的传统制作地，仅存吴姓艺人 2 人、雷姓艺人 1 人。村民经济收入以种植水蜜桃和茶叶为主，大部分青壮年外出务工、经商。

隆坪村　位于福穆公路的黄金分割点路段，距穆云畲族乡政府所在地 12 千米，为隆坪村委会驻地，辖隆坪、椿木洋 2 个自然村。清道光二十五年（1845）《林氏宗谱 · 建宗祠志》载：“邑西二十里有乡曰‘隆坪’，林族居焉。环绕皆山，有文峰，有带水，有灵龟把口，有双蛇赶水胜景也。实胜地俗醇厚，人质朴。”林姓隆坪始祖文盛父子自南宋绍熙年间（1190—1194）迁徙此地，以“上大夫”和“孝廉”身份归隐山林，沿袭已至 27 代、800 多年。全村耕地面积 1271 亩，山地面积 1860 亩。户籍人口 1013 人，其中汉族 973 人，畲族 38 人，回族 2 人。主姓为林姓，还有郭、黄、陈、汤、王、雷、吴、钟、张、叶、郑等姓。隆坪尚存旧谱二本，分别修于 1915 年与 1983 年。2003 年，又新修《林姓宗谱》。村里重视教育，人才辈出，每十人中有教师一位，是闽东有名的教师第一村。隆坪村是土地革命、抗日战争及解放战争时期闽东北下西区主要的革命活动据点。

翁洋村　地处福安西部、穆云畲族乡东部，原称雍洋，海拔 200 多米，为村委会驻地。辖翁洋、小署 2 个自然村，以苏姓为主。苏姓于北宋末期从苏家板（今康厝苏坂）迁入。这里山清水秀，曾有“晴开渔撒网”“山深景更幽”的佳句。全村耕地面积 350 多亩，山林 1800 多亩。户籍人口 383 人，其中汉族 373 人，畲族 7 人，回族 2 人，苗族 1 人。有阮、郭、苏、陈、林、郑、王等姓。村民经济收入以种植水蜜桃和茶叶为主，

隆坪村村貌（2014 年） 林新富 摄

翁洋村村貌（2014 年） 林新富 摄

大部分村民外出务工、经商。

梨田村 又名“梨前村”，位于穆云畲族乡东部，距乡政府驻地 5 千米，海拔 110 米。为梨田村委会驻地。东邻逢溪，西接加头，南至蓝柄村，北靠湖头山。村落坐西向东，村后有老鹰石，村北有长毛山。辖梨田、林柄、湖头山、湖头、蔗头垄 5 个自然村。全村耕地面积 460 亩，山林 1800 亩，果园 200 亩，茶园 105 亩。户籍人口 486 人，其中畲族 467 人，汉族 18 人，土族 1 人。主姓为钟姓，为大林钟，清代自金斗洋迁入，有 248 人；另有雷、吴、蓝、陈、黄、林、王、杨、郑、刘等姓。有医疗站 1 个，体育场 1 个，学校 1 所，村委楼 1 座。村民以种植水蜜桃为主，种植茶叶为辅。有 200 多年树龄樟树 1 棵。主要景观有石姆娘娘、石桌、石鼓、石锣等。

中岙村 亦为中沃村，位于福安市穆云畲族乡东部，海拔 100 米，距乡政府驻地 3 千米。纯畲族村。东至里岙，西至蓬溪，南至龙首桥，北至笊篱壑。辖里岙、尾岙、中岙、大莲、排头、坑断洋（亦称坑丈洋）、笊篱壑 7 个自然村，其中中岙为村委会驻地。耕地面积 500 亩，山林 450 亩。户籍人口 568 人，其中畲族 531 人，汉族 33 人，壮族 3 人，怒族 1 人。其中雷姓 184 人，蓝姓 183 人（清代由溪塔迁入），钟姓 170 人，郭姓 18 人，其他姓氏 13 人。中岙蓝姓两支，系清代分别从溪塔、社口谢岭下迁入；雷姓由浙江和穆云畲族乡后舍迁入。主要种植茶叶和水蜜桃。

外垄村 又名“外洋垄”，位于穆云畲族乡北部，距离乡政府所在地 19 千米，海拔 615 米。辖外垄、墓亭垱（又名墓林中）、后厝 3 个自然村。主姓王姓于明万历四十三年（1615）迁入。户籍人口 524 人，其中汉族 513 人，畲族 7 人，回族 4 人。有王、林、徐、

外垄村村貌（2014 年）　　林新富　摄

刘、陈等姓。耕地面积 678 亩，山林面积 2210 亩（其中公益生态林 670 亩）。主要经济收入来自种植水稻、甘薯、茶叶、毛竹等。留洋银坑洞、笔架山、石牌镜等是避暑胜地。

外洋村　位于穆云畲族乡北部，距离乡政府所在地 18 千米，海拔 640 米。辖外洋、里厝、天梯 3 个自然村。林姓于雍正四年（1726）由周宁迁入。户籍人口 921 人，其中汉族 897 人，畲族 24 人。有徐、郑、林、王、张、蓝、陈等姓。耕地面积 540 亩，山林面积 1157 亩。村民主要以种植茶叶、马铃薯和反季节蔬菜等为收入来源。村内有娃娃鱼、红豆杉等珍稀动植物，蕴藏丰富的白银、钨、钼、煤、硫黄等矿产。

外洋村村貌（2014 年）　　林新富　摄

外厝村村貌（2014 年）　　林新富　摄

外厝村　位于穆云畲族乡北部，距离乡政府所在地 18 千米，海拔 680 米。辖篙尾、外厝 2 个自然村。主姓林姓于清雍正八年（1730）迁入。户籍人口 489 人，其中汉族 286 人，畲族 210 人，回族 2 人，侗族 1 人。有林、蓝、雷、钟等姓。耕地面积 500 亩，山林面积 1000 亩。主要经济收入来自种植水稻、甘薯、茶叶、毛竹、蔬菜等农作物以及养殖羊、猪、鸡等禽畜。

下村村　位于穆云畲族乡北部，距离乡政府所在地 21 千米，海拔 680 余米。辖下村、竹兰下、苏坑尾、茶林头、堂庵门、新路尾、觉头里 7 个自然村。户籍人口 861 人，其中汉族 840 人，畲族 19 人，回族 1 人，傣族 1 人。主姓为王姓，另有张、郑、林、徐、钟、陈等姓。耕地面积 646 亩，山林面积 4204 亩。村民主要以务农为生，经济作物以茶叶、地瓜、马铃薯、生姜、毛竹、反季节蔬菜为主。

上村村　位于白云山下，距离穆云畲族乡政府所在地 21 千米，海拔 710 米。辖上村、井头、南山 3 个自然村。主姓王姓于北宋乾德二年（964）迁入。户籍人口 789 人，其中汉族 683 人，畲族 106 人。主姓王，另有林、钟、雷、吕、李等姓。全村耕地面积 900 多亩，山地面积 110 亩。经济产业以茶叶为主，以养殖羊、猪、鸡鸭为辅。王姓宗祠为福安市文物保护单位。村外有银坑遗址 1 处。

里楼村　原名“里洋楼”，地处白云山麓，海拔 720 米。辖里楼、里洋楼 2 个自然村。全村耕地面积 600 多亩，山林 800 多亩。村庄开基于明朝，建村已 500 多年。全村户籍人口 630 人，其中汉族 521 人，占 83%；畲族 109 人，占 17%，主要分布于里楼自然村。里楼村有刘、钟、郑、吴、雷五姓。其中，主姓刘姓 393 人，清乾隆三十八年（1773）自周

上村村村貌（2014 年）　林新富　摄

里楼村村貌（2014 年）　林新富　摄

宁迁入。村里的主要经济作物为水稻、茶叶、毛竹、太子参，特色特产有东魁杨梅、刺葡萄。畲汉杂居，年节习俗畲汉一致。婚俗现已从简，由聚餐三天改为只聚一餐。村外有古代挖采银矿遗址 1 处。

温岩村　旧名“温洋”，北靠白云山麓，海拔 650 米。辖温洋、白岩、铁场 3 个自然村，村委会驻地为温洋。全村耕地 560 亩，山林 1270 亩。全村户籍人口 622 人，其中汉族 456 人，畲族 164 人，分布于铁场自然村，另有壮族、回族各 1 人。温洋有郑、

温岩村铁场自然村村貌（2014 年）　林新富　摄

王二姓，白岩有黄、邱、李、王、胡、高六姓；铁场有钟、蓝二姓。温洋有郑姓宗祠2座，于2009年重修郑姓族谱。郑姓于北宋乾德二年（964）迁自浙江瑞安存政坊。铁场有《蓝姓族谱》，谱载蓝姓一族于清乾隆年间（1736—1795）自社口大坪迁入。有明永乐十年（1412）的古碑《郑公之记》。主要经济作物有水稻、茶叶、毛竹，特色特产是土鸡。

自然环境

地质地貌

构造地层　穆云畲族乡境内地质构造总的演化趋势是不稳定—稳定—活动，经历地槽、准地台和濒太平洋大陆边缘活动带三个发展阶段。

穆云畲族乡介于福安—九都断裂带与斜滩—黛溪断裂带之间，地质构造以断裂为主，其中北东、北北东走向的断裂较为发育。主要山体呈北—南及南西—北东分布；区内以深切谷为主，夹少量宽谷。

据福建省地层区划，穆云畲族乡属华南地层区东南沿海地层分区漳州地层小区。境内地层出露不全，中生界分布范围大，主要为中生界上侏罗统和下白垩统的火山碎屑岩系。新生界、震旦亚界仅小面积出露（上震旦统—下古生界的变质岩）。新生界系地层出现缺失现象，此外还分布有第四系洪冲积层。

穆云畲族乡新生界—中生界地层表

表1

界	系	统	群组	厚度（米）	是否分布
新生界	第四系	全新统	长乐组	3 ~ 26	零星分布
			东山组	3 ~ 19	
		上更新统	龙海组	4 ~ 31	√
		中更新统	同安组　丹阳组		

续表 1

界	系	统	群组			厚度（米）	是否分布
中生界	白垩系	下统	石帽山群	上组	上段	＞1214	√
					下段	56～＞1578	√
				下组	上段	＞1058	零星分布
					下段	＞1646	零星分布
	侏罗系	上统	小溪组		上段	＞1143	零星分布
					下段	＞1040	零星分布
			南园组		三段	＞2587	√
					二段	＞589	√
					一段		

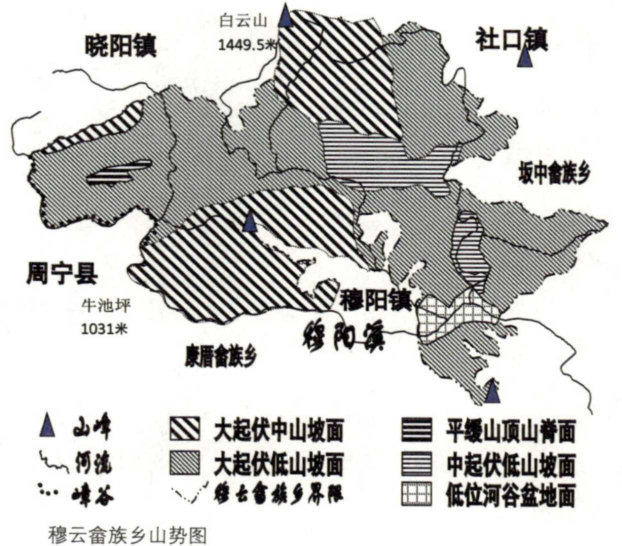

穆云畲族乡山势图

岩石岩性　穆云畲族乡地处中国东南沿海火山岩带，岩石种类多为岩浆岩，主要由中生代侏罗系和白垩系的火山岩组成，极小部分为第四系松散堆积物。

境内火山岩分布广泛，主要的岩种为中性火山岩和酸性火山岩。中性火山岩中分布较广的有凝灰岩、英安岩、安山岩、流纹质及英安质凝灰熔岩，酸性火山岩中分布较广的有凝灰岩、晶屑凝灰熔岩、英安晶屑熔结凝灰岩、流纹岩、凝灰熔岩、流纹质凝灰熔岩、英安质凝灰熔岩、角砾凝灰熔岩。

山势　穆云畲族乡地貌主要为大起伏低山坡面和中山坡面，也有低位河谷盆地面。其中，中山面积约 32.83 平方千米，占 31.6%；低山面积约 52.02 平方千米，占 44.9%；高丘陵面积 13.8 平方千米，占 11.72%；低丘陵面积 6.47 平方千米，占 5.54%；平原面积 5.01 平方千米，占 4.28%。

气候水文

气候特征 穆云畲族乡地处中亚热带，夏长冬短，温暖湿润，春夏雨热同期，秋冬光温互利，光能充足，热量丰富，雨水充沛，四季分明，海洋性季风气候显著。年平均气温 19.2℃。1 月最冷，平均气温 9.4℃，7 月最热，平均气温 30℃。极端最高气温 43.2℃，极端最低气温 −5.1℃，年日照 1945 小时，无霜期 250 ～ 280 天，光、热资源丰富。多年平均降水量 1652.6 毫米，降水量从西北至东南呈递减趋势，多年平均年径流深 1250 毫米，由西北向东南递减，其变化趋势与降水相仿，多年平均水面蒸发量在 900 ～ 1100 毫米，由西北向东南递增。穆云畲族乡的风向全年以东南风为主，多年平均风速 1.5 米 / 秒。全年旱情少，冬春季会出现小冰雹、降雪等天气，但危害较小，5—6 月梅雨季节，雨量大，7—9 月为台风、热带风暴季节。

穆云畲族乡各地四季起讫时间（日 / 月）及持续天数表

表 2　　单位：天

地点	春季			夏季			秋季			冬季		
	开始时间	终止时间	持续天数	开始时间	终止时间	持续天数	开始时间	终止时间	持续天数	开始时间	终止时间	持续天数
穆阳平原	16/2	15/5	89	16/5	10/10	143	11/10	31/12	82	1/1	15/2	46
海拔 200 米	1/3	25/5	86	26/6	5/10	133	6/10	25/12	81	26/12	28/2	65
海拔 400 米	11/3	31/5	92	1/6	25/9	117	26/9	20/12	86	21/12	28/2	70
海拔 600 米	16/3	15/6	92	16/6	15/9	92	16/9	25/11	71	26/11	15/3	110
海拔 800 米	26/3	15/6	82	16/6	5/9	82	6/9	20/11	76	21/11	25/3	125
海拔 1000 米	26/3	25/6	92	26/6	20/8	56	21/8	15/11	87	16/11	25/3	130

由于西北部山岭的阻挡，削弱寒冷气流的侵入，向东南敞开的河谷地形使南来暖湿气流在河谷内堆积，增温明显。穆云畲族乡盆地年平均气温比相邻的周宁县、晓阳镇高，积温多，气温的变化幅度和气温的日较差大，年日照时数多，年平均相对湿度小。

气候指数 穆云畲族乡属中亚热带海洋性季风气候，农业气候区划属河谷平原气候区。是福安市双季水稻等粮食作物的主要产区。

气温 年平均气温为 19.2℃，冬冷夏热，四季分明，极端最高气温为 43.2℃，极端

最低气温 −5.1℃。

湿度　5—6 月雨季开始，湿度偏大，秋季湿度适宜。高海拔地区相对湿度大，为 80% ~ 85%，湿度随海拔高度上升而增加，溪谷、阴坡和迎风坡的湿度偏大。

降雨量　境内降水年际年内变化大，山地降水多于平原地区。受冷暖气团交替影响，春季雨水比例较大；5—6 月进入梅雨季节，年平均降水量 460 ~ 660 毫米，平均雨日 34 ~ 40 天，平均暴雨日 2 天左右，占全年降水量的 27% ~ 34%；7—9 月为台风雷阵雨季节，年平均降水量 430 ~ 800 毫米，平均降雨日 33 ~ 44 天，平均暴雨日 2 ~ 3 天，占全年降水量的 30% ~ 38%。10 月至次年新年为少雨季节，全市平均降雨量 250 ~ 360 毫米，占全年降水量的 10% ~ 16%，这个季节晴天多，湿度适中。

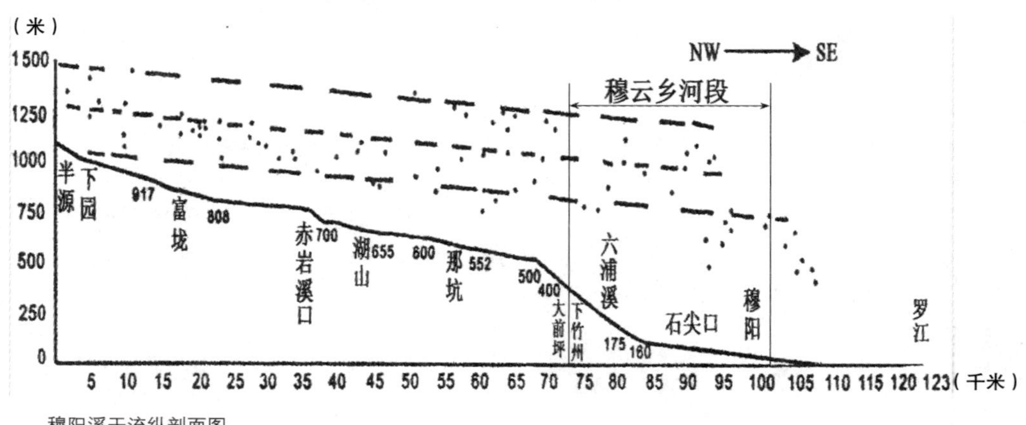

穆阳溪干流纵剖面图

风向　福安市受季风环流影响，风向转换明显，每年 2—9 月常吹东南、偏南风；10 月至次年 2 月常吹西北风。2 月和 10 月是风向转换时期。全年盛行东南偏南风。除季风环流风向转换外，境内还有一天一次山谷风小环流风向转换，山谷风白天从山谷中吹出，夜晚从山地吹向山谷。

水系特征　穆云畲族乡全境属于穆阳溪水系。穆阳溪为福建省第五大水系交溪的一级支流，发源于福建省鹫峰山脉北端东南侧政和县的镇前和澄源之间的南山岗，流经周宁泗桥、纯池、埔源并吸纳七步溪等溪流，此后流经穆阳、康厝诸地，至赛岐镇上游约 2 千米处汇入赛江，穆阳溪集水面积 1389 平方千米，河流总长 125 千米，河道平均坡降 7.49‰。

穆阳溪干流流经穆云畲族乡，从“穆阳溪干流纵剖面图”中可以看出河道从下竹洲

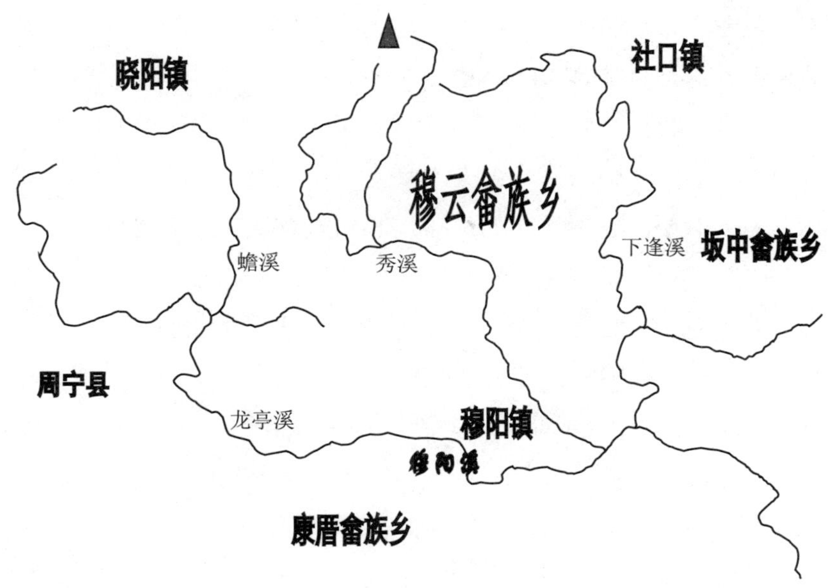

穆云畲族乡水系图

往下游溪流急转直泻而下，比降大（为 28.8‰），流经穆阳之后，比降小（降至 1.3‰）。

受本区地势北、西高，南、东低影响，河流大致从西北向东南流，且受构造带影响，龙亭溪、秀溪、下逢溪交汇于桂林村，呈现典型的扇形水系。境内河流中上游河段蜿蜒曲折，河道狭窄陡峭，水流湍急，落差较大。下游河段河面较宽，河床较缓。

水文特点 穆阳溪流域的众多河流，由于地处季风气候区，水量充沛，流速快，水位季节性变化和年际变化都很大，由于春夏季节降水量大，有春夏汛期，秋冬枯水期水位低。

水源 pH 值 6.9 ~ 7.2，淡水，水质中性，硬度低，电解度较小。地下水的矿化度为 0.7 毫克当量 / 升，总硬度 0.5 毫克当量 / 升，pH 值 6.4，属 HCD3−Na 型偏酸性极软水，盐度 0.52 毫克当量 / 升，硬度 0.31 毫克当量 / 升，灌溉余数 59.5，适宜生活饮用和农田灌溉。

穆阳溪流域洪水主要由锋面雨和台风雨造成，而流域灾害性洪水主要受台风雨影响。

境内有蟾溪省级森林公园，植被覆盖率高，河流含沙量小，洪水期含沙量陡增。

土壤植被

土壤 境内土壤类型以红壤为主，pH 值 6.1 ~ 6.5。平原区以水稻土为主，还分布有紫色土。中山地区以山地红壤为主，兼有山地黄红壤。土壤多系由花岗岩、凝灰岩、流纹岩、砂岩形成的红壤、黄壤。

土壤在地形、地貌、海拔、气候以及人为的相互作用下，呈明显垂直分布：海拔1400米以上（白云山顶）为山地草甸土；海拔700 ~ 1400米多为黄壤；海拔800 ~ 900米多为黄红壤亚类。红壤分布广泛，在海拔900米以下均有分布。

山地土壤多为坡积物、残积物，少数为堆积物。低山丘陵地、低山丘陵坡地、河流高阶地及滨海台地的“山田”，以坡积物和堆积物为主。河谷平原、山间盆地和部分山垅缓坡地带以冲积物为主，兼有坡积物。

局部地区由于成土母岩具有特殊的矿物质成分和理化性质，发育形成一些非地带性土壤，如紫色土等。土层较薄，土壤呈紫色或紫红色，有机质含量为3.23%，pH值为4.8，肥力中等。

植被状况 由于地形多样，中亚热带海洋性季风气候水热资源丰富，穆云畲族乡丰富的生物资源，盛产木材、茶叶和各种亚热带水果，如水蜜桃、刺葡萄、枇杷、梨、柿子、橄榄等。

人口 民族

人口总量 2010年第六次全国人口普查，穆云畲族乡家庭户5295户，占福安市总户数的2.94%，总人口15180人，占福安市总人口数的2.69%，与第五次普查比较，家庭户减少8.86%，总人口减少29.96%。

人口分布 2014年4月，按公安局户籍系统资料显示，穆云畲族乡各村人口分布情况如下：桂林村4538人、洋坪村780人、燕科村777人、虎头村791人、溪塔村610人、高岭村553人、黄儒村1045人、上洋村378人、玉林村531人、双溪村434人、南山村872人、咸福村1136人、占溪918村人、龟凤村605人、竹州山村346人、外洋村921人、外垄村 524 人、外厝村 499 人、下村村 861 人、上村村 789 人、里楼村 630 人、温岩村 622 人、燕坑村 664 人、岭坑村 624 人、桥溪村 438 人、贵洋村 922 人、王楼村 583 人、梨田村 486 人、下逢村 775 人、翁洋村 383 人、中沃村 568 人、科后村 573 人、隆坪村 1013 人。

人口变动 按“福建省全员人口服务与管理系统”（以下简称 PIS 系统）提取的数据显示，1988 年穆云畲族乡人口总数为 22902 人，2013 年增至 29325 人，25 年间共增加 6423 人，平均年增加 257 人。1972 年实行计划生育措施后，人口出生率逐渐得到控制，人口发展走上低出生率、低死亡率、低自然增长率、高素质的正常轨道。

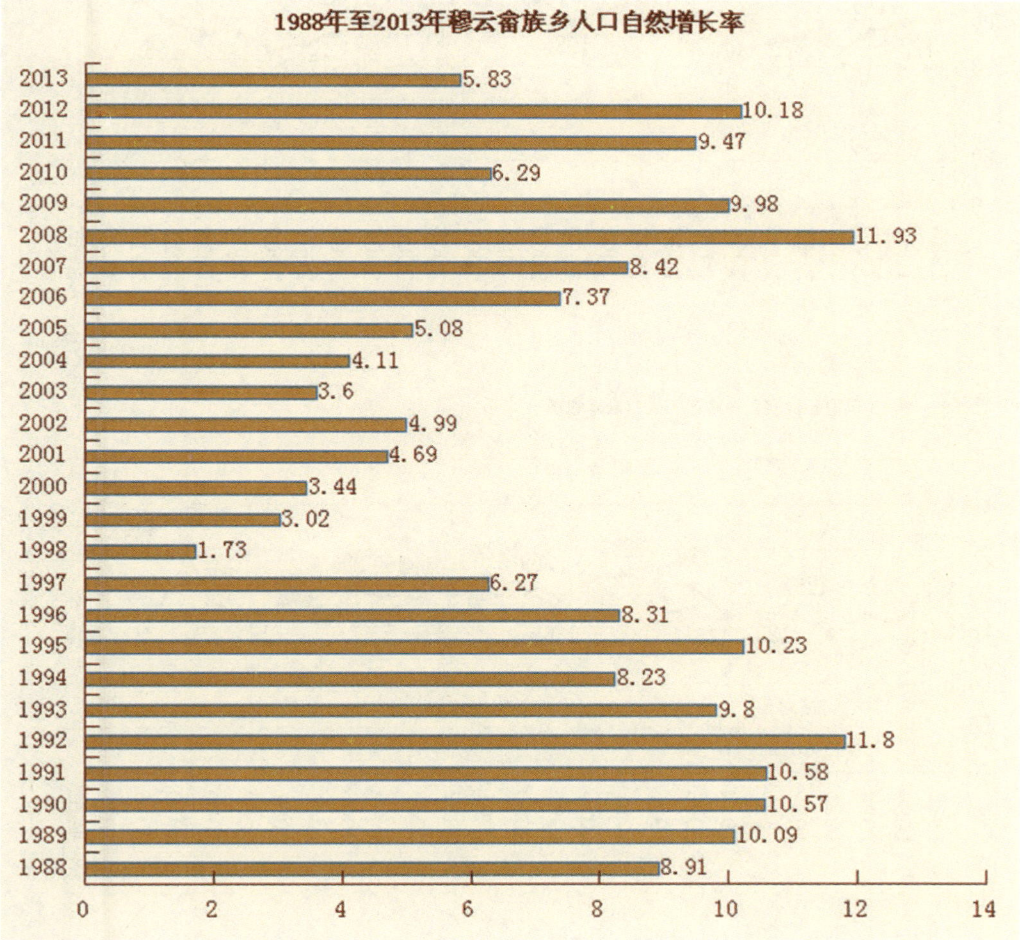

1988年至2013年穆云畲族乡人口自然增长率

年份	自然增长率
2013	5.83
2012	10.18
2011	9.47
2010	6.29
2009	9.98
2008	11.93
2007	8.42
2006	7.37
2005	5.08
2004	4.11
2003	3.6
2002	4.99
2001	4.69
2000	3.44
1999	3.02
1998	1.73
1997	6.27
1996	8.31
1995	10.23
1994	8.23
1993	9.8
1992	11.8
1991	10.58
1990	10.57
1989	10.09
1988	8.91

1988—2013 年穆云畲族乡人口自然增长率示意图

随着改革开放脚步加快，穆云畲族乡人因工作、就业和通婚等，每年迁入、迁出的人口也大幅上升，有的年份达300人以上。2000年及2010年两次人口普查数据显示，穆云畲族乡户籍人口由23199人增加至25310人，其中男性由12638人增至13519人，女性由10561人增至11791人；外出半年以上男性由1256人增至4942人，女性由1116人增至4404人。外出半年以上人口占总人口比重：男性由9.94%增至36.56%，女性由10.57%增至37.35%，总比重由10.22%增至36.93%。

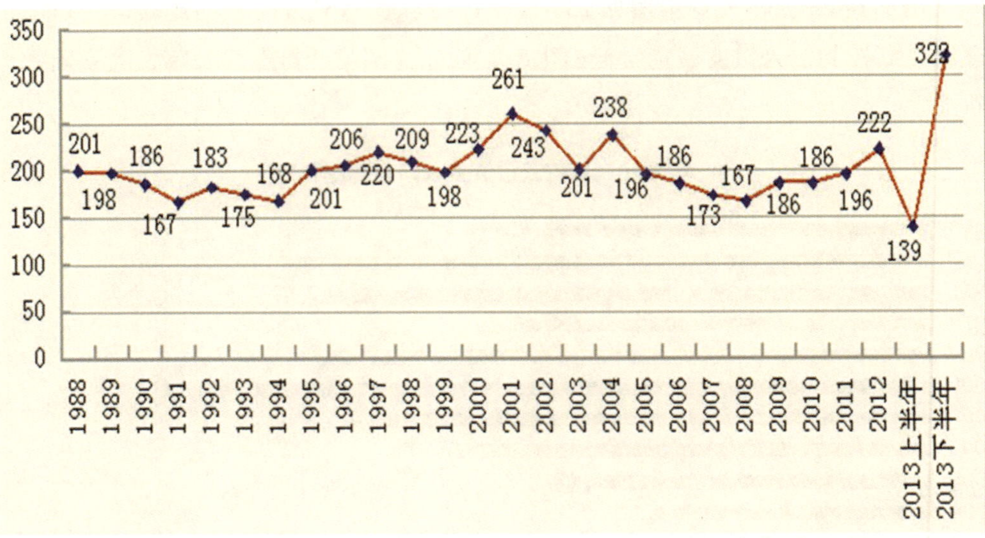

1988—2013年穆云畲族乡户籍迁入人口数示意图

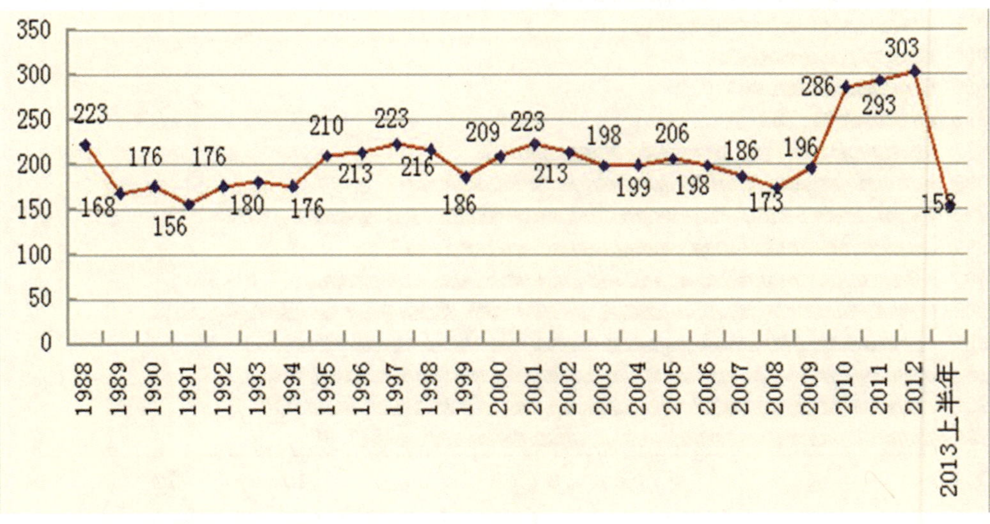

1988—2013年穆云畲族乡户籍迁出人口数示意图

民族

截至2014年4月16日，穆云畲族乡境内居住着14个民族，其中以汉族居多，共16705人；少数民族中，畲族8560人，回族904人，壮族8人，苗族3人；另有哈尼族、黎族、藏族、蒙古族、傣族、侗族、彝族、土族、怒族各1人。

汉族　汉族是最早迁居穆云的民族。迁居穆云的汉族人口，少有巨族故家，多为庶民百姓。在穆云汉族村落中有单独一姓为主聚族而居者，也有两三姓氏共处者。总体而言，穆云汉族村诸姓居住的特点是前者少、后者多。汉族最早迁入穆云的年代是唐宋时期，迁入人口最多的时间是明清时期。有影响力的汉族宗族在穆云建村、修祠、筑路、架桥。清光绪《福安县志·氏族》记载，其地“民之聚族而居者，咸知保世而滋大，作谱牒以明世次，建祠宇以祀祖先，亲睦风行，良足备輶轩之采”。清光绪《福安县志·氏族》中涉及穆云汉族宗族的记载有三，其一，“桂林坂王氏，唐刺史文光避乱入闽，八世孙察，居长溪赤岸。数传至畴德，迁长溪扆山，继迁穆阳桂林坂，是为迁祖。明天启庚午年（1630年，实为崇祯三年），乡贤九韶修建祖祠于福源山下。”桂林坂修建了4座分祠。桂林村是以王姓为主的汉族村，也是穆云人口最多、最密集的建制村。穆云还有4个王姓建制村与之有亲缘关系。其二，建祠堂于穆阳镇街头的林氏，其一分支在穆云玉林村：“穆阳林氏，始祖慈孝，后唐天成年间（926—930），由寿宁梅洋迁居穆阳狮子岩吉（土乾），后再迁上巷。子孙建祠以祀。上巷今十八都楼厦境也。”根据清光绪二十八年（1902）穆阳《西河林氏族谱》记载，迁居穆云玉林村的林氏开基祖洪贤“崇祯四年（1631）十月廿四日戌时生，……公康熙十七年四月十一日卯时卒”。从以上开基祖的生卒年可知其为明末清初人，进一步推知，林氏迁入穆云玉林村大致在明末清初。玉林村也是单独主姓的村落。其三，“隆坪林氏，始祖文盛，宋时由北溪迁居隆坪。国朝（清朝）道光十九年（1839）建祠”。林姓为隆坪村大姓，其次是郭姓。穆云汉族村除了桂林、玉林、隆坪外，还有咸福（郑、阮）、下逢（许、张、郭）、蟾溪（吴、杨）、龟凤（许、张）、双溪（王、郑）、翁洋（阮、郭、苏、陈）、里楼（刘）、贵洋（黄）、桥溪（郑、康、刘）、上村（王）、下村（王）、外垄（王）、外洋（郑、林、徐），共16个村。

畲族　畲族大量迁徙至福安始于明代，其时是福建蓝靛业最为发达的时期。来自闽西的畲民充当菁客，随寮主到福安，以菁为活。畲族迁入穆云主要在清代，其开基祖均为农户，他们搭建茅草寮，刀耕火种，开垦荒地，或向当地汉族购买土地山场。在畲民珍藏的家族文书中，除了谱牒外，多为田地契约。畲族与当地汉族和睦相处，接受汉族文化，有一定经济实力的家族也修纂族谱，修建祠堂。清光绪《福安县志·疆域》中附录“各都畲民村居”中即有穆云地界畲族村。如十五都王楼、后利、上洋、上岙、里岙，十七都梨前，十八都燕窝、墓亭、南山，十九都溪塔等。畲族嘴头话（谚语）云：“山哈山哈，不是亲戚就是叔伯”“蓝雷三姓共门寮，不共锅灶同族亲”。穆云畲族村没有单独畲族一姓居住的情况，大多是蓝、雷、钟、吴等畲族诸姓聚居，也有少部分村落是畲、汉杂居。2014 年，穆云畲族村有 16 个：虎头（吴、雷、钟）、溪塔（蓝、雷、钟、吴）、南山（雷、钟、缪）、洋坪（钟、雷、蓝）、燕科（钟、雷、蓝）、竹州山（雷、蓝、钟）、高岭（钟、雷）、梨田（钟、雷）、中岙（雷、蓝、钟）、王楼（蓝、雷、钟）、科后（雷、钟、吴、蓝）、燕坑（雷、蓝、钟）、岭坑（雷、蓝、林、钟）、上洋（雷、陈、王、吴）、外厝（林、蓝、雷）、温岩（郑、蓝、黄）。

回族　穆云畲族乡黄儒村的回族祖先为晋江市陈埭镇丁氏。黄儒村丁氏族人迁到黄儒村后，其信仰、习俗完全类同于当地汉族。黄儒村于清乾隆年间（1736—1795）编撰丁氏族谱，道光二十八年（1848）七月鼎建丁氏宗祠，咸丰年间（1850—1861）改建大王宫，祭祀林公大王。20 世纪 80 年代，经过曲折的会亲，黄儒丁氏与晋江市陈埭丁氏对上谱系，并加强联系，开始来往。与此同时，黄儒丁氏村民恢复了民族成分，黄儒村遂为穆云畲族乡唯一的回族村。

经济建设

茶叶、穆阳水蜜桃、刺葡萄是穆云畲族乡农业的三大主导产业。截至 2015 年，全乡茶园面积达 1 万多亩；水蜜桃种植面积 9000 多亩，年产值超亿元；刺葡萄种植面积 8300 多亩，年产值 8000 多万元。水蜜桃育苗达 50 万株，刺葡萄育苗达 10 万株。

旅游业是穆云畲族乡新的经济增长点。国家 AA 级旅游景区、福建省农业旅游示范点溪塔葡萄沟风景区集农业观光、畲族风情于一体，闻名遐迩。2010 年 10 月，白云山风景区成功申报“宁德世界地质公园”，开启了畲乡旅游发展的黄金时期。

2016 年，全乡完成地区生产总值 12.64 亿元，同比增长 8.87%；农林牧渔业总产值 6.82 亿元，同比增长 16.78%；工业总产值 4.239 亿元，同比增长 0.45%；农民人均纯收入 15276 万元，同比增长 9.49%。财政总收入 2676.07 万元，同比下降 27%。

特色农业

水果 穆云畲族乡多为低丘陵山区，海拔 30 ～ 800 米，呈梯级分布，土壤以砾壤、沙壤和壤土为主，且风化石较多，含钾量高，pH 值 4.8 ～ 6.7，微量元素适中；气候属中亚热带海洋性季风气候，气温顺地势自高而低，四季分明，光照充足，雨量适中；龙首溪、啸溪、占溪以及被称为“黄金水道”的穆阳溪等水域交汇其间，水资源丰富。多样的地形，独特的气候，十分有利于水蜜桃、刺葡萄、枇杷、梨、柿子、橄榄等亚热带水果的生长。

穆阳水蜜桃是中国南方地区极具发展价值的中晚熟桃品种，被誉为穆阳“仙桃”“闽东珍果”。其富含人体所需的糖类和维生素等，营养价值很高。除鲜食外，还可加工成果汁、果酱、果酒及蜜饯等。

畲家女采摘水蜜桃（2014 年） 丁立凡 摄

畲家女采摘刺葡萄（2015 年） 郭建平 摄

2001 年开始，在乡政府的科学引导下，群众种植穆阳水蜜桃的积极性空前高涨，种植面积快速增长。有种植穆阳水蜜桃的村落 24 个，占全部建制村的 72% 以上，其中以虎头、溪塔最为集中。全乡约有 5000 户、2 万多农民从事水蜜桃生产和经营。穆阳水蜜桃产业成为穆云畲族乡综合经济效益高、市场竞争力强的绿色产业。

刺葡萄为葡萄科葡萄属东亚种群的一种，是中国特有的珍贵野生葡萄种类，也是种群中最好的酿酒品种。2000 年开始，穆云畲族乡党委、政府因势利导，将刺葡萄作为畲乡增收致富的又一重头产业，科技助力、壮大规模，以溪塔村为示范点，引导果农将刺葡萄由河边种植拓展到庭院、园地、水田种植。种植村落不断增加，随即遍及溪塔、虎头、隆坪等 26 个村庄。刺葡萄浆果含酸低，风味甜，酿制的刺葡萄酒是酒中佳品，市场前景广阔。乡政府牵头引入康鑫酒业，与溪塔村企合作生产南国刺葡萄酒。大力引导果农酿造刺葡萄酒，并为解决刺葡萄鲜果保鲜难的问题，溪塔村先后建成 3 座保鲜库，存贮量达 80 吨左右。

茶叶 穆云畲族乡属中低山高丘茶区。海拔一般在 100 ～ 800 米（桂林村海拔 30 米），为交溪水系上流，地势险峻，山峦起伏，沟谷纵横，地表较破碎，除局部花岗岩外，多数为火山岩发育而成红壤和黄壤土。土层深厚肥沃，一般土层厚 1 ～ 1.5 米，有机质含量 1.5% ～ 3%，pH 值 4.5 ～ 6.5，年平均气温约 12℃ ~ 19℃。10℃的总积温在 4500℃ ~ 5500℃，无霜期可达 250 ～ 280 天，年降雨量 1200 ～ 2150 毫米，属温凉丰水

穆云乡茶园（2015 年） 林新富 摄

区。茶树生长期可达230～250天。

穆云畲族乡种植的茶树品种主要有福安大白茶、坦洋菜茶、金观音、福云6号等优良品种。其中福安大白茶，原名高岭大白茶，又称皇帝茶。原产地为本乡高岭建制村上高山村。茶树母株高2.8米，幅度2.7米左右，主干直径5厘米。1985年，被全国农作物品种审定委员会认定为国家良种，编号GS13003-1985。适于长江以南红茶区种植。至2014年，已被桂、川、浙、湘、鄂、黔、赣、苏、皖等省（区）引种。

林业　穆云畲族乡辖区主要地貌类型为山地丘陵，林地坡度10°～40°，地势起伏不平。属中亚热带海洋性季风气候。

根据福建省土壤植被划分标准和普查统计，穆云畲族乡辖区内土壤以砖性红壤、红壤为主，其次为少量沙壤土，土层中等深厚。在热带海洋性季风气候影响下，区内原生植被主要有壳斗科、樟科、杜英科等常绿阔叶树种。经过多年经营开发利用，植被主体已变为是马尾松、杉木、柳杉等常绿针叶林，具有代表性的草本为芒萁骨、五节芒、白茅等。林业资源丰富。境内有国家一级保护植物南方红豆杉，珍稀植物水杉、水松、柳杉、粗榧、子午莲、独蒜兰、台兰、金线莲、莼菜等。境内有珍稀动物虎纹蛙、白鹇、苏门羚、穿山甲（鲮鲤）、大灵猫（九节狸）、蟒蛇、山麂、猕猴、鸳鸯等。

2013年，全乡林业用地117901亩，其中用材林46474亩，特用林3891亩，防护林32196亩，经济林17962亩，竹林6935亩，其他林地10443亩。森林覆盖率75.8%。

工业商贸

乡镇企业　穆云畲族乡工业起步较晚，20世纪70年代以前，基本上只从事农业生产。1978年以后，稍具规模的乡镇企业才逐渐发展起来。至20世纪90年代初，初步形成以工业为主体，工、农、建、运、商等多行业发展的局面。2012年，全乡乡镇企业有270余家，其中工业企业有118家。工业企业门类主要有机电、建材、家具生产、木竹加工、砖瓦烧制、石板材加工、茶叶加工、农产品加工等。

2008年，农民专业合作社在穆云畲族乡兴起。涉及葡萄、刺葡萄、水蜜桃、杨梅等果树的栽培与种植，茶树的栽培与种植，油茶的栽培与种植，毛竹的栽培与种植，松树、杉树、桉树等林木的栽培与种植，蔬菜的种植，花卉的种植，绿化苗木种植，中药材的种植，食用菌的栽培，淡水养殖，牲畜养殖，家禽养殖，休闲农业，乡村旅游，园林绿化施工，农产品初加工等。覆盖了隆坪、桂林、黄儒等23个建制村，占全乡 33 个建制村的 69.7%；其中有黄儒村、溪塔村等 11 个民族村，占全乡 17 个民族村的 64%。

商贸 穆云畲族乡在独立建乡之前与穆阳镇融为一体。穆云畲族乡的商贸业，无论是进出口商品集散，还是当地人群的生活消费，与穆阳镇自古以来就非常密切。

明、清时期，穆阳是福安商业重镇之一。穆阳北连周宁、政和、松溪及浙江衢州，南接赛岐、下白石、宁德，东面与韩阳坂、寿宁、福鼎相交，是周边各县市乡镇的生活物资集散地。商贸物资种类涉及布匹、渔货、盐、烟草、主副食品、中药、酒、酱料、日用品等十余种。穆阳也是茶叶的交易中心。清同治七年（1868），福安就有茶叶出口外销业务。光绪三十二年（1906），出口茶叶达 500 吨，此间，县内有 24 个集市，其中坦洋茶市、富溪津渔市、穆阳山货市远近闻名。

清乾隆年间（1736—1795），桂林街已具雏形。据民国《螺峰王氏宗谱·建置·桂林街》记载："乾隆五十五年（1790）当祠建议寨边兴市，以为风水。因向郑可昭承租三亩，递年加租钱十八千（文），邀有力者架楼店，共计四十余间，名曰'桂林街'。将村内各店俱兴于外，集齐贸易。"

清末民国初，茶叶生产繁荣时期，穆阳有茶行 18 家，其中著名的有"新记""顺源""福昌隆""荣记"等。收茶范围上至政和县新村，下至霞浦县赤岭，跨六七个县境，成为当时福安的主要茶叶集市之一。

民国时期，轮船运输兴起，赛岐成为福安境内新兴的商贸重镇，与县城韩阳、穆阳形成三大商贸集镇鼎立的局面。穆阳依然是福安商贸重镇。

1950 年，全县登记有 34 个行业、1592 户商户，穆阳有 260 户，是仅次于城关、赛岐的集镇。1952 年，福安专区供销合作总社在苏洋试办第一个供销合作社，随后在 12 个区普遍建立供销合作社。穆阳供销合作社成立。1956 年，社会主义改造后，基本上形成县城商业网点以国营为主，乡镇以供销社为主的格局。由于过分强调国营和集体化商业，私商处于被取缔的地位，影响了商业的进一步发展。

进入 20 世纪 80 年代，穆阳的商贸业有了长足的发展。1984 年，穆云畲族乡从穆阳镇分立出来，穆云畲族乡老百姓依旧分享着穆阳街的繁荣。同时，桂林商贸街、亭前街、城北街也逐步兴起。桂林商贸街于 1992 年动工建设，1997 年形成规模，全长 560 米，宽 18 米，建筑面积 60 亩，共有铺面 220 多家，主要经营桂林烤肉、线面、桂林扁肉、水果等穆阳特产、特色小食以及日常生活用品。2011 年，桂林商贸街完善人行道、路灯等设施。

20 世纪 80 年代中叶，桂林是福安市茶叶（绿茶）精加工集中地，当时仅桂林村就有茶叶精、初制厂 34 家。福安各乡镇及周宁、屏南、政和等地都有茶叶送到此地进行精加工，然后销往福州、北京、山东、广东等地。

1988 年，桂林茶叶市场成立。桂林茶叶市场是当时宁德地区唯一的茶叶专业市场。开业时，由时任宁德地委书记习近平剪彩。每年清明前 20 天开始，就有全国各地茶商到此采购茶叶，人来人往，络绎不绝，直至 10 月底结束。20 世纪 90 年代中后期，社口茶叶市场、福安甲杯山茶叶市场相继诞生，桂林茶市商号逐渐迁出。到 1997 年，桂林茶叶市场全面退出。

基础设施

道路交通

辖区主干道　包括福穆公路、302 省道及宁武高速公路。

福穆公路　1988 年 8 月全线通车，路经仙岩、对面厝、白岩下、青园、洋坪等畲族村，全长 26.02 千米。2007 年，福穆线桂林桥头至下逢段一期 3 千米公路工程改造完成；2011 年，福穆公路穆云段 13 千米路面完成全面改造。

302 省道　20 世纪 60 年代修成，沿东西向从乡域经过，是辖区交通的重要通道，承担乡域主要交通流量。

宁武高速公路（宁德至武夷山）2013 年 10 月通车，沿东西向从乡域经过，并在辖区东部设互通口。通过岐山枢纽互通与沈海高速复线福鼎至蕉城段相衔接，进入国家高速公路网。

辖区次干道　即旅游公路，有 3 条：分别为穆蟾线、晓坂线和穆下线。

穆蟾线　南起穆阳，北至蟾溪，是联系乡域与白云山风景区的旅游干道，其中穆阳高速互通口至302省道段宽度36米，302省道至溪塔村段宽度18米，其他路段按12米二级公路标准建设。

晓坂线　南起福安老城区的坂中乡，北至晓阳镇，是联系福安老城区与白云山风景区的旅游干道，按8米二级公路标准建设。

穆下线　南起穆阳，北至下蓬和晓坂线相接，与晓坂线共同成为乡域与白云山风景区的第二联系通道，按8米二级公路标准建设。

乡村道路　2005年，33个建制村全部通汽车；2008年，实现建制村村村通水泥路；2013年，依托高速公路、省道及旅游公路，乡村道路按三级公路标准进行建设，形成完整的乡域交通网络，乡村道路系统趋于完善。

给排水工程

供水概况　穆云畲族乡雨量充沛，年平均降雨量1200～2150毫米。乡域范围内的地表水主要有穆阳溪及秀溪、蟾溪、龙亭溪和下蓬溪4条较大支流。地下水比较丰富，可开发利用。乡域范围内现有溪塔水库、林洋湖水库、蟾溪水库、九龙水库和丰源水库5座水库，淡水资源十分丰富。各村庄居民饮用水均为水库水、山泉水或地下水。20世纪90年代开始，在村一级修建自来水工程，至2014年，全乡33个建制村全部修建了自来水工程，自来水受益村（建制村）达100%。

排水现状　2013年，建成区污水集中处理率为85%，达到国家级生态乡镇考核标准。穆云畲族乡建成区共有居5000人，日产生生活污水约420吨，通过管网集中收集后，排入氧化沟、氧化塘。据测算，建成区每日处理生活污水357吨，其中，经设有化粪池或沼气池的居民家庭的化粪池、沼气池处理300吨，经氧化沟、氧化塘处理57吨，生活污水处理率达85%。

生活污水处理的建制村比例为100%，符合国家级生态乡镇考核标准。穆云畲族乡有18个建制村生活污水通过化粪池、沼气池处理，11个建制村生活污水通过氧化沟处理，4个建制村通过氧化塘处理。

电力工程　20世纪60年代末期，乡村开始使用电力，主要是建设小型水电站。至2013年，穆云畲族乡内村办水电站有：蟾溪村九龙一级水电站、咸福村九龙二级水电站、咸福村蟾溪三级水电站、溪塔村溪塔水电站、王楼村林洋湖水电站、玉林村玉林水电站、上洋村留洋水电站、翁洋村翁洋水电站、龟凤村龟凤水电站等，基本满足用电需求。

20世纪70年代初，闽东水电站建成投产，闽东第一座35千伏（康厝）变电站运行，桂林、竹州山、咸福、蟾溪、南山5个村实现10千伏电网供电。20世纪70年代中期，穆阳溪水电站建成投产后，虎头、溪塔、洋溪等7个村实现县级区域电网供电。

1989—1996年，乡政府引导各建制村自筹资金与政府补助投入结合，建设电网。1996年，33个建制村全部通电。2002年，经农网建设与改造，实现全乡户户通电。2012年，完成虎头、蟾溪、梨田、黄儒新村、溪塔5个新农村电气化村建设，农网升级改造全面铺开。年内建成10千伏溪塔至玉林景区联络线，实现白云山景区双电源供电目标。

2013年，辖区共有10千伏线路4条，总长69千米；公用变压器53台，容量10260千伏安；0.4千伏照明供电线路78.42千米，用户6800户；专用变压器20台，容量3200千伏安。年供电量1300万千瓦时。

社会事业

教育

幼儿教育　穆云畲族乡幼儿教育起步较迟。1984年建乡时，全乡仅有小学附设幼儿班4个班，保幼员10人，招收3～5周岁婴幼儿。此后，桂林幼儿园成为穆云畲族乡中心幼儿园。穆云中心幼儿园是福安市农村标准幼儿园，于1998年6月被评为“优化幼儿育人环境先进集体”，2004年8月24日被评为“宁德市市级示范幼儿园”，同时是福安市市级示范幼儿园。

穆云中心幼儿园现有3个班，幼儿81人，保幼员7人。另外，留洋、燕窝、梨田、虎头4所初小都设有学前班。

小学教育　1912年8月，桂林村绅士王玉田筹创螺峰初级小学堂，校址在王氏螺峰祠，为穆云畲族乡最早的小学。1938年，桂林、蓬山2所小学成为县立初级小学。1935

年，隆坪创办短期小学（一年制），因其创办较早且较稳定，办学资金较雄厚；1938年，成为乡立初级小学。1944年，新增蓬山中心国民学校，桥洋、后牛、咸福、留洋4小学为保国民学校。蓬山初级小学（今下逢小学）为穆云畲族乡地域内的第一所中心小学。嗣后内战开始，农村小学多瘫痪解体。中华人民共和国成立前，穆云畲族乡范围内仅五六个村落办过初级小学。少数民族村落除了燕窝村办过私塾，虎头村曾在1945年办过私塾外，皆无小学。

中华人民共和国成立后，各村小学以公办民助和民办公助两种形式得以恢复。截至1990年，穆云畲族乡有桂林中心小学及下逢、贵洋、虎头、翁洋、玉林、燕科、外洋、蟾溪、洋坪、龟凤、黄儒、里村、咸福、溪塔、里楼、温岩、南山、王楼、隆坪等公办完全小学，双溪、高岭、外垄、外厝等初级小学。

1992年，福安市针对农村村落分散，学校布点多、管理不便的情况，开始采取逐步调整不合理教育网点，联点办寄宿制小学的办法，调整学校布局。1998年，实行小学专任教师，结束了民办教师历史。是年，穆云畲族乡有小学54所，其中民族小学31所；小学教师260人，其中少数民族教师84人；在校小学生3003人，其中少数民族学生1327人。

2014年，穆云畲族乡除中心小学，仅余留洋、燕窝、梨田、虎头4所初级小学。

穆云小学举办运动会（2011年） 林新富 摄

穆云畲族乡各小学创办伊始，皆无力兴建校舍，多以祠堂、庙宇或群众房屋充当教室。创办于 1912 年的桂林小学，一直以桂林王氏螺峰祠为校舍，1984 年穆云建乡后，该校升格为中心校，1986 年起，建新校舍。1956 年，福安专区拨款 1 万元为竹州山革命老根据地建一座二层 200 平方米土木结构校舍，是乡内首座采光条件较好的校舍。改革开放以后，尤其是进入 80 年代以后，为普及小学教育、实施九年义务教育、实现“双基”，改造危房，多渠道筹措资金用于改善普通教育办学条件。截至 2005 年，穆云畲族乡学校占地面积 41800 平方米，各村学校皆成为本村标志性建筑。

中学教育 穆阳中学始办于 1993 年 9 月。此前，虽然咸福完小于 1971—1977 年办过初中班，贵洋、桥溪两村也曾合办初中班，但穆云畲族乡小学毕业生主要就读于福安三中。福安三中改办高中后，穆阳中学承担穆阳镇、穆云畲族乡初中教育的任务。

穆阳中学位于苏堤半洋店山边，学校占地面积 18809 平方米。其他绿化用地 1435 平方米，运动场地 4112 平方米，校舍建设面积 6535 平方米，有教学楼 1 座、教室 24 间，面积 3762 平方米；实验室面积 188 平方米，物理实验室、化学实验室及生物实验室各有座位 60 个；图书馆面积 94 平方米，图书 7779 册；微机室 130 平方米，座位 60 个，教学用计算机 52 台。学校固定资产总值 404 万元。全校教职工 33 人，专任教师 28 人，其中女教师 12 人。专任教师中高级职称 5 人、中级职称 12 人。有在校住宿生 31 人，学生宿舍 2140 平方米。

穆阳中学教学楼（2014 年） 穆云畲族乡政府 提供

业余教育 中华人民共和国成立后，自1951年年底开始群众性的扫除文盲运动。有学校的村落，借助学校扫盲，小学老师就是扫盲老师，晚上给成人上课。1956年，成立扫盲办事处，配备专职扫盲干部，并在各区设立一所工农业余教育中心校，每校配备校长、教导各一人，促进农村业余教育的发展。1957年、1958年，设在穆阳的福安二中的初中学生，在寒暑假期间有组织地到各村落扫盲。在群众性学习文化运动中，出现许多模范人物。桂林村王木成家里贫穷，从小没上过学，他当时是小学炊事员，利用业余时间上扫盲班学习，读书识字，从一个文盲成为一个懂得学校管理的教育工作管理者。因为他勤奋进取，尽职尽责，被评为全国模范，先后两次到北京，受到毛泽东主席的接见。

1960—1961年，扫盲工作一度停顿。“文化大革命”开始后，农民业余学校改为政治夜校，各小学老师任政治夜校老师，学习内容改为学习《毛主席语录》、“最新指示”以及读报纸，扫盲工作受到冲击。

1978年11月，国务院发布《关于扫除文盲的指示》，福安县采用福安方言注音速成识字法，扫除现有文盲。1980年，经检查验收，穆云畲族乡的前身穆阳公社基本实现无文盲。

1984年，创办文化技术学校，除扫除剩余文盲外，还进行各类实用技术培训，并选择当地经济发展和农业生产需要的项目进行培训。虎头、溪塔盛产水蜜桃和刺葡萄，乡文技校特地聘请有关专家下乡给果农进行实用技术讲座，对果农在栽培和管理过程中遇到的技术难题进行释疑解惑，深受果农欢迎。乡文技校还在有关行政村开展家禽家畜防疫与饲养技术培训，水稻与茶叶等农作物的虫害预防与田间管理实用技术培训。1987年，乡文技校与晋江一家服装公司合作，举办一期服装技术培训班，在全乡范围内招收50多名青年学徒，进行为期半年的学习，技术合格的学徒直接被该公司招聘为正式员工，为穆云畲族乡青年就业创造条件。

文化

改革开放以来，穆云畲族乡各种文化设施逐渐完善。各村皆建立村级广播室，为无线广播，实现村村通广播。广播用于重要通知，对防台防汛和农业法规宣传起到重要作用。

1993年，开通有线电视。至2014年，全乡有线电视用户已具备开通数字电视条件，部分用户已经开始收看数字高清电视。

穆云畲族乡在桂林村设有乡文化站及文化活动办公室，引导全乡的文化活动。隆坪村和龟凤村也设有文化站，隆坪村文化站面积180平方米。竹州山村设有以村委楼为中心的文化书室，配有一名协管员，书室内陈列闽东革命斗争史展览、福安市畲族革命斗争史展览，有闽东老区志、畲歌本、农家书籍等。

2004—2012年，各村落都建立农家书屋，面积从40平方米到10平方米不等，科后村农家书屋占地面积120平方米。农家书屋配备多种农业科技杂志及农家书籍，种类多在1000册以上，王楼等村落农家书屋各类书籍2000册以上，亦有少数村落的农家书屋仅有500多册图书。约占一半的农家书屋配备电视机，个别村落的农家书屋还配备电脑，如王楼村农家书屋配备电脑2台。

各村皆建有宣传栏、文化墙，面积均在10平方米左右。

蟾溪、龟凤、虎头、王楼、下逢等村建有老人活动中心，配有电视、桌椅，让老人们聊天、打牌、看电视。下逢村老人活动中心占地200平方米。龟凤村老人活动中心每天晚上7～9时开放，蟾溪村老人活动中心不定时向老人全天开放。

梨田村建有半个篮球场，燕坑村有村级畲家文化广场。而大村落的祠堂、庙宇的戏台是戏班演戏的场所。改革开放以后，不少村落恢复正月演神戏的传统习俗，经装修后的戏台恢复使用。

秋园诗社 本是民国时期福安文人的诗社，由宋延祚、郭梓雨、陈吟九于1923年仿福州林琴南（纾）等折枝游戏诗唱结成秋园诗社，后受各种因素影响，终致销声匿迹。1984年，苏堤黄介繁发起成立富春诗社；1988年3月底，恢复秋园诗社，其不少成员分布在穆阳镇、穆云畲族乡及康厝乡，亦在穆阳有吟唱。桂林村退休教师王正系秋园诗社成员，他搜集并刊印了1890—1990年吟咏桂林清泉洞诗105首，取名《清泉诗荩》，多为秋园诗社成员的作品。此外，王正还集中了自己的60余首诗刊印为《垦土莳花集》。随着老一辈诗家相继去世，穆阳诗社成员已不多，亦未在这一带开展活动。

留洋平讲班 前身是一种地方小演唱，用方言唱土调演小故事，角色只有小生、小旦、小丑，称“三小戏”。演员多一村一族的子弟，逢年过节、迎神赛会，化装成戏中角色，各由大人驮在肩上，敲锣打鼓成队游行招引观众，叫作“驮故事”。当队伍到达一个空阔场地，或入庆寿、办喜事人家的厅堂祝贺时，临时用草绳（后改用布帛）圈出一区域，小演员下地演出，因而又称“牵草索”或“地下棚”。曲调多用地方民谣土曲加以修饰入板。此种演唱团队均系季节性的业余班组。清代中叶，外来“江湖”戏班流入，地下棚聘“江湖艺人”为师，吸取其正规剧目、音乐唱腔、行当配套及表演艺术，逐渐发展成为专业大班，在福安市以及闽东北流行。因其仍用方言演唱，故被称为“平讲班”。清末民国初，闽东北一隅相对安定，平讲戏极盛一时，各地兴起农闲短班不计其数，专业长班亦有几家，穆云畲族乡属的“留洋班”有一定影响。抗日战争前后，农村戏景渐衰，平讲戏长班先后解散，后期仅剩“留洋班”与“北路碎”合流，流落山村，靠演神戏度日。新中国成立后，平讲戏一度复苏，1956—1960年，福安专区多次举办文艺会演，平讲戏班也多次参加，并组建福安县平讲戏剧团，留洋平讲班加入。60年代初三年经济困难时期，由于精简机构，剧团解散。部分人员回乡自办“留洋业余平讲戏剧团”，在福安、霞浦一带农、渔村庄流动演出，因无质量，自生自灭。

半岭业余剧团　半岭村于20世纪70年代后期至80年代中期成立业余剧团，剧团前后台共二三十人，走乡串村，为畲族山村群众演出，多演闽剧，兼演福安“平讲戏”，演出古装戏传统剧目。

拉琴与鼓箫班　穆云畲族乡文化站文化活动办公室定期组织二胡、京胡等器乐爱好者拉琴弹奏，除娱乐群众外，也偶尔参加演出活动。而山村三四人或七八人组成的鼓箫班，则不定期为喜庆人家助兴。

卫生

医院　穆云畲族乡所属卫生院位于穆阳镇石马街1号，1952年，由穆阳所在地的三家私人西医诊所组成穆阳联合诊所，1958年公社化时，穆阳联合诊所改称穆阳保健院。

1966年，穆阳保健院与福安县医院穆阳分院合并，改称穆阳公社保健院。1972年，福安县第三医院（20世纪90年代改称福安市人民医院，今福安市民族医院）在穆阳成立，穆阳公社保健院从第三医院分出并迁往桂林村。1976年，又迁回穆阳街。1980年，穆阳公社保健院改名穆阳卫生院，并购买穆阳街旧房改建成一座门诊楼，设有内科、儿科、中医科及注射室、预防接种门诊、儿童保健室、妇女保健室。穆阳卫生院主要以预防保健、公共卫生及新型农村合作医疗、农村卫生所建设为工作中心，担负着穆云畲族乡、穆阳镇的医疗、防疫、妇幼保健、计划生育等工作，年门诊量达3万多人次，辐射人口4.4万人（其中穆云畲族乡2.7万人，穆阳镇1.7万人）。2013年7月，穆阳卫生院再次并入福安市民族医院。

福安市民族医院（2014 年） 穆云畲族乡政府 提供

合作医疗站 2014 年，穆云畲族乡有村级卫生所 33 所，其中联办卫生所 13 所，12 个畲族村有村卫生所；全乡卫生所村医 33 人，其中少数民族村医 5 人（不属穆阳卫生院管理，以青草药治病的畲医不在其列）。

卫生防疫 穆阳卫生院卫生防疫编制 3 人，按总人口的 1.2% 配备，由专职副院长负责。经费按上年预算全额拨款，从人员编制和经费上保证卫生防疫工作的顺利开展。目前一类疫苗有卡介苗、乙肝、小儿麻痹糖丸、麻疹、麻腮风、A 型流脑、A + C 流脑、甲肝、百白破三联针，系免费接种；二类疫苗水痘、肺炎、流感、轮藏病毒等自费接种。传染病疫情旬报、月报率 100%，传染病漏报率为 0。对法定传染病及重点监测传染病进行网络直报和审核。5—10 月，肠道门诊做到“有泻必检”，严防暴发流行霍乱等肠道传染病，做好预防接种疑似异常反应（AEFI）的监测、上报和处理工作。

春绿下逢村（2015）　丁立凡　摄

文物古迹

穆云畲族乡人类活动的踪迹可以追溯到商周时期，已发现青铜时代遗址2处，均为福安市首批文物点；穆云还有大量的明清时期墓葬、建筑、石碑和石雕刻；穆云亦存留着大量红色革命史迹。这些文物古迹都是穆云的历史名片。

古遗址

大王党遗址 青铜时代遗址，位于穆云畲族乡桂林村南过溪处一个小山包上，与桂林村相距大约150米。于1987年被发现。遗址在山顶部较平坦区域，相对高度30米，分布面积约500平方米。采集有石戈和灰硬陶片等。陶片纹饰有方格纹、回纹，可辨器形有罐、樽等。是福安市西北部地区一个典型的古人类生活居住的重要遗址。2005年，由福安市文化体育局宣布为福安市首批文物保护单位。

大王党遗址（2011年） 张玉文 摄

桂林垅山遗址（2009 年） 张玉文 摄

桂林垅山遗址 青铜时代遗址，垅山又称“梅山”，位于穆云畲族乡桂林村南临溪小山上，穆云中心校建于此。于 1958 年被发现，遗址为独立的小山包，南临河，相对高度约 35 米，遗址面积约 1500 平方米。采集有残石器和夹砂灰陶片、黑彩红陶片、灰硬陶片等。陶片纹饰有席纹、网格纹、云雷纹、回纹、黑彩条纹，可辨器形有罐、豆、尊等。是福安市西北部古人类活动的重要遗址之一。2005 年，由福安市文化体育局宣布为福安市首批文物保护单位。

古墓葬

郑之明墓 郑之明（1152—1237），字晦之，福安穆阳人，封承务郎，是宋理宗朝端明殿学士郑寀之父。该墓位于穆云畲族乡中岙村山上。墓葬建于宋代，坐西向东，占地面积约 82 平方米。墓原本规模较大，“文化大革命”期间遭受破坏，石马、石羊等石构件几乎无存。而且墓葬多次被盗，整座墓毁损较为严重，现存可辨认的仅为墓丘部分，龟背形墓丘前两侧弧面砖墙只剩下断断续续几层，中部墓龛处零落剩几块须弥座构件和一块墓碑，中间竖刻“有宋承务郑公之墓”几个字。按大致轮廓，墓丘顶部到墓坪前入口处深为 9 米，中间横向 9 米，墓丘前两侧砖砌护墙高约 2 米。该墓被盗后，文物部门对现场进行勘察并清理、测绘，墓室券顶，高 0.95 米、宽 0.72 米、深 2 米，棺座和排水沟尚较清晰，但墓葬物品荡然无存。2005 年，由福安市文化体育局宣布为福安市首批文物保护单位。

清诰封奉政大夫晋赠朝仪大夫陈公墓 墓主人陈延辉出身隆坪村名门望族，是隆坪陈氏二十九世孙，清诰封奉政大夫晋赠朝仪大夫。该墓坐落穆云畲族乡隆坪村附近山坡处，系夫妻合葬墓，建于清末。整个造型系二级墓坪风字形墓，坐东向西，墓为三合土青石结构，占地面积大约 220 平方米。墓保持明清做法，由墓丘、碑龛、祭台、墓坪组成，横向 11.40 米，纵深 19.30 米。其墓较讲究风格装饰，墓碑龛青石结构，二楼三间牌楼式仿木做法，雕工精细，中间额枋雕作横匾，内书“四思堂”。碑龛中间墓碑雕刻墓主人夫妇称号、坐向、后裔姓名，两侧青石刻字记述墓主人生平及重要事迹，具有史料价值。中间屏墙（或称照壁）青石制作，正面中间阴刻“文峰拱秀”，背面内侧刻“观自在”。墓脚屏墙为三合土制作，其外侧中间内嵌青石板条，阴刻书写“宇宙皆宽”，字体秀雅自信有力。墓脚两侧入口处把守着一对用三合土制作的狮子，栩栩如生，雌雄两狮相互对望，雄狮威风，雌狮温驯，前脚处还缠绕着一头憨态可掬的小狮子。

墓主长子陈承昌官拜浙江钱塘县丞，隆坪村保存精美的石牌坊是为陈承昌之夫人忠节所立。

古建筑

桂林启元祠 位于穆云畲族乡桂林村长春街 1 号对面，为土木结构廊院式建筑。

桂林启元祠石碑（2015 年）　林新富　摄

桂林启元祠（2015 年）　林新富　摄

该祠建于清乾隆年间（1734—1795），坐北向南，前后两座皆为穿头抬梁式木构架，占地面积 818 平方米。整座建筑由门厅楼、天井、主楼祠厅组成，通面阔 21.58 米，通进深 37.91 米。大门高挂“开闽第一宗”横匾，两侧匾刻：“系出太原溯槐荫梅美长承孝德，门临穆水看支分派衍尽见朝宗”。门楼进深五柱，面阔五间带两廊，前廊轩顶，大门前保存有四对旗杆石。门厅与主座祠厅之间的天井两侧为厢房，天井两侧的檐枋上饰作倒人字拱上加一斗三升，承托檐檩，做法少见但显得特别大方。祠厅面阔五间，进深七柱，用材硕大，举架特高。其明、次间皆采取彻明造，梁架结构粗犷明晰。加上明间与两侧次间通透，整个厅面显得空旷敞亮。特别是众厅内保存有 17 通碑刻，数量可观，是明万历年间以及清代多个时期制作的，均记载王氏族人公益田产等事，体现着中国传统聚族而居共置公产的历史现象，对研究福安市历史人文和地方特色具有重要参考价值。

桂林祠堂井　位于穆云畲族乡桂林村向阳路 31 号大门外 3 米处。因为该井位于原桂林王氏祠堂前而得名。该井建于明代，青石井栏边沿一条条深刻绳索的痕迹足以说明其历史悠久。该井石构，现井坪被铺设水泥，成不规则四方形，长 2.5 米、宽 2 米。井身圆形，深 8.1 米，直径大约 1.4 米，上用两层四方形条石叠砌渐收至井口，井口上由整块青石凿空后的圆形圈作为井栏，牛栏高 0.34 米，厚 0.08 米，内壁直径 0.39 米。据

桂林祠堂井（2015 年） 林新富 摄

桂林古城北门（2015 年） 林新富 摄

王氏族人介绍，该井系桂林村王氏祖先到这里肇居时所建之井，使用至今。

桂林古城门 位于穆云畲族乡桂林村，始建年代不详。桂林村旧称“卓家坂”，是福安市西部一个著名古村落，历史上为防御村外来之敌而筑堡自卫，按东西南北建有四个城门，由于历史变迁，现在就剩下北门和东门的残垣断壁。城堡北门，位于桂林村“三门境”，保存较为完好。城门高 2.64 米、宽 1.47 米、厚 1.16 米，由条石叠砌卷顶，墙头饰作双面坡墙栋。大门外侧灰塑门额横匾，内书“巩固崇恒”四字。门内侧城堡顶部横条石侧沿刻有“螺峰王宅造”，门内左右两侧墙体上保留着两个有 10 厘米见方的门闩座。东门位于桂林村长春路 54 号，相距北门直线距离大约 150 米。门口正东向，城门为四方形，用花岗岩条石叠砌，比较规整。城门高 2.86 米、宽 2.16 米、厚 2.1 米，横架在城门内侧上的条石沿面刻写着：“民国丙子年五月重建”。东门南向 2.1 米处已经是民居建筑，北向还残存有 7 米左右的用大鹅卵石和块石垒砌的残缺旧城墙。

桂林临水宝殿 主要供奉临水夫人陈靖姑。位于穆云畲族乡桂林村福源路，离南面的穆阳溪 70 米左右，始建于明正德年间（1506—1521），清嘉庆十一年（1806）和 1923 年重修。该殿为土木结构，占地面积约 236.42 平方米，坐北向南偏西 20°，通面阔 10.91 米，通进深 21.67 米。

该建筑中轴线自大门、前廊道、天井及两侧走廊、大殿，平面南北向长方形布局。大殿穿斗抬梁式混合梁架，屋面两面坡鹊尾脊，明间天棚饰作八角素面藻井，藻井下前梁枋底部墨书“王螺峰祠喜舍地基全座保我裔孙万代兴隆”。大殿面阔三间，进深四柱，次间通透，两侧与大殿内侧依墙建制神龛。是村内唯一保存较为完好的宫庙，是桂林村

临水宝殿全景　　张玉文　摄

临水宝殿内景（2014年）　　张玉文　摄

重要的宗教活动场所，每年正月十三的迎神是该宫最热闹时候，村民会到宫供祀祈祷一年的平安吉祥。

桂林建垣家祠　位于穆云畲族乡桂林村福源路，是清代建筑。为桂林螺峰王氏垣三公所建，福源境王氏族人的一个重要传统建筑。建垣家祠大门坐北向南偏西20°左右，砖砌墙体，大门正面墙头装饰墙栋，门额饰作灰塑横匾，内书“建垣家祠”，两侧耳龛分别直书，左边为唐代诗人李绅的《悯农二首》之二“锄禾日当午，汗滴禾下土。谁知盘中餐，粒粒皆辛苦”；右边是唐代诗人王涯所作的《琴曲歌辞·蔡氏五弄·游春曲二首》中的四句“万树江边杏，新开一夜风。满园深浅色，照在绿波中”，整个大门文化氛围浓厚。大门进去向左是门头亭，众厅紧靠亭北面，因多年不用破损严重，亟待修缮。据说众厅本来有两座，如今就剩一座。门头亭进深三柱五架梁结构，东西向4.14米，南北向5.14米，亭高3.9米。由于年代久远，木构件更换较多且有遗失，原有的柱子比较粗大，保存的部分斗拱做型方形肥大，系清代早期做法。亭山面两侧土墙直至檐下，山柱间置放坐凳供人憩坐，山墙边保存有“建垣祠碑”和“祭扫田、积置田、育贤田”两通清道光年间（1821—1850）碑刻。

桂林清泉宝洞　俗称“仙水洞”，坐落于穆云畲族乡桂林村东面1.8千米凤翔山半山处。洞由奇岩怪石构成。左为济公岩，右是蛤蟆石，上有巨石如金龟盘踞，覆盖成顶部，不施片瓦，浑然叠成天然殿宇。洞宽9米，深32米，可容纳500余人。洞中有

建垣家祠（2015 年） 林新富 摄

桂林清泉宝洞（2014 年） 张玉文 摄

洞，一线岩泉汩出，清澈甘甜，久旱不竭。相传有 7 位姑娘为了避乱，隐居洞中，潜心净修，她们以泉水练就神水，防瘟祛疫，乡人祀之，不计其年。7 位姑娘被称为“白莲仙姑”，出身官宦之家，分别叫作白雪娇、白雪荷、白雪莲、白雪云、白雪玉、白雪娥、白雪梅。清季，桂林庠生王贡南为首，倡辟全洞，王氏家族乐成此举。今存石制神座上有“光绪十三年（1887）闰四月吉日桂林坂王姓董事同鼎建”字样。洞内大厅仿南海普陀仙境，前座塑造观音云游群像，白莲仙姑居后座。盖文昌阁，奉魁星，作王氏学子攻书之所。又修环墙，筑洞门，镌刻门联：“洞弥云气古，泉写道心清。”横额刻“清泉宝洞”四字。洞外有摩崖石刻，为五言绝句：“崄□万石山，吁嗟行路难。玄穹如有锡，饷此一泉寒。”系 1942 年履职于穆阳的闽侯籍文化人士金振庭撰写。

隆坪牌坊 位于穆云畲族乡隆坪村中心，建于清光绪二十二年（1896）六月，为隆坪村陈承昌妻缪金凤所建的节孝坊。牌坊坐西向东，青石结构，四柱三间三楼，五脊顶，阔 6.2 米，高 6.1 米。坊外设置围栏，12 根围栏柱柱头分别雕狮子、尖顶圆球、瓜楞纹等，地面铺设青石板。整座牌坊雄伟高雅，制作精细。正楼檐开四脊，翘角均雕刻卷草，正脊中间置火焰球，两端饰作龙雕，势作张口回望火焰球。两侧次楼檐角雕作鳌鱼吐水，正脊两端饰雕坐凤，双凤向外昂头欲作起飞之势，是为石雕却有栩栩如生之感。顶层正间镶双龙“圣旨”匾，左右为天官像。正间“圣旨”匾下，用一整石雕作穿插坊并两面雕刻横向悬挂状匾额，正面匾额中间阴刻楷书“金石齐贞”四个大字，两侧小字行书，上款：“布政司理同衔浙江钱塘县丞陈承昌原配缪安人节孝之坊”，下款：“知

隆坪牌坊（2009 年） 张玉文 摄

虎头村洋中亭（2009 年） 张玉文 摄

福安县事川东刘玉璋书”；背面匾额内刻“彤管流芳”，皆是当时社会名流所书。三、次间额枋皆雕作弓梁，两次间枋上置放建坊文告字牌。4 根石柱落地，中间两柱前后置设抱鼓石，一边雕刻一对狮子，雌雄两狮摇头观望，雄狮脚下有一绣球，雌狮脚间缠绕着一小狮子。两侧边柱前、后、外三向置放抱鼓石，皆作稳固牌坊立柱。该牌坊字联很多，4 根柱子每面皆有刻字，其中中柱一面柱联：“苦节历四十年来真可见所天于泉壤，褒典从九重宠锡允堪树当世之阃仪”，款识“乙未科进士选用知县侍生郭兆禄顿首拜”，很好地总结并颂扬了牌坊主人的金贞玉德。该牌坊制作精良，雕刻精美，是一个难得的保存完好的石雕精品。1984 年 10 月，由福安市政府宣布为第一批市级文物保护单位。

虎头洋中亭 坐落于穆云畲族乡虎头村西南方向洋中桃园的古道上，是古代穆阳通往“上四府”交通要道（这一带百姓常把去政和、松溪、浦城等称作“上四府”），也是穆阳通往晓阳、周宁、寿宁等周边县地村落的主要古道。该亭始建于清乾隆四十年（1775），南北走向，土木结构，屋架为四柱抬梁式七架梁，平面正方形，边长 6.8 米，占地面积 46.24 平方米。古道穿亭而过，亭两边对通门口特别宽大，宽有 2.13 米，高 2.94 米，为方便来往路人挑柴运货通过而建设。亭东面百米处系白云山南面蟾溪溪水流经处，为防水患，亭的墙基用硕大块石磊砌，并砌得很高，达 1.7 米，上再筑夯土墙，以三合土包墙面。特别是两侧山墙高过屋面饰作弧形“虾姑栋”。整个路亭厚实牢固，精致漂亮，成为虎头村田野一道亮丽风景。

里奥石拱桥 位于穆云畲族乡贵洋村里奥自然村村西面坑溪上。始建于清代，为单

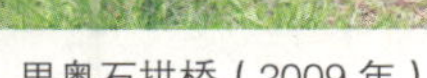 

里奥石拱桥（2009 年） 张玉文 摄

洋中亭的“虾姑栋” 穆云畲族乡政府 提供

孔石拱桥，南北走向，桥面积为 22.6 平方米。桥由块石卷砌而成，桥长 9.34 米，宽 2.42 米，桥两端杂草丛生，但整体保存较好。由于里奥自然村处在深山村野，加之村道更改，该桥更为荒废，犹显古老而苍凉。

玉林玉亭桥 俗称“瓦蓝桥”，是附近村民生产、生活重要交通要道。据当地群众介绍，玉亭桥原为石桥，清嘉庆年间（1796—1820）被洪水冲毁后，改建为木拱廊

玉林玉亭桥（2014 年） 林新富 摄

桥，全由附近36个村群众集体出资出力建成，凝结着这里村民的辛勤汗水与劳动。该桥位于穆云畲族乡玉林村东南向200米小溪上，桥为清光绪三十八年（1902）所建，重修于1949年。该桥南北走向，为单孔木拱廊屋桥，面积为226.3平方米。桥屋抬梁式木构架，双坡顶，桥头两端各加雨披。桥长31米，宽7.3米，桥屋27开间，共56根柱。桥堍用条石堆砌，桥面以木板横铺，两侧设木板栅栏，外披鱼鳞板，也称风雨挡板，桥内两侧设长条板凳供来往行人休息。桥屋正间设木制神龛，龛宽3.2米，深0.9米，高1.55米，龛内供奉慈航普度观世音菩萨像。2013年2月，由福安市政府宣布为第五批市级文物保护单位。

望重碧水厝 位于穆云畲族乡桂林村福源路17号，建于清乾隆年间（1736—1795），坐西向东，土木结构房子，两进四合院布局，占地面积881.4平方米。中轴线自大门、天井、主屋、天井及两侧厢房、后座，通面阔22.6米，进深39米，是桂林村数一数二的大宅院。主屋（俗称当座）穿斗抬梁混合式梁架，悬山顶屋面，举架特高，用材硕大。面阔五开间，进深七柱，明间不仅减中柱，还减两侧前金柱，明次间彻明造，两侧次间通透，所以整个厅堂特别宽敞明亮。其布局保持传统规制，但做法比较特殊。明间后金柱二行连接枋（相当太师壁上方位置）高挂乾隆二十四年（1759）制作的“望重碧水”匾额，两侧悬挂红底金字平直联板：左书“存忠孝心”，右写“行仁义事”，前廊额枋上悬挂“惇德允元”横匾。后座进深六柱，面阔五间带两抱厦，用材没有当座那么粗大，明间与两侧次间二层楼面皆伸至廊柱，可能是后期改造。在当座与后座之间是宽大的天井与两侧厢房，天井南侧中间有一口水井，显得精致而古老，井身圆形，井壁用鹅卵石和块石垒砌，井台四方形三合土制，上置放用整石

望重碧水厝（2014年） 张玉文 摄

雕琢成的井栏，井栏内沿的条条绳索磨痕清晰可见。

桥溪村 4 号民宅　位于穆云畲族乡桥溪村溪边西北面山脚处。建于清末民国初，坐北朝南偏东 30°，砖土木结构，占地面积达 773 平方米，是一座乡村大宅院。整个房子遵循传统民居建筑规制，布局规范严谨，以主屋为中心，加前后天井、门头弄、后廊间，两侧厢房，外加抱厦，院落四周以夯土墙围筑。主屋（俗称当座）屋架结构为穿斗抬梁混合式梁架，悬山顶鹊尾脊，是为数不多的三层半楼层的民宅建筑。该房子规模庞大，主屋进深十柱，面阔五间带两廊，大门前不仅有门头弄，而且大门内侧还设有前回廊。后天井还多一个深三柱、面阔三间的二层后座，俗称后廊间，与后天井两侧厢房连成整体。后天井中间挖有一口水井，可以确保当遇到危险封闭大门时整个家族人员饮水。在装修美化上，大门面墙是砖砌空斗墙，两侧厢房山面饰作马鞍墙，大门装饰额匾和耳龛，赋予文字、彩绘以示门面华丽；内室斗拱雀替均作雕刻装饰，特别是窗花图案题材丰富，雕刻精美，后天井两侧厢房还饰作宁波门（俗称半门）。该房子防盗设计极具特色，四周围墙坚固高筑，大门前门头弄临溪削壁又加筑 3 米多高围墙，门头弄两头入口道路是进入房子的唯一通道，又砌筑多层加厚夯土墙的门楼，在门道入口处还设置双重加固门，二层作为防御用房，对着来路设置多个枪眼。房子东面抱厦处矗立着一个五层楼高的炮楼，以环顾整座宅院四周，层层设有枪眼，防护性极强。村民说堪比“铁桶江山”难以侵犯。

桥溪村 4 号民宅外景（2009 年）　张玉文　摄

桥溪村 4 号民宅内景（2012 年）　张玉文　摄

溪塔亭（2014 年） 张玉文 摄

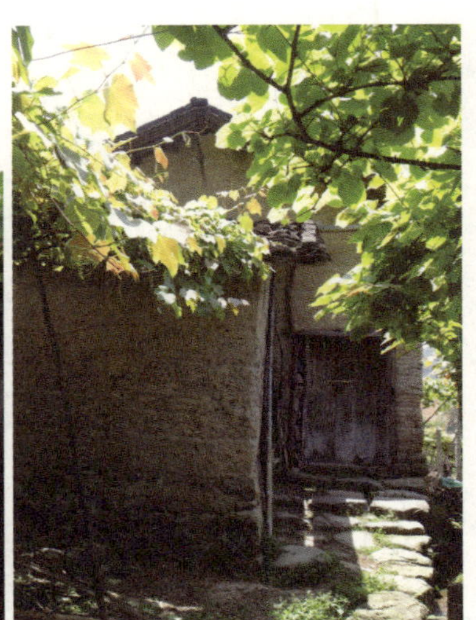

溪塔孩儿撑伞厝（2013年）
穆云畲族乡政府 提供

溪塔亭 也称“四加亭”，坐落于穆云畲族乡溪塔村北面山脚下，是西北向山上黄儒、高岭、上高山等村去穆阳经过溪塔所建置的房屋式路心亭。该亭建于清光绪三十年（1904）七月，1961 年 12 月进行维修。路亭为石土木结构，东南西北走向，占地面积 53.28 平方米。路亭为八立柱九架梁抬梁式梁架结构，屋面为悬山顶，山面两侧设批檐，遮挡亭口雨水。该亭四周墙体用块石垒砌，高达 2.3 米，上再加夯土墙，亭高 4.4 米，墙基特宽，厚达 1 米。平面深 7.2 米，宽 7.4 米，门道宽 2 米。该亭保存有三面石碑，记录建亭捐资钱款工日等。

溪塔孩儿撑伞厝 坐落于穆云畲族乡溪塔村过溪对面山坡处（溪塔旧村位置）。建于解放初期，该厝坐东南向西北，土木结构，平面为长方形，占地面积 63 平方米。布局上主要由主屋（俗称正间）和厨房两部分组成。主屋是孩儿撑伞厝，平面基本是四方形，门口进去正对面靠墙是一间封闭式房间，上下两层。其余三分之一都是通透，作为通道或堆放农具等杂物；唯一一间房楼下做卧室，楼上做仓廪，储存谷物等粮食。厨房位于主屋西南土墙一侧，是一个相对独立的小房间，墙角筑灶台，面积大约 10 平方米。整个房屋就中间一跟立柱，犹如雨伞手柄（伞骨）支顶雨伞支架一样，支撑着房子檩条与横梁。檩条另一端由两侧墙体支撑，但看上去整个屋面就由一根中柱与四面墙体受力，被形象地称为“孩儿撑伞厝”。这种结构房子简单、实用，是人类居所发展史上的一个节点建筑形态。

洋坪路亭（2014 年）　　张玉文　摄

洋坪路亭　坐落于穆云畲族乡洋坪村东面 600 多米处公路边，是穆阳一带村落通往周宁、政和、浦城古官道上所设置的房屋式路心亭，到渡头、洋坪、燕坑等村落也经过这里。亭为石土木结构，占地面积 66.34 平方米。亭为三角屋架结构，靠南北墙体直接支撑，屋面为悬山顶，两侧山墙高过屋面饰作弓形墙头。该亭为东西走向，门道为砖砌卷顶，宽 1.7 米，高 2.8 米。亭深 10.7 米，宽 6.2 米，南北两侧共设 8 个坐凳，供来往路人歇息。

石碑石刻

温岩“郑公之记”石碑　位于穆云畲族乡温岩村入口处。碑刻于明永乐十年（1412）三月，为方形抹角青石材料。碑首横写：“郑公之记”，碑中心内容直书 9 行字，碑面虽有磨损，但文字依稀可辨。文曰：

洪武廿三年春，郑成□彦德充，邑庠生。恭奉圣朝承受□，长游于江

温岩“郑公之记”石碑（2009年）

张玉文 摄

西建昌、北京□乡□□□续历三考，逮夫功遂。其退而赋“归来”。一旦语其子弟曰：“吾今归田里，欲还□土，□风教人。自为□此山，环此水，鉴斯地语此□□成此厥功，相承万世。之后，宁可嗣而崇之，不可信而改之。吾今前职促世学□警此言。保我子孙，可以为千世法，为万事师。”喜为吾乡郑公之记也。遂为之记。

永乐十年壬辰太岁三月三日记

此碑文显示肇居温岩村郑氏家风，有现实意义。该碑在福安市发现所有碑刻中是比较早的，对研究福安市历史人文具有一定参考价值。

双溪桥石碑 位于双溪村头金溪桥之观音阁路边，有6通，刻于清乾隆四十四年（1779）。为捐助建桥石碑，碑首横书“善信碑”。文曰：

金溪之有桥，桥面有亭，由来久矣。其时盖人无病涉，宾至如归焉。乾隆己未四年（1739）秋，一□□焚者，□木桥之故。今废坏三年，征人过客履艰涉险，殊堪痛苦，夫□□□复后□当鉴，但□□难成□志切为薄，不得不缘门募捐，幸得诸君子具有同心，乐善好施，□是易□为石□□者兴之，昔之亭于桥上者，今建于桥头，名曰“灵响”，复建于□，名曰“登云”。夫桥兴亭□□

双溪桥石碑（2014 年）　　林新富　摄

亦不可修而□□□岖者莫如财源一路。今悉为修理焉，庶几哉征人过客无复履艰涉险□乎，然□□是诸君子□□之急也。因勒之于碑，以垂不朽。

缘首　奎八陈祖珪捐银拾两、缪廷灼捐银拾两、王光珪捐银拾两、林世济捐银拾两

其余 5 通石碑碑文均为捐银人名，所捐数量等。

倭角青石碑　两块石碑分别位于穆云畲族乡蟾溪村杨姓众厅与吴氏祠堂内。刻于清同治十年（1871），两通碑皆为长方形倭角青石碑，碑高 1.38 米，宽 0.56 米，厚 0.1 米，两通碑文组成一个茶禁内容。杨姓众厅内的茶碑记载茶禁内容和杨姓首事及捐者名字。此组茶碑为福安市现存唯一的对茶园立碑保护的碑刻，对研究福安茶叶发展史具有重要意义。

蟾溪茶碑（2009 年）　　张玉文　摄

竹州山畲族革命纪念碑 在第二次国内革命战争时期，畲族聚集的竹州山是中共安德县委和中国工农红军闽东独立师坚持三年游击战争的重要基点之一。在这里曾成立过贫农团、交通站，设立过红军后方医院、修械厂、秘密寮等。据《福安县烈士英名录》记载，为党和红军跑交通牺牲的畲族烈士有21人。竹州山畲族革命纪念碑，凝聚的是福安畲族革命群众对党无限忠诚，为革命做出重大贡献的大无畏精神。

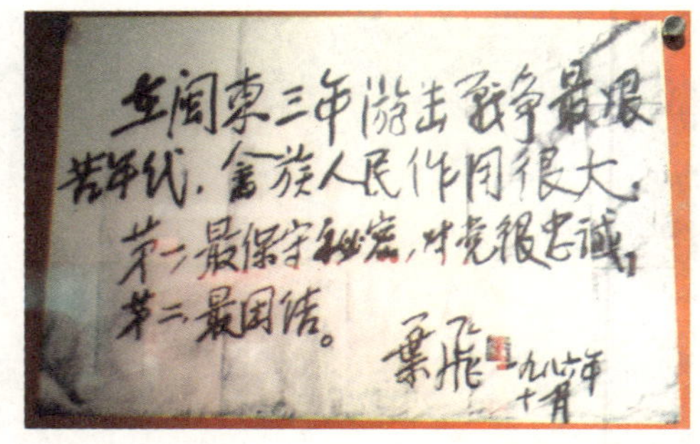

叶飞题词（2010年） 兰丰丰 摄

该碑位于穆云畲族乡竹州山屏峰村左侧山冈处，1984年7月，由福安县委员会、福安县人民政府立。碑正面向西南，高2.14米，宽0.65米，碑座高0.67米。碑正面中间直书“竹州山畲族革命纪念碑”10个大字，背面直书6行字，主要介绍竹州山畲族革命群众参加革命支持革命的事迹。在纪念碑四周用方形条石以栏杆形式围成长方形，占地面积约11平方米。该碑将永远铭记竹州山畲族革命群众对闽东革命的支持。

竹州山畲族革命纪念碑（2009年） 张玉文 摄

畲族文化

福安是全国畲族人口最集中的县市，境内721个纯畲族自然村又相对集中在中部的坂中、西部的穆云和康厝3个畲族乡，客观上使境内畲族受汉族同化的影响较小，能保存原汁原味的畲族风情，在全国具有代表性。

畲族有自己独特的文化历史、民俗语言、风俗习惯、传统服饰。畲族妇女不但服饰打扮美丽多彩，而且习俗奇特，尤以爱唱畲歌和青年男女结婚时“难为亲家伯”而闻名。畲族的民间文体活动也别开生面，独树一帜。较有代表性的有“打枪担”“敬茶舞”“畲拳”等，独具民族风格和艺术特色。畲族人民世代留传下来的许多优美神话传说、诗歌、故事，也是中华民族文化宝库中的璀璨明珠。

穆云畲族乡是福安市畲族人口相对集中的乡镇之一，全乡33个建制村，纯畲族的建制村有16个。其中不乏颇具特色的畲族村庄，如以“葡萄沟”与“溪塔蓝”闻名遐迩的溪塔村；以千亩桃花园著称的虎头村以及福安大白茶发源地高岭村。

畲族文学

歌谣

畲族没有文字，歌谣的传承主要靠口传相授。千百年来，畲族靠民歌记述历史，教育后人，构成了畲族历史来源的一部史诗。畲歌成为畲族最有特色的民间口头文学，是畲族文化的重要部分。因为只有语言没有文字，畲民用汉字记畲语的办法手抄了很多歌本。过去畲民接受文化教育的机会很少，他们就把学歌唱歌作为一种重要的文化生活。20 世纪 60 年代以前，畲歌的普及率很高，当时畲民虽然接受的文化教育不多，但对起畲歌来却朗朗上口，能够即兴唱对，对答如流。

歌谣是畲族最主要、最基本的文学样式，畲族歌谣内容十分广泛，触及畲族社会生活的各个领域。大致可分为叙事歌、抒情歌、时政歌、宗教歌、杂歌等。

葡萄沟内歌声扬（2015 年） 丁立凡 摄

叙事歌 也称“全连”。内容包括族内英雄传说、历史人物叙事诗，如《钟景祺和雷万春》《钟良弼》《蓝佃玉》等；历史歌，叙述历朝兴衰，如《末朝歌》《十八帝》等；小说歌，改编自汉族故事传说，如《奶娘传》《白蛇传》《陈世美》《梁山伯、祝英台》等。

抒情歌 主要是情歌，多为男女对唱，一般同村、同姓、同宗不邀对唱。还有在日常生活中抒发某种情感、表达某种志向的抒情歌谣。如《拦路歌》《出门歌》《反情歌》等。

穆云畲族乡王楼村雷七妹演唱的《河深海阔总务泥》：

男：艰苦多，我郎毛（无）双（无妻无伴）多愁劳，赶鸭上山去食草，赶牛落水食田螺。

女：表兄弟，河深海阔总务（有）泥（畲语“泥”与“挨”同韵），年长月久苦解（会）了，手掏锄头慢慢挨。

又如穆云畲族乡下南村雷何锦演唱的《你忖我也忖》：

男：林中竹枝丫丝丝，鸟在山林母来咪（喂食），
细时故是母养大，未忖父母先忖你。

女：你忖我也忖，莫讲我今都毛（无）忖，
郎忖三工（天）（不会）做活，娘忖三工开门。

男：忖娘忖上心，转到楼里清冰冰，
食饭也□掏饭碗，舀油也□搁灯芯。

女：你讲忖娘娘也听，六月食酒伴嘴（说表面话）行，
那见雷声未见雨，日日都是天作晴。

男：乃因娘情心不花，一日三时娘楼斡（音瓜），
乃因娘情愁成病，求神问佛解（会）上卦。

女：我讲忖你就忖你，忖你不是讲面皮，
务（有）钱买饼当街咬，一块一爿分乞你。

男：忖娘楼远岭又崎（音企，陡），三十六坡骹行痹，
那解（会）在郎楼边住，钥匙全串交乞你。

女：忖郎忖得癫，忖透潭底石鼓弯，
忖透潭底石鼓烂，扁担发（音剥）笋心正宽。

时政歌 主要是畲民有感于切身的政治状态而创作的歌谣，表现畲民的政治理想和

斗争精神。如《五更苦》《未见担银上泰山》等。

穆云畲族乡竹州山村蓝木庆演唱的《国民党，行倒山》：

国民党，行倒山，调兵来拍（打）竹州山。团团转，过山弯，汗流一身（不会）爬躝。红军一只（个）寻着，飞机胡乱炸下南（福安地名）。原来国军受欺骗，损兵折将害民团。

仪式歌 是伴随着民间礼俗和祀典等仪式而唱的歌，分婚嫁歌、丧葬歌和日常礼俗歌。如《出嫁哭歌》等。

穆云畲族乡王楼村雷七妹演唱的《上轿撒谷歌》：

一把米谷撒厅堂，爹家长收丰收粮，春头多布一粒种，冬下粮食铺满仓。

两把米谷撒厅前，阿爹楼里快活仙，父母多福又多寿，大男细女喜连天。

三把米谷撒厅隅，爹家买牛又卖猪，鸡鸭成群六畜壮，年年食颂（穿）都务（有）余……

劳动歌 直接反映劳动生活、描写劳动情景、诉说劳动感受的歌。如《节气歌》《拾柴歌》《十二月去垌娘》等。

生活歌 反映人民社会生活方面及家庭生活方面的歌。如《新妇仔，苦难当》《娘今无双无奈何》《牛做白饭分人食》等。

宗教歌 巫师在巫术活动中所唱的歌谣。

杂歌 包括谜歌、字歌、童谣等。

附：畲族民歌10首[①]

抒情歌

反情歌

女：当初情义你交我，今旦反心恋别个。你郎心肝海贼团，海边贼团毛（无）这歹（坏）！

男：我郎远远听知信，早时看出娘色形，心肝五脏我知着，晓得你娘交务（有）人。

---

① 以拼音字母、福安话汉字切音或同音字标音。

女：风吹树摇走岭上，听郎话讲各样妆（讲话不一），未曾成双都讲好，成双过了嫌弃娘。

男：情义与娘正起头，老鸦来占喜鹊巢，老鼠偷食猫咪饭，共栏牛牯放来斗。

女：火炮点着（音蝶，燃）只个心，十个人团九毛（无）情，山崩难留千年树，船开难等半路人。

男：石鼓反心离落潭，郎情反心毛（无）给娘。白匏反心两边瓢，丝瓜反心剩个囊。

娘今见信就来查

女：你郎来到我娘家，娘今见信就来查，看见郎来大欢喜，三□路坎（台阶）一下爬。

男：我郎来到你娘家，听知娘寮蝉仔哈（叫），生份（陌生）毛胆进入内，感谢娘子出来查。

女：你郎来到我娘家，姐妹相叫笑哈哈，左手掇着郎包袱，右手掬凳又泡茶。

男：掬凳郎坐算就是，不欤（要）泡茶许细腻（周到），清水泡茶甜如蜜，食了娘茶认得你。

女：你郎来到我娘乡，娘今欢喜笑茫茫，前门开了摘橘子，后门开了摘宝元（桂圆）。

男：宝元是宝元，宝元内里有文章，宝元内里一粒核，分郎食着记的娘。

时政歌

五更苦

一更苦，苦天长，三月薯米都食光，

保长捉丁又派税，逼得穷人好凄惶。

二更苦，苦哀哀，财主横行无可奈，

一来穷人不识字，二来都是伊世界。

三更苦，苦茫茫，蜷转半夜好凄惶，
财主伓（不）做又务（有）食，穷人累死都毛（无）粮。
四更苦，鸡声鸣，忖来忖去越可怜，
财主绸衫掬去园（音可算切，藏），穷人毛（无）衫好遮身。
五更苦，天会明，感谢毛主席大恩人，
红军解放到娘峒，天下穷人大翻身。

劳动歌

节气歌

正月雨水共立春，阳乌岗头来报春，做客人姐回家转，做田郎仔叫耕春。

二月惊蛰春分透，山兽虫蚁尽出头，蝉仔变身四山叫，乌仔成双去做巢。

三月谷雨清明晴，山林树叶片片青，郎那担料（肥料）娘担种，娘那撒种郎犁田。

烈日下耕作的畲家人（2015年） 丁立凡 摄

四月立夏小满天，阳鸟朗朗叫天晴，麦那割了做田式，禾苑插落满洋青。

五月芒种夏至中，日长夜短水成汤，苎布衫子着身上，割菅裹粽分郎尝。

六月小暑大暑天，一年田式去一半，手掏耙□（音爬犁，薅草器具）去薅草，草那薅了禾转青。

七月处暑共立秋，坝（音贝）头毛（毛）水要去修，修到门前淹大糯，田那务（有）水禾解（会）稠。

八月白露秋风时，夜来眠床要盖被，禾惊中秋风打午，午时出稻□（陆算切）花期。

九月寒露连霜降，忙人薯米做上仓，重阳登山去聊秋，贤娘舂糍喷喷香。

十月小雪共立冬，过了立冬满洋空，大仓小斗都贮满，砻米酿酒等落春（春播）。

十一月大雪冬节中，露小落地变成霜，富人绸缎着𫷷（音卖，不会）了，穷人烤火熬过冬。

十二月时节大小寒，长年（长工）毛（无）食祭灶暝，年近月满回家转，家家理事走毛（无）闲。

拾柴歌

山里拾（音客，砍、捡）柴山里拦，拾得柴来毛（无）串（枪）担，做条串担人到（回家）尽，转到寮里天大暗，柴又贱，米又贵，担柴籴米好吃亏（辛苦），一工难趁（赚）升把米，几时解（会）挨透年尾。

十二月去垌娘（即去娘垌，去女家）

正月去垌（他怨切，家、家乡）娘，路边都是做年娘（过年时的妇女），娘那做年大欢喜，个个着（穿）得像新娘。

二月去垌娘，路边都是锄田娘，大坧细坧都锄了，坝（音杯）头放水淹（音掩）满洋。

三月去垌娘，路边都是祭坟（波王切）娘，原先坟头发野草（去野草），今晡坟头百花香。

四月去垌娘，路边都是布田娘，左手摘（拿）来右手布（插），布落田中排排行。

五月去垌娘，路边都是睇（音太，看）水娘（巡查水田的妇女），坑（山涧）头睇到坑尾转，坵坵田仔水流长。

六月去垌娘，路边都是薅草娘，人讲男人薅得远，哪知女人比男强。

七月去垌娘，路边都是□草娘，一岗一弯都钹了，姐妹相呼转回乡。

八月去垌娘，田中禾花跟来香，一莕花来一粒米，一个小娘一个郎。

九月去垌娘，路边都是割禾娘，一岗一行都割了，日落西山转回乡。

十月去垌娘，路边都是担粮娘，务（有）人问娘担哪位，担去城里交公粮。

十一月去垌娘，路边都是担柴娘，卖柴买鱼又买肉，买鱼买肉忙回乡。

十二月去垌娘，买办年货乐融融，全家老少齐欢喜，主席像来挂厅中。

生活歌

新妇仔苦难当

新妇仔（童养媳），难出头，是爹毛进（家穷无出息）把娘（姑娘自称）丢，蛇落竹筒节节难，马过竹桥步步忧。

新妇仔，是毛干（音鉴，不值得），颂（穿）着衫子节节断。袖卷串出成豇豆，衫□透孔手来掩。

新妇仔，是灾过，二十年前做件裤，四十年来补又补，三把柴秤称繪过。

新妇仔，苦难当，大人都讲细人（小孩）懒。三顿未食一顿饱，锄头掏山掘毛痕。

娘今无双无奈何

你今务（音花，有）郎欢喜多，我今无双（单身）无奈何，明明要讲也懒讲，明明欸（音威退切，要）做也懒做。

你今务郎解喜欢，□（音逆歪切，我）今无双无耐烦。田山做式毛话讲，锄头棕蓑各一方。

好花欲（要）开好园中，几时解（会）等人来栽。娘今姻缘配未着，恰似岩层脱落来。

牛做白饭分人食

牛角弯弯扁扁势，斤斤泥沙分牛背，牛做白饭分人食，佢伊辛苦人不知。

杂歌

十字唱古人

一字写来一条龙，魏徵梦斩金敖龙，你犯天条该斩罪，唐王也助三扇风。

二字写来两笔长，包公十七坐开封，独判毛（无）头公案事，世上难寻这清官。

三字写来三国名，孔明用计排空城，司马仔玛（父）毛胆进，不知城内兵几名。

四字写来四角方，精忠报国杨令公。杨家个个英雄将，为国立功天下传。

五字写来半转身，水涨（音盾）金山白蛇精，乃因法海和尚害，雷峰塔下去安身。

六字写来中横长，（孟）姜女寻夫哭城墙，哭倒城墙八百里，后转天宫解（会）相逢。

七字写来脚下叉，海中洗浴是哪吒，打死龙王三太子，抽筋剥皮转回家。

八字写来两边开，山伯遇着祝英台，两人甘愿同生死，变作蝴蝶墓中来。

九字写来弯咧弯，奶娘学法过闾山，收复三十六宫殿，斩了蚺（音南）蛇飞半天。

十字写来大团圆，刘锡上京遇三娘，三娘又落黑云洞，七岁破洞刘沉香。

故事

神话传说 如《男造天，女造地》《石神保人种》《和寅活了七千二百岁》。

人物传说 如《秦皇阿母倒头嫩》《雷万春巧遇钟景祺》。

史事传说 如《畲族女人衫里有两个皇帝印》。

地方传说 如《银池岗》[①]《石母人的传说》《仙人迹》。

动植物传说 如《山鸡三告状》《番芋蛋》《柿子气杨梅》。

民间工艺传说 如《分龙节》[②]《二月二庙会》《怏怏落土》。

生活故事与其他故事 如《雷超治财主》《命带十八败》《状元命》《长年哥问卦》《公鸡为何叫“角角角”》。

谚语与俗语

畲族称为“古语”，与汉族说法相同。福安畲族谚语与俗语既有民族特点又受当地汉族的影响，其句法多为七言双句，也有二言、三言、四言、五言以及单句、多句等。特选取富有特色的谚语与俗语摘录如下。

（以并音字母、福安话汉字切音或同音字标音）

山哈（hā，畲族自称）山哈，伓（ng，不）是亲邻就是叔伯。

千年亲邻万年族伯。

盘蓝雷钟一族人。唱起畲歌认族人，蓝雷三姓好结亲。

一家合好一家亲，一村合好一村亲。

自家仔（zhōi，囝、孩子）亲又亲，孝顺爷奶（音逆夹切，爷奶，父母）心贴心。

日头夹（kia，扛）枷（gia，日晕）夹过昼（qiu，中午），几多（gido，很多）坑坑（音烘烘，小溪）断水流。

清明晴，坝头伓使（ngsoi，不用）行；清明雨，坝头日日去。

春东夏西（音何狮，夏天刮西风），笠斗棕蓑（zhong sui，棕衣）。

---

① 参见本志“艺文杂记·民间传说·银池岗”。

② 参见本志“艺文杂记·民间传说·分龙节”。

重阳毛水（mousu，不下雨）一冬晴。

多扒（音波河切，薅）一到（音套，次）草，多收三五斗。

芒种前，好布田（butan，插秧）；芒种后，好点豆。

麦吓（ha，怕）清明连夜雨，禾吓（uoha，稻谷怕）白露午时风。

求人不如求泥土，务（音花，有）做落泥总务收。

伓吓（ngha，不怕）荒年，那（na，只）吓靠天

食菜莫食菌（kun，山上野菰），务路莫搭船。

禾（wo，水稻）吓（ha，怕）秋来旱，人吓老来难（音你翁切，苦难）。

嫩草吓霜伓（ng，不）吓水，做人吓懒不吓穷。

欤（音威退切，要）共（nong，与）别人比做田，莫共别人比过年。

一懒加十勤，伓（ng，不）勤也欤（音威退切，要）勤。

上山伓弯腰，转寮（音刘，家）毛柴烧。

笑烂（音狼，破衣服）莫笑补，笑懒莫笑穷。

伓吓（ngha，不担心）虎养三个仔，那吓人务两样心。

顺风放火，伓使（ngsoi，不用）使力。

牵牛欤（音威退切，要）去牵牛鼻，莫去牵牛尾。

钱财酒色你莫贪，一世伓使（ng soi，不用）上官厅。

大人爬墙，细人（音狮言，小孩）学样。

龙吓（ha，怕）铁，虎吓叉，柿仔吓老鸦，豆腐吓毛牙，竹笋吓叉杖，大汉吓妇娘（bungiong，老婆）。

闲工补漏篦（leupi，笊篱）。

毛牙欺负烂豆腐。

时来一针救两人，毛时甘草毒死人。[①]

---

① 此为民间流传甚广的清乾隆时寿宁清源乡下楼人吴珏的故事。吴珏擅长针灸，一生以行医济世为己任，足迹遍及闽东北与浙南，县民尊其为吴太医。知府李拔曾赐“一郡久夸户扁望，三年徒抱树云心”板联予珏，至今尚存。

畲族艺术

音乐

畲族是一个能歌善舞的民族，唱山歌是畲族人民最喜爱的文娱活动。畲歌在历史上承担着畲家其他民间艺术都无法比拟的作用，畲族人民抒怀抒情、教化育人、交际等无不依赖于畲歌。畲族称山歌为“歌言”，就是以歌代言、无所不歌的意思。畲民一个人上山劳动，往往通过唱歌来排遣寂寞。当远处有人听到，听出是年龄相仿的异性，就会接上，发展成谈情说爱的对唱。

在漫长的历史长河中，畲歌形成了一定的歌俗歌规。譬如他们有拦路对歌、来客对歌、“故表姐对歌”“歌节歌会对歌”等。从前，畲族有个不成文的规定，就是同姓不通婚、同村不对歌。除此之外，不论时间和地点，也不管人数多少，只要路上遇到异性的族人，特别是“出行”做客或者参加歌会的异性青年，男方就会抢上前去拦住女方盘唱。

声乐 主要有山歌、礼俗歌、宗教歌。

山歌 无伴奏的山歌是畲族民歌的主要形式，也是一种音乐表演形式。其唱法有平讲调、假声唱和放高音，而演唱形式有独唱、男女对唱和齐唱，还有“双条落”，双条落是带有轮唱性质的二声部的重唱，是畲族多声部的歌唱音乐。

礼俗歌 即仪式歌，演唱形式有独唱和对唱。

宗教歌 即巫歌。主要是宗教活动音乐，有演奏、演唱，中间穿插些咒语、念白，手法多用重复。乐器以龙角、铃刀、法鼓、三音锣、木鱼、大钹、大锣相组合，加上人声的独唱、领唱、伴唱、齐唱等形式，形成独特的韵律。

器乐 有鼓箫班器乐、宗教器乐。

鼓箫班器乐 通常以两支唢呐为主奏，伴以常规的民族乐器和打击乐。有二胡、京胡、月琴、竹笛、小锣、大锣、钹、木鱼等。曲目可连缀演奏也可独成一曲。多用于婚丧喜庆等场合。以走奏和坐奏两种形式背谱演奏。旧时演奏者多不识字，用的是“工尺谱”。演奏者之间配合默契，表演自如。时下所表演的多为闽剧角色。鼓箫班由相对稳定的人员组成，多者 8 人以上，俗称“大吹”；少者为 4 人，俗称“小吹”。通常每人均会兼吹、打两种以上乐器。

宗教器乐　有龙角、三音锣、铃刀、法铃、法鼓等。龙角又称“角”，也称“羚号”，是木吹乐器。三音锣由三面大小不一的铜锣构成。以一竹帛小槌击之发音，每面锣均发一固定高音，因分别念懂 $=c^3$（do；i）、丁 $=ba^3$（降 la；b6）、冬 $=bg^3$（降 so；b5），故称三音锣，也称三音。铃刀由五片铜板、一个铜圈串于梨形的粗铜线上与铜柄刀相连而名之。

舞蹈　随着时代的发展，目前在舞台上能看到的更多的是新时代的畲家枪（串）担舞、采茶舞、丰收舞等。畲族“枪担舞”是由畲族人上山砍柴草劳动转化而来的。上山时，畲族人边唱山歌，边用力敲击“枪担”，逐渐演变为“枪担舞”，也称“打抢担”。它吸收了畲拳畲棍中的拔、挑、架、劈等“对打”动作，融体育、舞蹈为一体。而“枪担”是闽东畲族山村农民常见的劳动工具，把竹竿或木头两头削尖，用以挑柴草、农产品，其长短视劳动者身材而定。表演时，参加者腰佩刀鞘（俗称割鞘），一手握柴刀，一手持枪担，且敲且舞。以柴刀击枪担、刀鞘，以刀柄、枪担撞地，清脆悦耳，节奏分明，整齐中富于变化，透出一股纯朴的山野劳动气息。表演队伍 16 ~ 24 人，表演章节

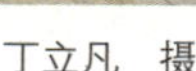

洪楼起畲舞（2014 年）　丁立凡　摄

畲舞奶娘踩罡（2015 年）　林新富　摄

打枪担（2014 年） 丁立凡 摄

小学生练习“枪担舞”（2010 年） 林新富 摄

内容分为“青山翠竹”“刀鞘声声”“刀花翻舞”“竹响山际”等部分，充分展示“枪担舞”表演的民族性、传统性、体育性。穆云畲族乡对这一畲族传统体育节目进行挖掘、整理，并在穆云中心小学编排了畲族“枪担舞”，在各种大型场合演出，得到了认可。

工艺

刺绣 畲族女服的领口、袖口、衣襟边和围裙上都刺绣各式纹样。图案上有单独纹样、连续纹样和角隅纹样等，形体上有自然纹和几何纹。自然纹以植物纹为主，动物纹为次。植物纹饰有牡丹、梅花、莲花、菊花、桃花、兰花等。动物纹饰有凤凰、喜鹊、鳌鱼、龙蛇、虎豹、麒麟、狮子、麋鹿、月兔等。刺绣色彩调配以原色为主，辅之次色，色彩强烈、醒目、反差大。畲族除衣裙刺绣外，还在帐帘、肚兜、鞋面、童帽上绣花。

编织 主要是编织花带。畲族花带是以各种颜色的丝线用手工编织而成。花带尺寸不定，长者十来丈，短者仅尺余；宽者 6 厘米，窄者 1 厘米。花带有蓝底红花、绿底白花、白底黑字等。规格不定，“七根花”：不论带子宽窄，有的要拉百余根基线，有的仅 30 余根，而穿梭编织花纹图案仅靠正中 7 根线，其余的织成平面花边，颜色各自选取。花纹图案是“田、由、甲、申”等字样，以及双菱形纹和其他几何纹样相结合。这种纹样的花带多做围身裙的裙带。“十三根花”可织纹样有蝴蝶、蜻蜓、梅花等，这种纹样的花带多用以捆衣物和包袱，也是传统婚嫁中姑娘定亲的必备品。“十七根花”和“十九根花”：编法周密、花工大，成品宽大、畲民盘在腰间作装饰品用，也称“山哈带”。编织花带是畲家少女的基本功。畲族女孩大凡七八岁就跟着阿娘、阿姐学编织。

竹编 畲山多毛竹，畲家多出篾匠。篾匠多系个人投师学艺，受雇后根据雇主需要进行编织，较少全村习一艺之现象。其制品主要为用具：箩（有米箩、油箩，皆精致严密，油箩内外皆上漆）、筐、篓、斗笠（有大小粗细之别）、笊篱、筛、篮（有菜篮、提篮、晾篮）、畚箕、土箕、饭箕、火笼、竹簟、竹席、竹枕、竹椅、竹床等。畲家的竹编产品旧时常为陪嫁物品，编织便尤其精细美观，而且上漆。篾匠皆有因经常编制而特别拿手的篾活。

雕刻 包括木雕和石雕。木雕多用于富裕人家窗棂上人物、花鸟的雕刻，牙藤床上人物花鸟装饰的雕刻，衣橱上人物花鸟的雕刻，祠庙雀替或其他装饰的雕刻以及祠堂神主牌龙凤花卉装饰的雕刻。石雕多用于祠堂庙宇大门两侧的吉祥物或神龛佛座以及石坊、坟墓的装饰。

剪纸 成品称“纸花”。多用于礼仪习俗，有喜花、冥花、供花和样花四种。喜花，红纸剪制，办喜事用。冥花，白、绿、黄三色纸剪制，办丧事用。供花，红纸剪制，祭神祀祖用。样花，纸色不拘，作刺绣衣物图案底样。畲家剪纸构图简单、粗犷，以变形的自然花卉纹为主，几何图形纹为辅，少见动物图案。

武术

畲族武术以畲拳最为著名，棍术次之。

畲拳 畲拳乃畲族独创，已有300多年的历史，创编者是雷乌龙，人们尊称他为“乌龙公”。畲拳以八法拳为主，有三箭摇角、十二劲功、铁牛入石等8个套路，还有翻门拳、六九拳、勒步拳、五虎下山等。其中五虎下山内容包括猛虎拜月、猛虎献拳、猛虎掏心、猛虎打滚4趟共108招，打法灵活多变。

畲拳的主要动作有冲、扭、顶、搁、削、托、拨、踢、扫、跳等。进攻时多用拳肘，防守时常用前臂和掌；讲究以肘护肋，步伐稳健，动作紧凑，进退灵活，具有“下如铁钉，上如车轮，手如碾盘，眼如铜铃”的特点。畲拳的流派和套路有数十种之多。练功的方法也很特别，如练铁砂掌之前，先砍一节粗壮的竹筒，内装一条毒蛇。蛇腐烂后，练武者将手插进竹筒，蛇毒使其手奇痒难忍，急需插入米糠、谷子或沙子及铁砂中摩擦，久之则皮肉坚硬。畲拳中有点穴绝招，一旦被点中穴，便动弹不得。

“爱我穆云　美丽畲乡”——宁德市畲族歌舞团走进传统村落畲歌会上的畲族棍术表演（2016 年）　林新富　摄

棍术　拄杖、锄头、扁担等生产工具都是畲家的习武器械。盘柴槌（即打柴棍）是棍术的一种，有长短之分，长的 3.6 米左右，短的 2.3 米。其招式有七步、九步、猴子翻身、双头槌、三步跳、四步半、天观地测等。

畲族棍术以“钟家棒”最具特色，包括开武子五棒、柳叶子棒、七星子五棒等。钟家棒相传为明朝洪武年间（1368—1398）上杭畲、汉起义军钟三、钟子仁训练义军所创。畲民为纪念他们，取名为“钟家棒”。此外，还有连环棍、金龟点水棍、三节棍以及刀术、杷头勾刀对打等。

竞技

打尺寸　一人站在直径约 2 米的圆圈内，右手执一根 30 ~ 40 厘米长的棍子（即“尺”），左手拿一根筷子长的竹条（即“寸”），以“尺”将“寸”打出圈外。站在圈外的一伙人在“寸”落地前争取接住它，再投向圈内。圈内的人可再以“尺”将“寸”击出，或用手接住。谁使“寸”落地，谁就输了。此项活动传说起源于唐代畲民起义中“赤手拨箭”的故事。

操石磉　推石头角力。操即推，石磉即石块。石块呈扁圆形，底面光滑。大者百来斤，小的几斤至几十斤不等。比赛地点一般在石铺的路面上。两组各有一个人站在己方的石块上，其余组员二三人或推或拉站立石上的人，使他足下蹬踩的石块猛撞对手石块，谁的石块被撞后滑到路边，谁便输了。

骑“海马” 在海滩足踩名叫“海马”的滑溜板飞速前进。“海马”本是生产工具，用于海水退潮后在滩涂上“讨小海”。明嘉靖年间（1522—1566），戚继光在闽抗倭时，曾训练士卒骑“海马”追逐倭寇，效果奇佳。生产中休息时骑“海马”比速度、比花样、比负重，既惊险诙谐，又热闹壮观。

竹林竞技 以爬竹竿和射箭最吸引人。许多人爬竹竿只用手不用足，而且有的参赛者还是倒立向上爬，动作敏捷得像猿猴一般。射箭是比赛用箭射飞行中的斑鸠。

建筑

畲族民居建筑包含一般民居、大型民居和宗祠会馆三种类型。随着时间的推移，畲族民居经历了从“草寮”到土木结构的“瓦寮”房屋的变迁，草寮为早期畲族的简易建筑，此后采用夯土墙的“泥间”，这种“泥间”也经历从平房到二层的发展过程。“草寮”已基本不见，“泥间”在穆云畲乡一些古老村庄还比较常见。

民居 穆云畲族乡的传统民居主要是土楼，坯土墙体，木结构，双面坡屋顶，青色瓦片覆盖，多为双层，上层用来放置杂物，下层正中间为厅堂、左右为厢房，中间厅堂又由木屏隔开前后两间，前面厅堂设（祖）神位，后面放置日用杂物，如磨、臼或饲养家禽等；左右两厢房各分隔两间为卧室，室内陈设简陋，右厢房后段多为厨房，厨房一般不设烟囱，厨房中水的来源很有特色，畲民将山上的溪水、泉水用竹筒引入房中，下面挖一条水槽用来养鱼。

畲族建房忌讳在“无风水”地和“无吉日”时动土建房，屋坐向忌朝水源。房屋大多建造在山坡向阳避风有水源的地方，住宅简单而古朴，乡土气息浓厚。传统聚落多为散漫型的居民点，且建筑格局无严格的风水理论，但宅门和灶门的朝向均有一定的规制。

宗祠会馆 畲族社会多以血缘关系的远近集聚，共用一个祠堂，祠堂建立后，其基本组织不变。祠堂的建筑形式各地大体一致。较大型的祠堂有前后厅，左右走廊和前后厅各两侧房，中央是天庭；小型祠堂前后厅没有房间。畲族重视始祖盘瓠之祭，其祭祖活动一般在祠堂进行。

畲族服饰

福建省畲族服饰因地域不同而各有特色，穆云畲族乡畲民的着装特色属于福安式。随着畲汉互动的日益增强，畲族男女平时的着装已基本与本地汉族村民相同，但在畲族的传统节庆日，传统服饰穿着率较高；在畲族村，年老的畲族妇女还保存着穿传统服饰的习惯。畲族的传统服饰中，男性服装与汉族村民大体相同，女性服装则富有民族特色。

畲族妇女（2009年）　　穆云畲族乡政府　提供

畲族少女（2014 年） 丁立凡 摄

发型 传统福安畲族妇女的发式称为“凤凰髻”。成年妇女将头发分为前后两部分，后面头发扎成坠壶状，前面头发平盘绕与额前，再用几根深红色的绒线环束在发间，并在顶中横栓 1 条银簪，有的还斜插 1 条耳扒或 1 根豪猪簪。为了使前面发髻宽大，已婚妇女往往添上假发，使发式正面像黑色的缎帽。16 岁前的少女用红绒缠着辫子，盘绕在头上，额前留刘海。年满 16 岁后，头发也要梳成妇人式样，但顶中不压银簪，以示区分。20 世纪 50 年代中期以后，畲族妇女均剪短发或梳辫子，只有老年妇女保持传统发型。

服装

男装 畲族男性的上装，夏天多为青（黑）色、蓝色的大襟布衫；冬天则为青（黑）色、蓝色的大襟棉布衫。布衫无领子，仅用蓝棉布条镶在领口。领口内两肩上另衬一重棉布，俗称“搭肩”。棉布衫样式相同。衣襟边钉有五颗铜扣子或布纽扣。有的老人冬天还加夹袄或棉袄一件，为中间开襟。出门做客则穿背心状的“钱吊”，中间开襟，两边下方各有一口袋横在腰间。缺棉布的人就用双重苎麻布缝成“马甲”。

畲族男性的下装，夏天为短裤，冬天为长裤，材质、颜色均与上装相同。在款式上，裤子为直筒式，裤筒大，不论短裤或长裤，裤腰上都要接上 15 厘米高的不同颜色的棉布作“裤头”。着装时，用根白色带子作为腰带，将裤头扎紧。

鞋子为布底方头青（黑）色鞋。鞋面清一色，鞋头折两条中脊，俗称“双梁鞋”。

男性婚礼服装是红顶黑缎官帽（宽檐礼帽），青色长衫，襟前、胸前绣有龙纹，青（黑）色布靴。

女装 畲族妇女服装称为“凤凰装”。上衣为黑色大襟交领式，大襟服斗上没有绣很多花纹，只在衣领上绣水红、黄、大绿等颜色的马牙花纹，沿服斗的边缝上缝一条三四厘米宽的红布边，红布边的下端靠秀头的地方绣一块三角形的角隅花纹，上衣袖口缝一条 1 寸多宽的红布边。

围身裙，又称“合手巾”。也是黑布做的，上端有一段三寸多宽的红布横缝在裙身上。裙身通常长1尺，但也有更长的，视人而定。围身裙的上端两角，刺绣简单的花样。

鞋子是布底方头青（黑）色鞋，鞋口有花线点缀，鞋头折一条中脊，俗称“单梁鞋”。

畲族姑娘婚礼时戴的银凤冠最为华贵。银凤冠上缝有一片片四方形的錾有凤凰、蝴蝶等样式的银牌，轻薄如纸。再缀上红线穿起一串串五色料珠，垂挂到凤冠的四周。凤冠配有 7 ～ 9 根银链串起的银帘，每根银链上都系有大大小小的的凤凰、蝴蝶、梅花、鱼等图案的银牌与铃铛。银链能垂到胸前，遮住脸部，摇来晃去，叮当作响，因此，银凤冠又被称为“银遮面”。

身着凤凰装与银凤冠的畲家女（2008 年） 丁立凡 摄

银凤冠（2011 年） 丁立凡 摄

畲医 畲药

畲医 穆云畲族乡畲族群众多居住乡下。长期以来，由于交通不便，生活水平低下，卫生医疗条件较差。为了自身的健康生存和种族的繁衍，畲族群众在长期与疾病做斗争的过程中逐渐掌握了当地中草药的性味及功能，逐步形成适合居住地域常见疾病防治的用药特点。畲医诊断疾病主要以“望、问、切”为主要手段，大体将疾病分为“寒、气、风、血、杂症”五大类型，以内治外治并重，还用捽痧、刮痧、挑痧、挑病珠放血、银针灸、艾叶炙等疗术。

畲医传授方法或为子承父术、代代相传，或以师带徒，徒秉师教，主要在实际诊治工作中学习医术。畲医分内、外、妇、儿、喉、眼、骨、伤科，以及针灸、气功、按摩等；也有按病种分科，如瘰疬、疔疮、痔疮等。畲医在治病时较重视“忌口”，即用药时忌食酸辣等刺激性食物，有时也忌食鱼虾等腥荤类食物，甚至忌食线面、瓜类藤蔓食物。

畲药 畲医多用青草药治病，使用青草药与汉医基本一致。有的现采现用，有的按季节采集，经晾晒、切片等粗加工备用，且多数系单方，剂量大，服法简单。畲医所采用的青草药，绝大多数穆云畲族乡内皆可采到。2014 年，穆云畲族乡溪塔村建立畲药生态园，占地 30 亩，园中种植 1 万株厚朴。

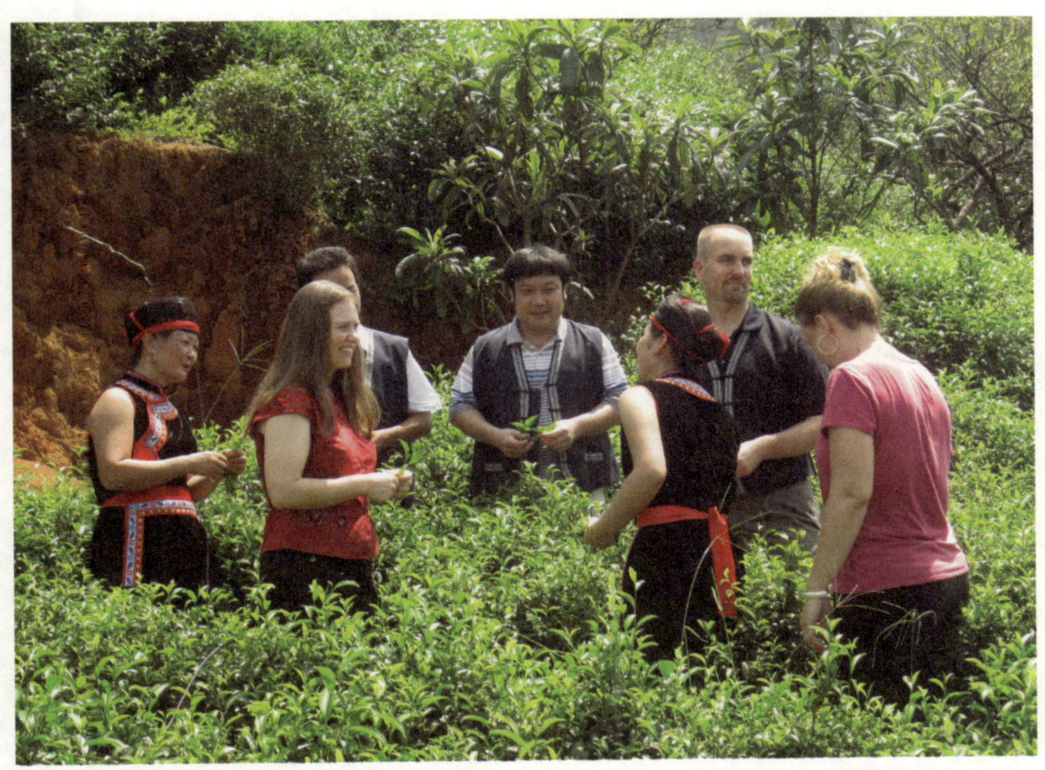

外国游客在溪塔畲药生态园（2009 年）　　穆云畲族乡政府　提供

链接：畲族传统偏方选

外科

1. 折骨损伤

菠柴（盐肤木）根、漆柴（野漆树）根适量，俱取二重皮（即刮去最外层苦皮后的根皮），捣烂敷在损伤处，缚上。如伤处溃烂，加些冰片掺捣。

2. 喉患火蛾

杜瓜头捣烂浸洗米水先漱口，后含之，勿吞，吊出丝涎喉自宽。另方：茶须 24 克、山豆根（百两金，俗称雄真珠凉伞）1.8 克、穿山龙 0.6 克，清煎频饮自愈。

3. 牛舌蛾

咽喉边生牛舌蛾，亦以杜瓜头浸洗米水漱口后含之勿吞，吊出丝涎。

内服金银花藤30克，山豆根（百两金，俗称雄真珠凉伞）6克、穿山龙12克，水煎冷服。

4. 虎蟮（即大腿淋巴结肿痛未见寒热者）

将金毛狗脊（槲蕨）煎汤半酒盅，和无灰酒随量炖服，二日须服四盅即可痊愈。

5. 手节螺

铺地锦（天胡荽，俗称砻米鲜）、老蛇刺菠（蛇莓）捣盐敷之。

手指生天蛇

丝蚶壳擂细末调鸡蛋清抹之。

生蛇头

冬瓜叶捣烂调醋和米糠敷之可消，若成天蛇或已发脓或未发脓，必须改用丝蚶壳擂细抹调鸡蛋清涂抹。

肛蜞（又称园蛇，系手足趾疽类）

金银花全根烧灰存性调麻油抹即效。

6. 瘰疬

俗谓生疬，因寒暑不调或外寒内热，痰凝气滞，以致耳项结肿。

防风3克、荆芥3克、桔梗3克、牛蒡子5克、连翘5克、甘草3克、石膏3克、薄荷3克、枳壳3克、川芎3克、苍术3克、知母2克、灯芯20根。水煎服。

瘰疬坚硬肿痛，潮热咳嗽，未穿溃者。

川芎3克、当归3克、白芍3克、生地3克、陈皮3克、茯苓3克、桔梗3克、白术3克、香附5克、甘草3克、贝母5克、人参3克、昆布5克、升麻2克、红花2克、海粉（煅蛤壳）3克。水煎服。

瘰疬马刀（瘰疬生于腋下，形如马刀的名为马刀，又称“马刀疮”）坚硬如石，坚而溃或已破流脓者。

黄芩5克、白芍3克、当归3克、龙胆草5克、桔梗3克、知母3克、黄檗3克、天花粉3克、昆布5克、连翘3克、葛根3克、甘草2克、黄连2克、三棱2克、莪术2克、柴胡2克、升麻2克。水煎服。

瘰疬及瘿（大脖子）瘤痰核（皮下肿起如核的结块）初起未溃浓者，

治宜活血化坚。

防风3克、赤芍3克、当归3克、天花粉3克、金银花3克、贝母3克、川芎3克、皂角刺3克、桔梗2克、厚朴3克、五灵脂2克、陈皮2克、甘草2克、乳香2克、白芷2克。水煎服。

7. 筋疬

抑郁或劳伤气血以致四肢项颈筋缩结累累如贯珠。

人参3克、茯苓2克、陈皮2克、贝母2克、香附2克、当归2克、川芎2克、黄芪2克、熟地3克、白芍2克、甘草2克、桔梗3克、白术2克、姜三片、枣2枚。水煎服。

8. 乳虎（乳腺炎类，位于乳头上方）

以冬苎头磨老醋刷之。

9. 出栏虎

用芋艻头、酸芝草（酢浆草）捣盐饭敷之。

内科

1. 长期风湿性关节疼痛

威灵仙15克、茜草根10克、七叶莲（木通科野木瓜属野木瓜或鸭脚莲）15克、星宿菜10克、南风藤10克、土牛膝10克、桑根15克、肖梵天花15克、蜘蛛抱蛋10克、虎杖根15克。水煎服。

2. 肾阳虚腰疼痛

勾儿茶30克、梵天花15克、包蔷薇15克、杜仲藤（土杜仲）10克、伏牛花10克、仙茅参10克、盐肤木15克、牛奶仔15克、关门草（截叶铁扫帚）10克。水煎服或炖猪脚服。

3. 脑栓塞后遗症、瘫痪

梵天花15克、仙茅15克、鸡血藤15克、仙鹤草（龙芽草）15克、威灵仙15克、爬岩红5克、红根草（茜草）5克、铁扫帚（马鞭草）10克、蚊母树10克、盐肤木10克。水煎服。

4. 肾阳虚、阳痿、腰痛

仙茅参15克、柘树（山荔枝）根15克、淫羊藿10克、鸡屎藤15克、勾儿茶15克、薜荔根（俗称红墙泊索)15克、藜藤根15克、虎杖根10克、苞蔷薇 10 克。水煎服或猪脚炖服。

5. 下半夜泄泻

龙芽草 15 克、算盘子 15 克、胡颓根 15 克、六棱菊（俗称八扇风）10 克、白牛胆（俗称牛茶）10 克、地胆草（俗称牛鼻得、披地挂）15 克、乌饭树（乌拈）干果 15 克、包蔷薇 15 克。水煎服。

6. 中风型高血压

豨莶 10 克、土牛膝 15 克、生牡蛎 20 克、盘龙参（绶草）10 克、臭梧桐根 10 克、石仙桃（石橄榄）15 克、山皇后（大青）根 15 克、夏枯草 10 克、枫寄生（槲寄生，俗称冰柴寄生）10 克。水煎服。

7. 受惊吓后失眠

夜交（何首乌）藤 10 克、合欢树（根）皮 10 克、钓藤 10 克、盐肤木根（俗称步练钱）10 克、海桐（崖花海桐）根 10 克、玉叶金花（土甘草）15 克、白蚕蜕（或白僵蚕）10 克、生栀子 10 克或根 15 克。水煎服。

8. 阴虚盗汗

十大功劳（土黄柏）15 克、黄花仔（黄花稔）15 克、煅牡励 30 克、阴石蕨（俗称水石蜈蚣）15 克、水团花（水杨梅，俗称水仙仔）15 克、盐肤木 15 克、铁扫帚（马鞭草）15 克、虎杖根 10 克。水煎服。

9. 风疹初发

葵花（向日葵）壳 15 克、紫苏叶 10 克、鸡冠花 10 克、马齿苋 15 克、薄荷叶 7 克、玉叶金花（土甘草）10 克、莎草（香附子）10 克、棉藤（构）根 15 克、枫香（冰柴）根 15 克、路通子（枫香树果）15 克。水煎服。

10. 肺炎实症

肺风草（连钱草）10 克、鲜麦斛（石豆）15 克、玉叶金花 10 克、白茅根 15 克、白花蛇舌草 15 克、薄荷叶 10 克、阴石蕨（水石蜈蚣）15 克、（秋）鼠曲草 10 克、虎杖根 10 克。水煎服。

11. 急慢性阑尾炎

鬼针草（刺针草或三叶刺针草，俗称粘身衣）15 克、虎杖根 15 克、半枝莲（狭叶韩信草）10 克、败酱草（白苦苴）15 克、白花蛇舌草 15 克。水煎服，加红糖 50 克调匀。

12. 肾炎、小便不通

车前子 10 克、虎杖根 15 克、鱼腥草（臭聂）10 克、玉叶金花 10 克、鸡眼草 10 克、十大功劳 10 克、灯芯草 10 克、栀子根 15 克、石韦（全草）10 克、芒（蒙）管头 30 克。水煎服。

13. 肺痨咳嗽、痰臭

梨寄生、桑寄生、橘寄生、柚寄生适量、水煎后加蜂蜜调服。

14. 产后发热

白难胗柴、紫珠草、苏梗、赪桐（红梧桐）根、白梧桐根、金腰带、檵柳、地骨皮、山蒿石各适量。炖服。

15. 结核脑

七叶一枝花（俗称七层塔）、老鼠屎（铁铜仔）、白毛柴、石橄榄（石仙桃）、风不动（俗称墙泊索、络石）合 20 克。水煎服。

16. 心气痛

久患心气痛，穿于中腕，痛不可忍。

黄花仔（黄花稔）擂未，煎鸡蛋一个服下。

郁气心痛

荔枝核烧灰调酒服下，加生牛膝 2.5 克。炖酒服。

17. 小肠气痛（疝气）

蛳螺草头（香附）3 克、橘籽 2 克、萝卜籽 1 克，炖酒服。

18. 小便频数、遗尿

仙茅参 10 克、桑螵蛸 10 克、包蔷薇 15 克、勾儿茶 15 克、粗叶榕（大牛奶仔）15 克、黎藤根 15 克、梵天花 10 克、胡颓根 15 克。水煎服。

畲族节俗

做大年 又称做“完满福”，或“余满福”“年满福”，是畲民向当境土主里域正神（地方神）表示辛勤劳动一年得来的余庆幸福。是日，按户募捐一定数量的钱、米，由值祭者购买三牲（猪肉、鸡、鱼）、福礼（海藻、豆腐、粉丝、黄花菜等）、茶酒、香烛、纸线及糍粑等，送到村里神宫举行祭祀。

按传统习惯，畲民结合农事活动，每年还有 6 个类似的小节日。

下神福：农历正月初五，为迎接诸神返天宫过完年，下降人间。

春福：农历二月初二，为福德正神（土地公）生日。为表示春耕开始，祈求当境土主庇佑开春如意。

夏福：在立夏节气这一天，为庆祝夏粮——麦子丰收，家家吃饼或面条。

保苗福：在端午节或番薯扦插完成后，祈求禾苗茁壮，不受病虫侵害。

白露福（或叫作“秋福”）：在白露节气这一天，祈望风调雨顺，避免即将收获的粮食遭受自然灾害。

冬福：在立冬节气这一天，为庆祝好收成，全年安泰。

最后，年关除夕才做完满福。福尽，家家贴春联，以红纸条封坛坛罐罐及仓库，表示仓盈库满。当晚，户户分回从神宫里所得的食物，煮酒吃大年饭（团圆饭）。饭后，大家环坐在篝火旁守岁，准备迎接新一年的到来。这里，老年人说古谈今，传唱祖歌，漫谈家常，回忆全年生产情况，安排来年农事。家庭主妇就在家炒豆炒花生，煮鸡煮鸭，准备新年食物。家家户户都蒸糯米饭，做糯米糍。大男细仔围在一起吃去一部分，剩下部分藏入仓里，来年取出，谓之曰：“有吃有余。”

除夕之夜，家家都要挑一根碗口粗的耐烧的楮木棍或硬柴头，留在灶膛里用火掩着，作为大年初一的火种。这个火种一定不能在明日煮早饭前熄灭；要是熄灭了，就认为是无衣食。其含义有三：第一，“穷来莫断猪，富来莫断书”，他们称这火种为“隔年猪”。养猪可以积肥，年终卖出得钱又能帮助家庭还债，添置衣被，增加过年肉食。第二，给后代留下“燧木取火”的痕迹，以示不忘过去。第三，大年初一，畲民打开灶膛，就能看见灶里余红，意为开门红，添上一把柴火，灶里燃起熊熊烈火，象征着日子愈来愈红火。

做新年 农历正月初一畲族过新年，在此之前家家户户里里外外已打扫一新。各家厅堂中庭柱上亮出“功建前朝帝喾高辛亲敕赐，名传后裔皇子王孙免差徭”的对联；在中庭贴上“凤凰到此”或“麒麟到此”四个大字的横眉；在神坛里也贴上“汝南蓝氏（或冯翊雷氏或颍川钟氏）历代远近宗亲之香位”的字样。

除夕过了亥时（为二十四时）意为年到，家家户主手点条香，到大门外放炮“接年”。而后把条香分别插到大门两边、神堂和灶上，顿首叩拜，并在神坛和灶上点起油灯。

正月初一早餐，人人都要喝一杯蜜茶或糖茶，意为生活年年甜；人人都要吃线面，意为长命，象征纳福添寿，一年四季福禄来臻。各人吃饭后，还要装一大碗米饭放在席位上，表示有吃又有余。这一天，还要求得好“彩头”，如拿容器要加倍上心，不能打破碗盏，说话和气，不讲不吉利的话，不要恶声恶调，不能骂人打人等。

这天早晨，小孩穿好新衫，即争先到家外竹园里去摇毛竹。意为小孩摇了毛竹，就会像春笋一样茁壮成长。大人到村外和对面村或隔壁村人放“赛台炮”。他们放的爆竹有单响、双响、百子炮（鞭炮），一直要放到一方没有炮为止，意为看谁“发”的多。那是因为过去畲族人口稀少，家境贫寒，所以用噼噼啪啪的爆竹声象征发丁发财，以增添过年的热闹气氛。

白年日 农历正月初二，凡过去一年有人病故者，厅堂都要贴白纸、备猪首、酒菜、摆香案、烧纸钱、祭奠死去的亲人。是日，畲民不串门，即使串门，人家也不接待。

节日的起因是，明朝嘉靖年间（1522—1566），中国东南沿海屡遭倭寇的侵袭，百姓痛苦不堪。嘉靖三十八年（1559）四月初五，福安县城沦陷，城中军民为保卫国土齐心对敌。抗击倭寇的教官程箕、训导谢君锡不幸阵亡，知县李尚德逃遁，军民死者三千余人，倭寇尸骸枕藉，积瘴疟死者凡二千余人。至嘉靖四十一年，当朝总兵戚继光率领戚家军由浙入闽，打败倭寇，擒杀倭首于今穆云畲族乡政府所在地穆阳街并焚其头颅，光复了县城。后来人们除正常的新年外，将正月初二这一天叫作探亡日，畲族称为“做白年”的日子。

开年驾 在正月初五这一天。五畲家自除夕进行一次大扫除后，连续几天不打扫，直到正月初五这一天，才由家主领着子孙，各自操起锄头、扫帚、畚箕，从大门口一直扫到卧室。连厨房、鸡舍、鸭圈、猪栏、牛栏、羊栏也要清理。大伙一边扫一边打招呼道“各物祖公，年驾已去！快去！”大扫除完毕，全家团聚食糖茶。小孩喝了糖茶说“甜格来！田割来！”（甜格来与田割来是畲语谐音）。甜言蜜语象征着这一年稻谷的丰收。接着大男细女便高高兴兴地开始下地劳动。是日，据说是诸神下降，畲村要备福礼到当地神宫里做“下神福”。

祭祖节 在春节或秋时择日祭祖，称为祭祖节。是日，畲村打开停放祖牌、祖谱、祖图的祠堂门。门前插一炷香，俗称烧香路，接引祖公归来。是夜子时放“三口灵”（神铳）一声，全寨人起床梳洗更衣。丑时放“三口灵”二声，主祭者族长和陪祭者（每户举一名十六岁以上的男丁）进入祠堂。天亮时，放“三口灵”三声，族长等人打开祖谱和祖图，进行公祭。

祭祖前，要宰猪羊各一头，去掉内脏，连头带尾摆到祠堂中厅的案桌上。猪羊两边放刀子四把，刀口上撒盐一撮，以供祖公割肉沾盐食用。还要宰杀白鸡一只，把鸡血淋到祠堂中柱的磉磐石和大门的门槛上，以报平安。同时备豆腐干、粉丝、海藻、黄花菜各一碗，茶和酒三五杯。祭祖时，由族长领头点香秉烛，面朝大门，背向祖牌，按辈分年纪依次三跪九叩。而后转身，面向祖牌，背朝大门，三跪九叩（俗称先拜天地后拜祖宗）。叩罢，由族长宣讲祠堂公众之事，以及乡规民约等让大家议论。待大家意见统一后，自由翻看祖谱、祖图，并由长辈传颂祖公事迹。最后，以 10 人为一席，集中在祠堂里吃“太公饭”，饭菜酒食均由“祠堂田”（公田租赁人家耕种，每年交纳一定稻谷）供给。饭饱酒罢，放炮欢送大伙回家。

祭祖结束后，祠堂钥匙交下次值祭人负责保管。暝蛉（抱养）之子无权值祭。祭器宴具亦随之轮流保管，不得出错，如果失落，须照价赔偿。对祠内收入和祭祖经费如有贪污者，除责成退赃外，终身不得进入祠堂拜祭。

新中国成立以后，畲族祠堂群体公祭逐渐转为挨家挨户个体祭祀。每年农历七月半，即使家境极其贫寒之户，也要设法备几碗酒菜在各自的厅堂里摆起香案祭祖，以示虔诚。故畲家有“过年不回无母，过半（七月半）不回无祖”之说。

请祖节 是畲族此村和彼村轮流保管祖图和祖牌的供奉活动。在农历正月初三至正月十三中间选定的一天。每逢这个节日，凡能走动的畲族男女务必参加。

仪式由德高望重的族长主持。请祖一开始，“咚咚”的锣鼓声中，“三口灵”炮声齐鸣，虔诚的畲民把米酒、蔗糖、糍粑与三牲一同祭献，也是祈祷丰收。

戴着银首饰、银耳环、银手镯、银戒指、穿着五色花线镶边衣裙，走起路来叮叮作响的畲族妇女和穿着围腰尽是口袋的蓝布褶头衣服、双鼻青色布鞋的畲家男人随着锣声出来，满面风霜的老阿公与稚气天真的细丁仔也随着炮声出来。

畲族巫师代表各家户主祷告，用一条红带子系着两片铜制的筶杯，连求“三圣一阳”（在祖先灵位前抛下，连续三次显一阴一阳，最后一次显阳，亦即连续三次筶杯一凹一凸，最后一次筶杯显双凹）后，即认为此村祖公答应“上马”。彼村请祖队伍即以日、月牌、龙头杖、“清道”黑边白旗（两面）、“代正征番有功招为驸马”旗幡、“原序”、“敕书’布旗、彩绘龙虎方旗（两面）、红白布相间的三层凉伞、八角香亭（内放担牌、祖图）等为序，游村回祠。回祠途中，由族长举着龙头杖，配合另外特制的四个龙头，男左女右相对双手上下合举，齐唱“盘古歌”和“龙杖歌”，左右穿梭式地前进。

祭祖仪式再现了畲族祖始龙麒渡海作战，得到诸神的帮助，战胜番王回朝，高辛皇帝赐予遨游天下，耕山畋猎的情景。畲族人过去依靠这些活动，维护民族尊严，巩固民族内部团结，一致对抗外来欺侮。新中国成立以后，“请祖节”已罢。

奶娘节 闽东一带畲族将农历正月十四定为奶娘节。这一天家家必备一支两斤重以上的喜烛，献给“奶娘宫”，点后余下半截，次日清晨，在本宫奶娘塑像前点香，连同半截喜烛提回家里，以示奉祀奶娘香火，能保男女老幼平安。

奶娘姓陈名靖姑，正月十四日生，号十四娘，福州下渡人。传说她幼年学过闾山法术，能调天下神祇，穿山破洞捉拿妖精；能呼风唤雨，救济天下良民；能保胎催生，保护妇女儿童健康成长；特别是能斩邪驱鬼，救护万民。

相传古时候，古田县临水地方住着一对凶神，地方人每年都要送一对童男童女向凶神祈福。否则庄稼无收，人畜俱亡。因此，人人害怕，户户都轮流当“福首”，攒钱买童男童女到神庙供祭。有一年，轮到一户畲族人家当“福首”，这户人家穷得揭不开锅，只好把一对自己亲生的男女仔送到庙里去“保平安”。做爹娘的把孩子送进庙里，四人相视，哭得天昏地暗。这时恰好有一位客人从庙前经过，问了情由以后，说道：“你们莫哭，中午看我的功夫”。正午时，做爹的只见一只小鸟衔着一片草叶子歇在庙檐上，忽然，“嚯”的一声，从庙宇后面窜出一条南蚺蛇婆，头大如畚箕，身圆如篾箩，眼睛如灯盏，张开血盆大口向童女扑来。又听“咔”的一声，庙檐上鸟嘴里的草叶立刻化成一把利剑，不偏不倚地戳到蛇婆的七寸上，蛇头火速飞走，蛇身在地上滚来滚去。这回，人们晓得了神祇的真相。不久，做爹的梦里见到了那位过路客人。客人说：“我叫陈靖姑，这次到水面祈雨，被长坑鬼暗算，殉命。现在，我的灵魂还要回到临水洞镇压南蚺蛇公。”于是，人人献工，家家献料，把原来的蛇神庙改建成了“临水殿”。《闽都别记》载有“陈靖姑斩蛇度宫娥”的情节，“闽王璘遂封靖姑为临水夫人”。故畲歌云：“九字写来脚来变，奶娘学法过闾山，治尽九多邪妖怪，斩了蚺蛇飞半天。”“奶娘廿四归阴府，鼓角收回临水宫，三斗芝麻供香火，家家奉礼陈夫人。”

凡设有“奶娘宫”的村庄，每隔两三年的正月，要请巫师，组织人马去古田县临水殿“请正身”。请“正身”时，一路旗幡飞舞，鼓角齐鸣，香烟袅袅，炮声不断。炮手、旗手、香亭、巫师、福首、乐队依次而行。途中经过的桥亭庙观和村庄都要张灯结彩迎送。“正身”到宫后，宫里摆起“三张案”（三张八仙桌叠起），巫师乔装奶娘，行“妆楼变殿”“穿山打伤”“水面催罡”术，做“清醮”一天一夜。整个节日持续三天，热闹非凡。

补天穿 每逢春季，阴雨连绵，寒风裹着雨丝刮得畲家连打猎都无法出门。相传女娲娘娘炼石补天的时候，西北角差一块石头以致年年春天漏雨不停。因此，每年正月二十日，畲族男女都要出门找鼠曲草和粳米一起做鼠曲糍，以“补天穿”。

闽东畲族，开始都用糯米舂糍粑。这种糍粑放在神庙里供奉，常常被“山魈鬼”偷吃掉。后来，他们便用庙里香炉灰撒在糍粑上，虽然“山魈鬼”不敢吃了，但是人吃起来口感不好。这时，有人去庙前讨来鼠曲草和粳米一块舂成鼠曲糍。“山魈鬼”看到鼠曲糍那毛茸茸的样子，以为坏糍生绿霉菌，就不去吃了。人们吃了鼠曲糍，却能起消积、化食、去病的作用。从此，畲民相沿成俗，并有“正月二十做田工，不够补天穿”之说，每年这一天不下田劳动，家家都做鼠曲糍“补天穿”。

会亲节 农历二月初二，畲族男女老少都汇集到祖居地，如福安的后门坪、福鼎的双华村、宁德的猴盾村等处盘歌、访亲会友，为时 1 ～ 2 天，称为会亲节。相传明朝宣德年间（1426—1435），罗源县梧桐岔村雷姓兄弟三人为逃灾避难离乡出走，三人各携带一只铜铸祖公香炉为记，其中有一人流落在后门坪村。当时，此地尚未开发，只住着一对姓魏的汉族兄弟。哥名崇广，弟名福应。兄弟两人心地善良，体力过人。雷姓畲民刚到这里时，魏姓兄弟就给予许多帮助，共同开荒造田，过上了好日子。可是，后门坪山大岭陡，林密草深，飞禽走兽很多：谷种发芽了，鸟雀飞来啄；禾苗发蔸了，山羊出来啃；稻子抽穗了，山猪野麂出来糟践。他们从年头做到年尾，颗粒无收。后来只好把水田烤干，改插番薯。可是，番薯一发蔸，猴子就来拔；薯蔓一分枝，麂子就来舔；薯根一结块，野猪照样拱。他们被弄得靠食野草度日。人们都说，这里有妖怪。有一年，魏姓兄弟去闾山学治妖怪的法术，打制了神铳和铃刀。鸟兽听到铳声铃声都吓跑了。可是，时间一长，鸟兽听惯了就不怕了，又照样来糟践。这时，魏姓兄弟又拿出闾山带回来的"龙角"，一吹响，声音通透九重山，把山里山外的人都集中来，将野兽团团围住，打死。几次以后，兽灾鸟害大大减少，畲族粮食年年增收。畲族为了纪念魏老，在后门坪山上盖了一座"魏公侯庙"。每年魏崇广二月初二生日这一天，家家捐款献糯米、红糖，做成馒斋，抬到庙堂里向他酬谢。同时，用松香在庙前扎起两棵"火树"，把黑夜照得通明，指引畲族同胞从四面八方回山瞻祖会亲。

又说清朝顺治年间（1644—1661），苍南县的蒲门和甘溪有几户畲民迁到福鼎双华山。一天晚上，畲民发现有赤黄、青蓝两条大蟒蜷在厝基上，他们连续放生三次，大蟒都照旧返回。后来祖公头点燃香烛祷告："两位蛇仙，请入棠海，成龙上天，若恋热土，请留本境，形相莫现，起宫你住，年年做福，岁岁平安。"当晚，祖公头梦见红面将军和青面将军向他致谢。后来，畲族认为他俩是华光大帝的将军——千里眼和顺风耳。于二月初二在青山脚下水口的地方起宫，泥塑两尊将军肖像，供人奉礼。

后门坪、双华、猴厝村的畲民居住时间悠久，亲戚遍及闽东浙南各地。二月初二是畲族地方神的生日，畲族决定这一天返回祖居地会亲。是日，由各地回来认祖的亲人往往超过本村人口的数倍，但是，本村家家都无偿接待所有来人的烟酒茶饭，客人不论到哪一家都有饭吃、有酒喝。人人都以山歌待客，户户成为彻夜不眠的歌场。

婚礼 畲族婚礼在人生诸礼中特色最鲜明。姑娘定亲后两鬓的银簪须脱掉一边，作为标记。姑娘忌 18 岁出嫁，认为 18 岁要落"十八难"。姑娘出嫁前，要在自家厅堂摆上香案祭祖公，祈求祖公神保佑，上路平安。出嫁前两天，夫家须选一位能歌善言的男子作全权代表来女家迎亲，称"迎亲伯"或"亲家伯"。新娘出嫁前有"赖床"（躺床）之俗，以歌代哭，唱《哭爹娘》《哭哥嫂》《姐妹恋》《哭母舅》等。随后，由舅母主持为新娘梳妆，将少女发式改梳成妇人的"凤凰头"。新娘梳妆完毕，由母舅扶出厅堂，行"分酸（散）礼"，唱《分酸（散）歌》。畲族"酸""散"同音，分酸即分散、分离。"分酸"时，新娘将两碗带骨的肉面互相掺和分装，连续三次，又将米谷撒向厅堂，唱《撒谷歌》。

畲族婚嫁（2011年） 丁立凡 摄

“男跪女不跪”，是畲族婚俗中不同于其他民族的一大特色。畲家新娘因传说中“三公主”的尊贵身份，在新郎家拜祖宗牌位时不下跪。拜堂时，新郎头戴红缨帽，身着蓝色长衫，肩披大红新带，脚履双鼻布鞋从后厅步出，站在新娘左侧，在一片歌乐声中，行三跪九叩礼。新娘则头戴凤冠，手执花绢掩面，由送嫁嫂搀扶，不拜。

“三月三” 农历三月初三，畲族男女出门踏青，采集野生植物乌饭树（俗称乌稔），泡制乌饭，缅怀先祖，全家共餐，馈赠亲友，共同预祝丰收。

乌饭是用越橘科乌饭树叶放到铁鼎里熬汤，将糯米泡在汤汁里数小时后捞起，放到饭甑里蒸成的。这种乌饭，色泽蓝绿乌黑、带有油光，食到嘴里，香软可口。乌饭叶汁有防腐、开脾作用、将乌饭用麻袋贮藏起来，挂在通风处凉放，数日不腐。食用时，以猪油炒热，味道更佳。

“三月三，染乌饭”传说不一。一种说法是，这一天是米谷生日，要给米谷穿衣服——加上一层颜料；有人说这一天吃了乌饭，上山下地不怕虫蚁咬。还有一说是，相传唐朝英雄雷万兴率领畲军反抗官军时，被朝廷军队围困在大山里，钱绝粮断，完全失去外援。雷万兴便吩咐畲军在大山里寻找食物。九至十月，山里各种植物都已经脱叶落果，唯有一种俗称乌稔的野生植物落叶以后枝条上还挂着一串串像珍珠一样的甜果。畲军采摘一把带回营中，雷万兴尝了，满嘴流蜜，当即下令大家采集乌稔充饥。到了来年春暖花开，雷万兴率领畲军杀下山去，取得反围剿的胜利。后来，他吃尽鱼肉酒菜都感到乏味。时值三月初三，他忆起大山吃过的甜果，便吩咐士卒去采乌稔果给他开胃。可是这时乌稔树刚爆叶，尚未开花，去哪讨甜果呢？士卒只好采了些乌稔叶子回去。有人想了一个办法，把乌稔叶熬成汁和糯米一起炊煮，糯米饭便呈现出与乌稔一样的颜色来，味道很香很绵。雷万兴吃了，食欲大增。于是，下令畲军大量做乌饭，纪念抗击朝廷取得的胜利。后来传入百姓之中，日久成俗至今。

林公节 在畲族山村，每年农历三月十六都要舂米做糍粑，并备三牲福礼，将茶、酒、“元宝”、香烛等摆到当地林公大王宫里祭祀。同时，在村头鸣放鞭炮、神铳，敲锣打鼓恫吓山兽，保佑五谷丰收、人畜平安。

相传宋朝时候，磻溪芹竹洋（今芹洋）有林珠、林玉二兄弟，后林玉迁宁德红外村，其后代复迁溪潭吉坑村。林玉之十世裔孙林祖勤，又名林亘，父母辞世后，孤身一人到宁德杉洋村替人放牛。杉洋村有个白马大王庙，手下的白虎害死不少人。这天，林祖勤上山割喂牛的菅草，中午坐在水壑边吃自带的蒲包饭。不料这时在水中映出一只白猪，而在他靠背的悬崖上却立着一只白虎，口水直滴到他的头上。他晓得这就是害死不少人的白虎，便对白虎说：“虎哥啊虎哥，我是被你吃定了，你让我吃完饭后再给你吃，好吗？”白虎点点头。他就慢慢地嚼着饭。过了午时，那水中的猪影却变成了人影，他便将剩下的蒲包饭捆在串担尾上，对白虎说：“虎哥啊虎哥，你先吃了这剩饭，而后吃我，好吗？”白虎张开嘴，他使尽全身的力气，把串担刺进了白虎的喉咙，和菅草并做一担挑了回来。不久，林祖勤遭到了白马大王的暗算。他临死前对乡亲们说：“我为乡亲生，也要为乡亲死，做鬼也要和白马大王斗。你们把竹串担插在屋檐下，并在周围画个圈，我从屋面上滚下来死，如果鲜血溅到圈外，我就会给这里五县人带来好风水，如果鲜血溅在圈里，我只会给本村人带来好风水。”结果他从屋面滚下，血溅在圈外。后来，宁德林尚书请于当道，明朝皇帝封他为“杉洋感应林公忠平侯王”，做了闽东五县人的神。

福安畲民每逢三月十六为林公祝生日，每逢初一、十五就在神坛里点香。旧时有林公庙的村庄交通不便，小村落每三年都要组织人马去杉洋林公总庙请“正身”。

牛歇节 农历四月初八是牛歇节。是日，家家把牛栏清理干净，主人牵牛到水边，用竹制的牛篦梳给牛洗刷，以除虱、定心。同时，用泥鳅或鸡蛋泡酒，用竹筒灌喂，之后，解绳卸犁，关在栏里，用大米粥或番薯米粥等精饲料喂养一天，以酬耕作功劳。喂

牛时，牧童唱牛歌：“牛角生来扁扁势，身上负着千斤犁，水牛做饭给人食，四月初八歇一时。”这一天严禁棍打鞭甩，以定牛魂。

关于牛歇节的来历有两个传说。一说是盘古开天辟地的时候，山上都不长草，农民种田很方便，种一季够吃两年，平时就弹唱玩乐，好不快活。有一天，天上玉皇大帝听到凡间一片歌舞之声，就问天神天将：“凡间做甚这般热闹？”一位天将答道：“凡间人种一季可吃两年，比天界快活多了。”玉皇大帝听了大怒，即刻派牛魔王下凡播草籽，让农民吃饱去锄草，并吩咐说：“一里远播一蔸。”牛魔王听错了，以为一（粒）米远播一蔸。他为了图方便，就把草籽放到米筛里筛下去。于是，凡间四处杂草生得麻麻密密，连田园都荒了。农民终年劳动得不到饭吃，就大骂“天无目”。玉皇大帝听了，害怕起来，就把牛魔王贬到凡间去做牛吃草。每年只许四月初八这日休息一天，并从天上撒下馒头让他吃饱。农民晓得了替牛可怜，便每逢这一天让牛歇工，并在天蒙蒙亮前把牛赶到山上吃馒头歇节。据说牛去迟了，吃不到馒头，就会流眼泪，耕起田来也没有力气。因此，是日耕牛停犁，牧童也要休息。“牛歇四月八，人歇五月节”就成了畲家节日。

还有一个传说。参见“艺文杂记·银池岗”。

端午节 又称敬祖节，每年农历五月初四或初五，畲族家家都把菅叶粽摆在香案上敬祖。

畲族菅叶粽是用山上常见的山矾（俗称黄硷柴）的汤汁泡糯米，然后将米置于禾本科植物五节芒（俗称菅蓁）的叶子内包扎而成，形状像玉米。菅叶粽全身五节，象征五

端午喜包菅叶粽　　穆云畲族乡政府　提供

月，形状上扁下圆，又像当年畲族始祖龙麒征番得胜回朝，皇上赐给的龙头杖。粽团浅黄色，既悦目又别有风味，既有黏性，又不含糊。每年端阳，畲族群众除把它当作佳品敬祖之外，还把它当作珠联玉缀的工艺品，放到精致的竹篮里，用小扁担挑到“洋下”作为礼物去会亲访友。

分龙节 畲族传统节日，时间在夏至过后逢“辰”的一天。是日，不得拿铁器和挑粪桶出门，男女老少休息一天。人们有的挑着山货下山、进城去赶集，有的外出逛寺庙。玩耍之余，男女便云集到固定的地点盘歌，传递信息，交流思想，纺“情丝爱线”，热闹非凡。年长月久，“分龙日”成了畲族歌节。1986年6月29日，福建省在福安县城举行了首届畲族歌会。广东、浙江、江西、安徽、福建5省38个地区和县市的畲族男女歌手身着民族盛装一队队穿过韩城街头，围观者达数万人。歌手们唱出了自己的心声：

四十年前风雨天，相思树下雨亭边，
骨肉分离间海峡，惜别畲歌泪千涟。
四十年后艳阳天，相思树下雨亭边，
扶老携幼隔海望，蜜蜜畲歌盼团圆。

游山节 农历六月初一是游山节，是福安一带畲族的传统节日。这天前夜，福安、寿宁、周宁三县成千上万的畲族群众从四面八方登上白云山，观看日出，欣赏佛光，寻探仙人古迹。他们还三五成群地结队对歌，边对歌边观赏高山奇花异石，水色山光。

白云山上有庵，庵有两池，池中莲花色白如玉，中午开花浮现水面，过午便沉，叫“午时莲”。主峰海拔1448米，有牧草区32300亩，草质良好。清晨，启明星闪烁在蔚蓝色的天空，下面的山、林、村、路却隐没在白茫茫的晨雾里。随着纱缦般的云烟在山径间轻盈飘舞，使人不觉得哪里是云，哪里是雾，哪里是山，哪里是谷，似乎山在飘浮，云在寻路。本来登山累得汗流浃背，到此反感到凉风习习，暑气全消。

傍晚，经过一夜辛苦爬坡和一天游山爽快的畲族群众又像雷雨打山坡一样地分成几道，倾泻到山腰各个村子里去做客，寻找对象，尽快对歌。如果东道主是男性，客人是女性，对情歌时，则男女各坐一旁，泾渭分明，男的手托腮帮，歪着头，先唱“迎客歌”，女的盛情难却，低下头，对答“行路经”。

男：阿妹来到我郎家，我郎看见笑哈哈，
左手接过妹包袱，右手端凳又泡茶。
女：来到郎案过个潭，茶叶与水真有缘，
郎是青山嫩茶颖，妹是龙井水来香。

一边轻轻唱，一边慢慢和，速度迟缓，格调平和，内容含蓄，情意绵绵。他们唱罢客套歌，又唱警世歌、纪史歌……用山歌来传讲族史，传播知识，交流思想；用山歌来教人诚实果敢，劳动发家，陶冶人的情操和优良品德。

元帅节　在农历八月二十三。是日，畲族群众杀公鸡到田都元帅坛前供祭，畲族巫师口念“罗哩唯，哩罗晤……”的元帅咒驱邪逐鬼，祈求本家及乡间平安。

田都元帅姓雷名海青，福建人。相传唐代中期，有一位畲族妇女贫病交迫，躺在山间，手里紧抱着一个嗷嗷待哺的婴孩。这时恰好有个傀儡戏班从这里经过，带班的老艺人从襁褓里抱起号哭的婴孩。畲族妇女手指自己说：“雷……”，向婴孩叫：“孩……”，最后只吐出个“亲”字就断气了。戏班的人埋好她的尸体，带走“孩亲”养育成人。“孩亲”后改名为“雷海青”。他跟戏班学会了表演和演奏乐器，善于吹箫，成为唐朝内廷的乐师“琵琶名手”。有一次，唐明皇去看他时，他正在酣睡，内侍想叫他醒来接驾，皇帝阻止并叫人取来笔墨，在他额上画一只螃蟹，还有眉梢加画几笔杨柳。大家画了起来，把他惊醒了，当他匆忙见驾时，把袖里的“金鸡玉犬”抖了出来，并解释说那是他的要好朋友。不久，节度使安禄山叛乱攻陷两京，擒获教坊梨园子弟及乐官三百多人，在凝碧池设宴庆功。乐声始动，雷海青怅然泪下，并用手中琵琶猛击安禄山。安即将他斩首。长安城人闻讯，无不为之落泪。他的尸骨后来由福建乡亲收拾，运回福建南安十七都坑口安葬。当时，郭子仪在收复长安时，雷海青的神灵曾来参战，战场上有人看见“雷”字战旗，刹那间“雷”字上半部被烟雾遮住，仅现出一个“田”字。后来，唐明皇返回长安，追认他为“唐忠烈乐官”“天下梨园都总管”，唐肃宗加封他为“田都元帅”“太常侍卿”。由于雷海青崇鸡崇犬，故后人供祀时，在他的坛前雕塑鸡犬偶像。塑不起肖像的便在香炉里插几支山鸡毛。

尝新节　在秋分前后择日进行。是日，水稻开镰。户户把新谷加工成白米煮成白米饭，先盛三碗，点上香，放到米筛里，摆在晾台上祭天地，再盛三碗，各点上三支香，分别摆到厅堂上的左、右神堂和灶头，供祭地方神、祖公神和灶神；剩下的由全家老少共餐。有的村落还延请道士举办尝新祈福祭祀法事。

溪塔畲村"尝新节"祭祀仪式（2006 年）　丁立凡　摄

尝新饭时，有的还备米酒和鱼肉佳肴，招朋呼友，举杯助兴。同时相互送尝、品评稻子品种、相互交流耕作技术，既是一场农家乐，又是一场总结丰收的现场会。开饭时，一定要让本家长辈先尝，以示尊敬老人，祝贺老人健康长寿。

畲族地区水田少，旱地多，多以番薯为主粮，大米十分宝贵。过去，一年难得在水稻开镰时吃一餐白米饭。尝新节是报答天公神灵的恩赐，也是庆祝全家人努力得来的好收成。

黄儒古村（2011 年） 丁立凡 摄

旅游胜地

穆云畲族乡地处白云山南麓，穆阳溪流域，依山傍水，风景秀丽。优越的地理环境、厚重的文化积淀和独特的民族风情，构成了丰富而独特的旅游资源。有世界地质公园、国家级风景名胜区白云山风景区（与晓阳镇共有），还有溪塔葡萄沟、虎头村水蜜桃园在内的国家AAA级旅游景区穆云畲族乡生态旅游区等。

依托景区开展的每年一届的桃花节、畲歌会和刺葡萄采摘节等旅游节庆活动，已成为穆云畲族乡吸引八方游客、展示自身旅游魅力的重要品牌。

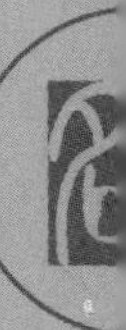

神秀幽深白云山

白云山风景区位于穆云畲族乡和晓阳镇境内，是世界地质公园、国家级风景名胜区，面积约190平方千米，为福安市西北屏障。群峰耸立，广袤绵延，被称为“闽东第一山”。西南麓山势柔缓，东北侧峭壁林立，沟壑幽深，是西溪与穆阳溪的分水岭。登临绝顶，“城邑川海，如在宇下”，常年积雪不散。山壑之中，四季云雾缭绕，弥望如海，故名白云山。

宁德世界地质公园石碑（2014年）　　林新富　摄

云山云海（2014年）

穆云畲族乡政府　提供

白云山深潭石臼（2010年）　　兰丰丰　摄

白云山风景区包括白云峰、九龙洞、龙亭峡谷、黄兰峡谷、金钟山 5 个景区，西至龙亭溪与周宁县相邻，北跨黄兰湖与寿宁县为界。景区地处鹫峰山脉中段，平均海拔 400 ~ 800 米，千米以上山峰有 30 多个，最高峰白云峰海拔 1450.2 米。

群山逶迤，谷壑幽深，悬崖峭壁之下，白云山奇石怪洞，纵横罗列，美不胜收。龙亭溪、黄兰溪穿流于山谷间，两岸坡度陡峭，沟谷切割强烈，断崖比比皆是，地质奇观令人叹为观止。

白云峰

白云峰以“午时莲”“云海日出”“佛光”号称“三绝”。

午时莲　午时莲生长于白云山顶“天池”，为野生中国睡莲。每至夏秋午时开花，过午而沉，次日复出，花呈黄白色，花开之时，噼啪有声，移植他处，则无法存活，为白云山一级珍稀植物。

云海日出　白云山日出，贵在云海相衬。清晨，东方露白，天边开始云块集结，先黑而白，白而黄，黄转橘红、渐为赤红，映出金色霞光，这时人在云上，云在脚下，一轮红日从薄云间冉冉升起，继而喷薄而出，放出万丈光芒和色彩缤纷的日晕，最后扫尽天边云霞，跃于蔚蓝碧空。如是雨后，则更为奇妙，站在峰顶，极目远眺方圆百里云海，波涛汹涌，翻滚于群峰万壑之间。四周群峰连绵，层峦叠嶂，云卷云舒，祥云如画。

白云山日出（2014 年）　林新富　摄

白云山佛光云海图（2016 年）　　郭建平　摄

佛光　是日光成一定角度照射在云层上产生的衍射现象。由于白云山是福安最高峰，四周均为低谷，谷中林木茂盛，湿度较大，水汽不易蒸发，而凌晨山顶气温骤降，空气中的水汽凝结成珠，形成低云和地面雾。当太阳升起时，阳光照射在低云和地面雾上，由于云雾折射，形成巨大的七彩光晕，同时山顶上人群的身影也被投射在薄雾上，形成了神奇的佛光。

每年夏秋时节，白云山频繁出现“佛光”胜景，单体和群体交相辉映，其出现次数与持续时间国内外罕见。尤其在每年八、九月，山巅的天池畔偶尔会出现子夜佛光。

金钟山　一个巨大的石堡状山体，顶部微拱，四周为陡峭的灰白色崖壁，伟岸峻峭，气势磅礴。因其形似一口金钟，由此得名“金钟山”，崖壁上有很多垂直流水侵蚀形成的垂直凹槽和石脊。

金钟山风景区，奇峰罗列，怪石嶙峋，山间龙潭、瀑布成群，悬崖峭壁、峡谷洞穴随处可见。有6大峡谷、8处奇滩、36峰、36崖、36洞、36瀑、48潭、72奇石等自然景观，首洋溪流水湍急，瀑潭相接，色彩斑斓。“小白水洋”河床石平水清，扇贝石、犀牛石、龙首岩惟妙惟肖。梅花潭潭碧幽深，三环穴相依相伴，二叠瀑喷珠溅玉。

高海拔和特殊的地理环境，使这里形成一个高山绿地，冬暖夏冷，气候宜人。满山遍野草木葱郁，四季野花争妍斗艳，山间飞禽走兽活跃。一年四季，春见山容，夏见山气，秋见山情，冬见山骨。暮霭晨雾，若隐若现，奇幻百出，宛若仙境。

金钟山风景区既拥有秀丽的天然风景，又有许多珍贵花草树木，如红豆杉、野生荔枝等，是典型的多元素自然风景区。瀑布、奇石众多，让人目不暇接，是一个不可多得的自助徒步旅游好去处。

蟾溪壶穴

在白云山园区的蟾溪河谷分布着规模巨大、分布集中、类型丰富、发育系统的河床侵蚀地貌，特别是形态各异的壶穴。其发布之广、规模之大、种类之全、形态之丰极为罕见，具有很高的观赏价值和科普价值。最具代表性的是蟾溪游龙洞、南溪九龙洞。

蟾溪游龙洞、南溪九龙洞皆由河谷两侧崩落的巨大晶洞碱长花岗岩岩块堆叠形成河谷崩塌堆积穿洞，是典型的河谷崩塌堆积地貌。洞中崩塌岩块大小堆叠、参差错落，洞底溪水潺潺、跌水频现、碧潭清幽、壶穴神奇，形成洞中有穴、洞洞有景的独特风景。

蟾溪游龙洞　位于蟾溪村南约2千米的蟾溪河谷中，洞长约100米，自下游往上游大致可分三个厅。

第一厅“水门厅”，洞厅高约5米，宽（直径）约4米，是个大型瓮状壶穴，底部为一深潭，潭中碧水盈盈、清澈见底。瓮状壶穴南壁为流水切割形成的保龄球状出水口，高于河床约1.5米，前缘为一深潭，潭中碧水绿波，分外清幽。

第二厅“穿洞厅”，长30米，宽5～8米，高5～8米，洞口由相邻壶穴穿壁形成，是个直径约2.5米的圆形穿洞构成天然圆形门厅，洞厅两侧分布垂直水流及河床漩涡流水侵蚀形成的圆弧形垂直凹槽及壶穴，北端有一落差约1.5米的跌水及跌水冲蚀形成的跌水潭。洞厅上部为崩塌巨石覆盖，光线从上覆巨石缝隙射入，洞内较明亮，洞底布满砾石。

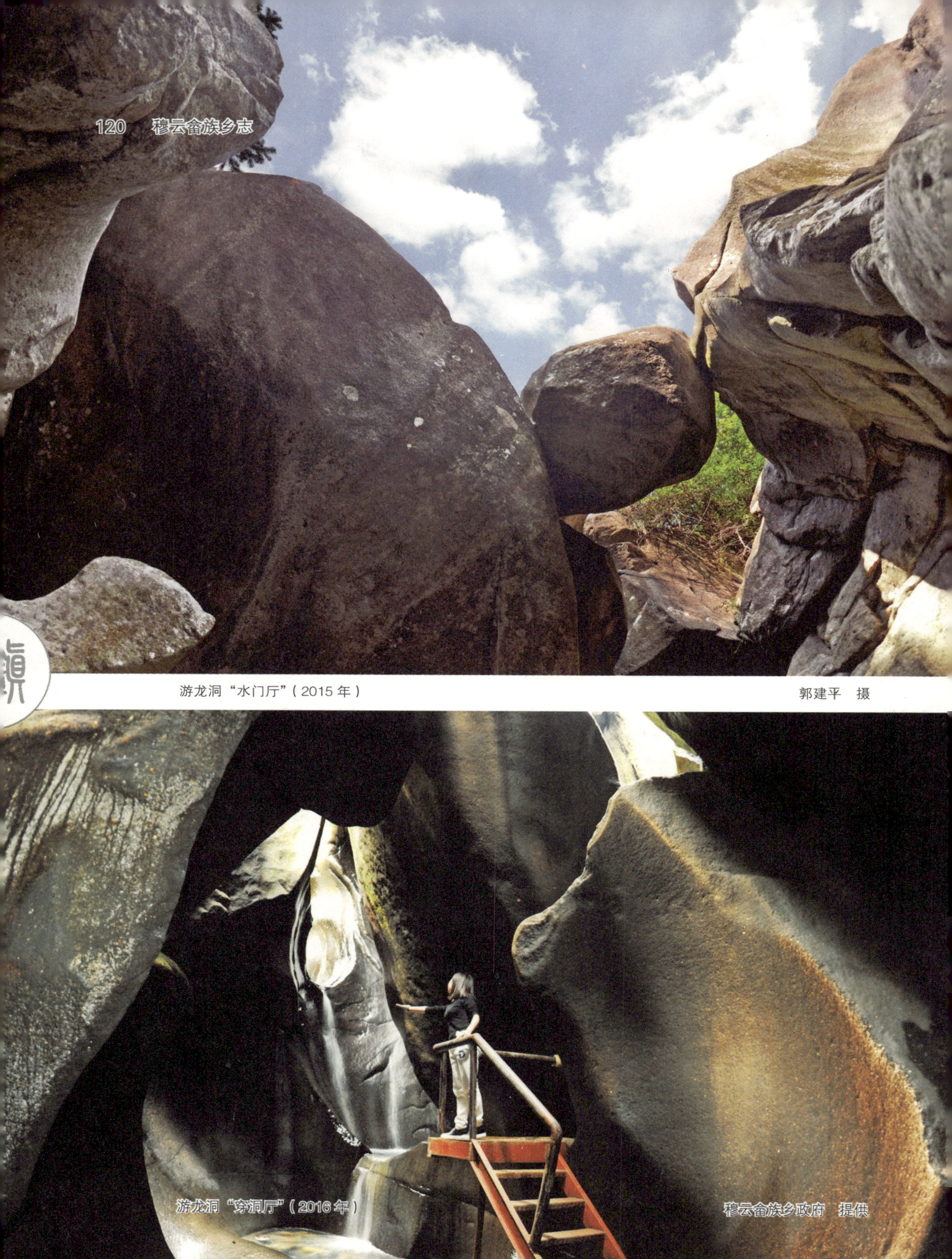

游龙洞“水门厅”（2015年）　郭建平　摄

游龙洞“穿洞厅”（2016年）　穆云畲族乡政府　提供

第三厅“落花（滴水）厅”，与穿洞厅一墙之隔，高于“穿洞厅”约1.5米，二者有一高0.7米的穿洞相通，亦为一完整的口小肚大单体壶穴，高10米，宽8米，河床流入的水流或自崖顶向下跌落，喷珠溅玉，或沿崖壁缓缓流淌，形成涓涓细流。洞底因布满磨圆状鹅卵石而略显平坦，壶穴顶部南侧亦为崩塌巨石覆盖，巨石岩隙间有一通向洞外通道，可由此步出“游龙洞”。

南溪九龙洞　位于蟾溪上游，南溪水库南约2千米的河谷中，堆积洞长约100米，自下游往上游大致可分四个洞厅：“观潭厅”“窥天厅（窥仙厅）”“如意厅”“问天厅（朝天厅）”。

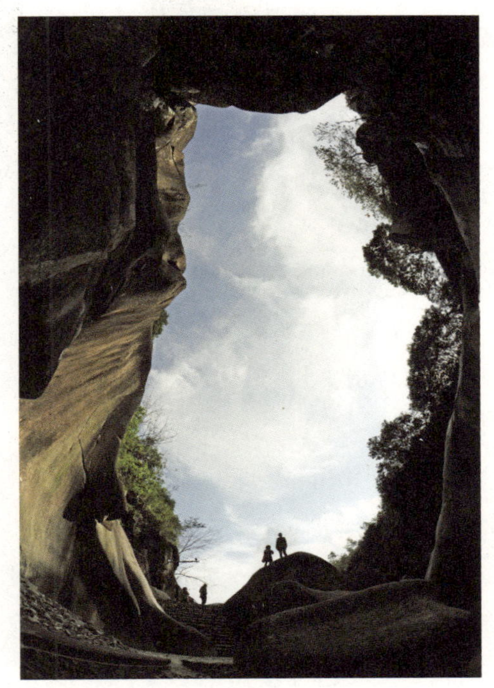

游龙洞口（2016年）　　郭建平　摄

第一厅“观潭厅”，长15米，宽5～8米，高1.5～2米，顶部为巨大崩落岩块所覆盖，密不见天，洞厅较低矮，洞内光线较差，底部是绿水碧幽的深潭，局部发育流水侵蚀形成的圆形单体壶穴、复合壶穴及穿壁壶穴，直径约0.5～2米，壶穴内被大小不一的鹅卵石所充填。在入口约10米处有三个直径分别为0.5米、0.6米和0.9米的壶穴，因其底部侧壁被流水蚀穿，形成外分内连的连心壶穴。

第二厅“窥天厅”，为沿河道延伸的廊状堆积洞，长25米，宽5～10米，高8～10米，洞厅上面为崩塌巨石覆盖，巨石参差错落、犬齿交错，其中一巨大滚石有一直径约0.6米、深约0.8米的垂直流水侵蚀穿洞。洞侧壁（河道岸壁）发育垂直水流及河床漩涡流水侵蚀形

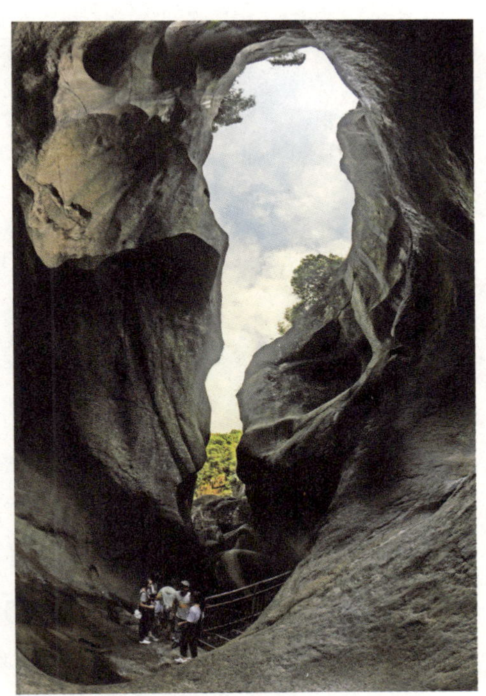

九龙洞“飞天井”（2016年）　　郭建平　摄

成的圆弧形垂直凹槽及壶穴，高约5～8米，直径2.5～3米。其中一圆弧形瓮状壶穴高8米，底部直径3米，圆形穴口直透崖顶，一注亮光从穴口透入，观若洞火，邻河道的侧壁被流水侵蚀成高3米、宽2.7米的圆弧形洞门，圆形瓮底碧水幽幽，波光粼粼。

第三厅“如意厅”，为一完整的圆弧形单体壶穴构成，高16米，宽12.7米，洞底河道上布满大小不一的砾石而显崎岖不平，壶穴顶部东南侧亦为崩塌巨石覆盖。东南侧崖壁沿垂直节理及串珠状分布的石英晶洞经流水侵蚀，崖壁上形成一个向内凹入的流水侵蚀洞，洞深约0.8米，称“如意穴”。北端侧壁由流水垂直切割河道后形成一落差约3.5米的岩坎及跌水，跌水冲蚀形成直径约3米、深约2米的圆形跌水潭，跌水跃入潭中轰然作响。

第四厅“问天厅”，为一完整的圆弧形瓮状壶穴，高38米，宽23米。壶穴壁经流水侧蚀及后期垂直水流冲蚀，形成三级不同高度的弧形崖壁、次级壶穴及垂直流水冲蚀凹槽，第一级高10～15米，第二级高6～8米，第三级高5米。北端崖壁流水自崖顶顺崖流下，分成丝丝细流，形成独特的线瀑奇观。底部为光滑的基岩河床，其上分布8个流水侵蚀形成的单体或复合式壶穴，大者直径3米，小者0.5～0.8米。走入谷底，犹如置身硕大的石瓮，仰而观之，顿生坐井观天之感。

人文景观

唐宋时期，就有先民在白云山景区定居。据地方文献记载，唐昭宗景福二年（903），詹祖睿自周宁豪阳迁晓阳南源；后梁太祖（907—912）间，谢淇随王审知入闽，始迁古田，旋迁晓阳；1989年，发掘晓阳首洋古窑址，该窑创烧于宋代，废于元代。

景区内保存有福建省级文物“太后公厅”、唐代古刹“锁泉寺”、廊桥古迹“奈何桥”等历史遗迹；这里还是南宋著名爱国诗人谢翱的故乡；这里也是一块“红色土地”，土地革命时期曾是中国共产党开展革命活动的根据地，陶铸、叶飞、范式人、曾志等老一辈革命家曾在这里战斗和生活过。深厚的历史文化积淀，形成了白云山景区及周边地区丰富的人文景观，与地质景观一起构成了丰富多彩、内涵深刻的旅游景观。

太后公厅 由太后木牌坊和众厅戏台两部分组成，太后木牌坊始建于南宋端平元年（1234），众厅戏台始建于嘉熙四年（1240），分别于明弘治八年（1495）、九年（1496）重建。现基本保留宋明两代建筑构架。中轴线上依次为门楼、天井、戏楼，占地面积481.27平方米。戏台两侧设“子母台”，戏台匾额题“太后公厅”四字。相传为纪念

缪仙翁俯瞰缪仙峰（2014 年）　　林新富　摄

“鸭母娘娘”谢太后而建。谢太后为晓阳开基祖谢淇（初七公）之女，初七公生五子一女，女名贵娘，闽王立为后，因贵娘放鸭出身，故后人称为“鸭母娘娘”，至今传为佳话。“太后公厅”于 2005 年 5 月被宣布为福建省文物保护单位。

奈何桥　是一座古廊桥，建筑年间不详，桥长约 50 米，一墩两孔，飞檐盖顶，杉板遮壁，造型古朴端庄，别致典雅，与周边山、水、桥、亭构成一幅和谐的风景。

龙脊岩红军洞　位于九龙洞西南约 800 米的龙脊岩崖下，系革命战争时期红军游击队躲避敌人搜索藏匿的地方，叶飞曾在此躲过敌人的搜索。

缪仙峰（白云峰）　闽东道教发祥地，相传是缪仙翁修道升天之地。据福安县旧志记载，缪仙翁，讳从龙，字云叟，福安西浦人（又说是穆阳人），宋绍兴三十年（1160）进士，曾任兰溪县尉，因朝政腐败，弃官云游，后遇异人授以秘诀，遂上白云山修炼成真。其道徒遍及闽东各县，为闽东道教开基之祖。所以，后人又称白云峰为缪仙峰，白云山上道迹甚多，有不少为纪念他而修建的宫观庙宇。缪仙峰顶有一石块，名叫“仙人棋盘”，自然天成，传说是他下棋的地方。

保护与建设　白云山风景区景观资源丰富、类型多样，是集火山岩、晶洞碱长花岗岩地质地貌、峡谷深切曲流地貌和河床侵蚀地貌等多种典型独特的地质景观，蔚为壮观的水体景观，优雅古朴的人文景观于一体的天然地质公园。在国内外都比较少见，不但是科学研究的对象，也是极好的科普教育教材。

白云山地质公园内高山巍峨、峡谷深切，地形复杂，龙亭溪、黄兰溪气候温暖湿润，环境幽静秀美，林木茂盛，动植物资源丰富。据调查，景区内有脊椎动物77科、163种，其中有国家一级保护动物云豹、蟒蛇、赤虹中华鲟；国家二级保护动物猕猴、大灵猫（九节狸）、山羊、穿山甲、鸳鸯、红隼、鸢、小鲵、虎纹蛙、苏门羚等。景区有维管束植物1015种，其中蕨类植物28科、41属、65种，裸子植物9科、16属、23种，被子植物136科、531属、927种。其中有不少珍稀植物，主要有黑壳楠、南方红豆杉、格氏栲、银杏、水松、黄山松、柳杉，以及有活化石之美誉的中生代孑遗植物刺桫椤。此外，园区内野生兰花种类繁多，素心兰、一叶兰、台兰、建兰、报春兰、春兰遍及深山幽谷。杜鹃花漫山遍野，四季杜鹃娇艳妩媚，白云山午时莲被誉为稀世之宝。

白云山是畲族聚居地，穆云畲乡古韵依存，民俗淳朴。深奥的畲族方言，艳丽的凤凰装，热情奔放的民族舞蹈、古色古香的山歌、世代相传的纺织工艺，古朴有趣的婚嫁

白云山石臼群　　穆云畲族乡政府　提供

九龙洞景区开园（2012 年） 席国胜 摄

习俗，展示了畲家绚丽的文化生活。

在历史长河中，雄峙瓯闽的白云山“养在深闺人未识”。后因上游建设水电站筑坝蓄水，长期湮没在溪水中无人知晓的白云山大规模石臼群，向世人撩开了神秘的面纱。中央电视台、《光明日报》等媒体进行了报道，这里独具特色的地质景观，更是引起了权威地质专家和旅游界人士的极大关注。

福建省地质调查研究院在实地勘查后认为，福安白云山是集晶洞碱长花岗岩地貌、火山岩地质地貌、峡谷及深切曲流地貌、河床侵蚀地貌、水体景观及人文景观于一体的综合性地质公园。其中，大型河谷洞穴群极具科学研究和观赏价值。

白云山景区于 2004 年被列为福建省风景名胜区。2008 年 10 月 11 日，国土资源部召开申报“世界地质公园”的预审会议，白云山与太姥山、白水洋两个景区联合申报世界地质公园获得一致认可，列入 2009 年中国向联合国教科文组织申报世界地质公园的推荐名单。

2009 年 7 月 10 日，中国地质科学院原院长、联合国教科文组织世界地质公园评委赵逊到福安，赞誉白云山景区地质景观：“走过很多地方，但这样大的花岗岩洞穴没有见过。”他用“壮观、雄伟”形容九龙洞，认为白云山地质研究内容非常丰富，很有科学价值和审美价值。

国家地质公园石碑（2014年） 林新富 摄

白云山世界地质公园中期评估评委观看畲族民俗文化表演（2014年） 林新富 摄

2009年10月14—16日，国务院参事谢又予、北京大学地质教授崔之久、中国地质科学院研究员陈安泽一行到白云山进行科学考察。谢又予认为：白云山典型的地质地貌，是其他地方无法比拟的；畲族风情，具有奥妙独特之处。建议建成一个和畲族文化相结合的地质公园。国土资源部地质环境司司长姜建军在考察时，也赞叹："这是一座百吨金矿！"

2009年12月，经国务院批准白云山为国家级风景名胜区。2010年10月，成功申报为世界地质公园。2012年7月1日，九龙洞景区正式对外开放。

2014年7月17日，来自联合国教科文组织专家英国里维耶拉世界地质公园主管、地质环境专家梅兰妮·简·博德和挪威赫拉世界地质公园主管、经济学家英格博格·爱丽丝·克莱普对白云山进行世界地质公园中期评估，并于9月23日顺利通过评估。其间，两位专家到穆云畲族乡溪塔葡萄沟观看畲族民俗文化表演。

附：白云山河床壶穴成因探索

对于白云山景区蟾溪、龙亭溪等晶洞碱长花岗岩基岩河床上发育的壶穴成因存在着两种不同解释，即冰川流水侵蚀成因的"冰臼"说与河床流水侵蚀成因的"壶穴"说。

“冰臼说”

认为蟾溪、龙亭溪的壶穴是由古冰川融水沿冰川裂隙自上而下以滴水穿石的方式冲蚀基岩产生的“冰臼”。

2006年12月，福建省怡闽风景园林规划设计有限公司编制的《白云山风景名胜区总体规划》在“风景资源调查与评价”一节以“世界奇观——‘冰臼’群在白云山下新发现”对福安“冰臼”的描述摘录如下：“在蟾溪至龙亭峡谷长达10千米以上的溪段上，我们在调查中发现大规模古冰川遗迹——‘冰臼’群。如九龙洞、爱心‘冰臼’、阴阳臼、‘冰臼’观天、联通臼、金蟾产卵、蝌蚪‘冰臼’、天眼、菊花石臼、连环臼、漏斗‘冰臼’、石瓢臼等等。”

2007年7月，中国地质科学院地质研究所教授韩同林、陈尚平考察了蟾溪分布的大量石臼后，认为这些石臼是第四纪冰川后期，冰川融水携带冰碎屑、岩屑物质，沿冰川裂隙自上而下以滴水穿石的方式，对下覆基岩进行强烈冲击和研磨，形成看似中国古代用以舂米的石臼，古称之为“冰臼”，是古冰川遗迹之一。并依此推断在距今约二百万年至三百万年前的第四纪早期，福安一带曾为冰川所覆盖。

白云山石臼群　　穆云畲族乡政府　提供

"壶穴说"

对于"冰臼说"，有专家、学者持不同看法，认为寒冷和湿润是发育冰川的气候条件，要形成冰川，必须是高纬度、高海拔地区。在冰期气候下，低纬度地区只有海拔超过雪线的山地，才可能出现冰川。福安地处低纬度，且毗邻东海，属中亚热带气候区，年平均气温20℃左右，年降雨量在1500毫米以上。福安市最高峰的白云山海拔仅1448米，远远低于华南末次冰期3500～4000米的雪线高度，在这样低纬度、低海拔地区何以形成冰川？况且"冰臼"既是古冰川遗迹，也应有与之相应的古冰川地貌遗迹，如U形谷等其他冰蚀地貌以及冰碛堤等冰碛物共存。但福安乃至福建各处所谓"冰臼"发现地并未发现冰蚀地貌的冰斗、U形谷、峡湾、羊背石，也未发现冰碛地貌以及冰水堆积地貌等，甚至也没有冰期的古气候、古植被记录。

对此，福建省地质研究院认为，区别发育于河谷中这些石臼是壶穴或冰臼，必须对其特征、分布位置进行细致的观察和测量、形态特征与水动力条件分析、古环境重塑等综合研究，尤其要研究第四纪福安地区是否有冰川形成的条件及存在冰川的地史记录。

根据本区域地质、水文地质调查成果，在福安穆阳盆地更新统Ⅱ级阶地钻孔中获得时代为晚更新世早期的孢粉化石记录，孢粉组合中蕨类孢子占总数的18.85%，木本花粉占总数的41.36%，草本花粉占总数的39.79%。这种组合数亚热带常绿阔叶—落叶阔叶—针叶混交林，林下草本极为发育，反映出该时期穆阳等地处于温暖湿润的亚热带气候，并没有冰川时期生物化石记录。

经过野外对蟾溪、龙亭溪、首洋溪以及黄兰溪较详细的调查、研究和粗略划分，福建省地质调查研究院认为，蟾溪、龙亭溪等基岩河床上发育的十余类壶穴以及弧壁沟槽、直壁沟槽等，是河床不同位置、不同水动力作用和壶穴发育不同阶段的产物。虽然壶穴和冰臼都可能发育于坚硬的基石上，壶穴中的瓮状壶穴与"冰说"论所描述"冰臼"总体上都具有口小肚大呈圆形、椭圆形和花瓣形等大致相似的形态及沉积物，但冰川融水的水动力条件和河床流水的水动力条件大相径庭。

因此，根据水动力条件、石臼形态、组合方式、分布位置的考察和综合分析，福建省地质调查研究院认为白云山地质公园内发育于河谷中的石臼是一种河床侵蚀地貌，是现代河床流水侵蚀形成的壶穴。

穆云畲族乡生态旅游区

穆云畲族乡生态旅游区内有国家AA级旅游景区溪塔葡萄沟、虎头村水蜜桃园等景点。穆云畲族乡生态旅游区入选CCTV中国完美假期十佳旅游线路之闽东北亲水游路线的重要站点之一，是2015年宁德市十佳旅游精品线路之山海川大美之旅和文化美食美景之旅的重要站点。穆云畲族乡生态旅游区顺利通过旅游专家考评，成为国家AAA级旅游景区。随着这些景点的挖掘、开发、宣传、保护，穆云的知名度不断提升。

藤蔓千里葡萄沟

刺葡萄沟 溪塔村是个畲族村庄，地处秀溪河畔，宁德世界地质公园白云山风景区旅游大道沿线，以种植刺葡萄为主。当地畲民为了节约耕地，因地制宜在溪面

溪塔葡萄沟的刺葡萄熟了（2010年） 林新富 摄

溪塔葡萄沟总平面图

上用铁丝拉线搭架，让山葡萄藤蔓交叉穿插，沟上绿荫蔽日、沟下流水淙淙，形成独特、情趣别致、连绵5千米的葡萄沟长廊。溪塔葡萄沟，与新疆吐鲁番葡萄沟、河北昌黎葡萄沟并称为“中国三大葡萄沟”（全国葡萄协会授予的称号），享誉省内外。

畲族风情 溪塔村村民皆蓝姓，先祖自明万历年间（1573—1620）迁入，是闽东蓝姓畲族的主要发源地，称为“溪塔蓝”。村中建有蓝氏宗祠，藏有蓝氏族谱。该村畲俗风情浓郁，至今仍保留着讲畲语，盘畲歌，吃乌米饭、包菅叶粽，做“七月半”，过中秋、春糍粑等畲族传统习俗。

每逢节庆之日，能歌善舞的畲族男女成群结队聚集在葡萄沟下尽情对唱畲歌。以歌传情，歌颂劳动，表达爱情，诉说本民族历史和美丽传说。葡萄成熟季节，四方游客慕名而来，漫步沟中，享葡萄枝叶“绿色凉棚”的荫蔽，品鲜果佳味，戏清溪秀水，赏畲歌畲舞，纵情山水，乐而忘返。

葡萄沟　　穆云畲族乡政府　提供

遗存古迹　溪塔村种植刺葡萄历史悠久。2008 年 11 月，福安市葡萄协会的果树专家在溪塔村财源自然村发现一株树龄在百年以上的野生葡萄王。该葡萄生长在财源村村口的山路边，树头部第一分枝径围达 183 厘米，主干高 15 ~ 16 米，树皮斑驳脱落，露出黑褐色的树干，每年都开花结果。

在高岭村还有一株野生刺葡萄古树，相传溪塔村的刺葡萄，都是当地畲民从该古树移植而来，经过长期的栽培，选育出的优良品种。

溪塔村还遗存有炮楼式古磨坊、古亭、廊桥等，无不展现其独具特色的畲族风情。

所获荣誉　2006 年，溪塔葡萄沟作为“闽东北亲水游”的站点入选中央电视台十大完美假期旅游线路（“闽东北亲水游”旅游线路是中央电视台完美假期十佳旅游线路评选活动中福建唯一入选的线路。其线路构成景点有：三都澳、支提山、翠屏湖、白水洋、鲤鱼溪、九龙漈瀑布群、太姥山、白云山、杨家溪、嵛山岛等）。

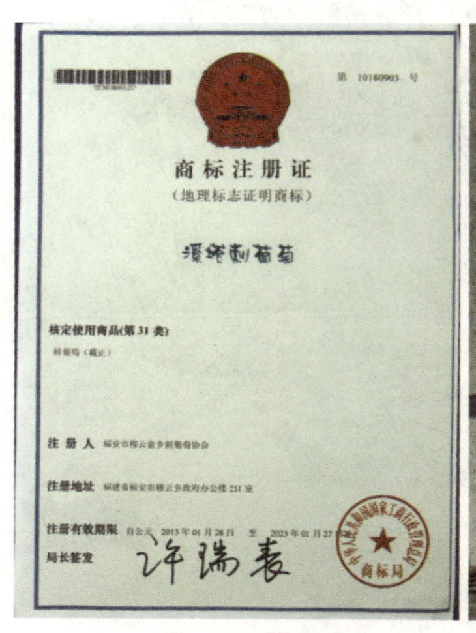

第 10180993 号

商标注册证

（地理标志证明商标）

溪塔刺葡萄

核定使用商品(第 31 类)

注 册 人　福安市穆云畲乡刺葡萄协会

注册地址　福建省福安市穆云乡政府办公楼 211 室

注册有效期限　自公元 2013 年 01 月 28 日　至　2023 年 01 月 27 日

局长签发　许瑞表

中华人民共和国国家工商行政管理总局商标局

溪塔刺葡萄获国家地理标志商标（2015 年）　林新富　摄

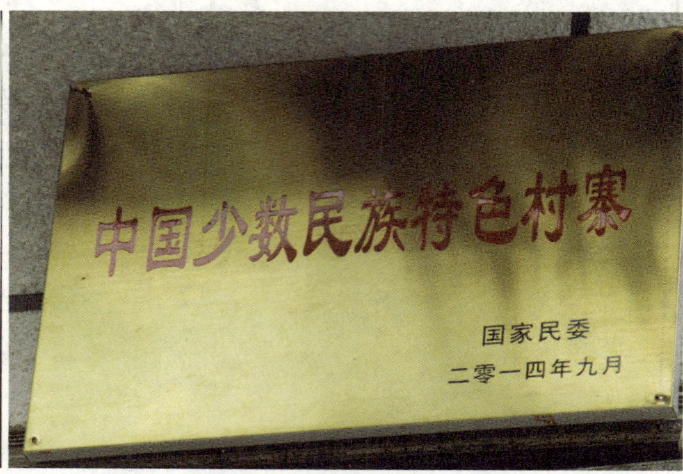

溪塔畲村被国家民委评为中国少数民族特色村寨（2015 年）　林新富　摄

中央电视台《海峡西岸行》《走遍中国》《学讲汉语》《再现十佳风采》等栏目组曾先后前来拍摄节目，将畲族风情与“南国葡萄沟”风采展示在世人面前。

2007 年，溪塔村因其独具特色的刺葡萄沟和浓郁的畲族风情，被全国旅游景区质量等级评定委员会评为国家 AA 级旅游景区。2011 年，溪塔刺葡萄沟被评福建省休闲农业示范点。2013 年，“溪塔刺葡萄”获国家地理标志商标。2014 年，溪塔村被国家民委评为“中国少数民族特色村寨”。2016 年，溪塔刺葡萄沟被中国农学会葡萄分会授予“中国最美葡萄沟”荣誉称号。

阡陌掩映蜜桃园　穆阳水蜜桃是闽东传统特产，久负盛名，素有穆阳“仙桃”“闽东珍果”之称。

穆云畲族乡水资源丰富，拥有龙首溪、啸溪、蟾溪以及被称为“黄金水道”的穆阳溪等，全年气候温和，光照充足，雨量充沛，且全乡海拔 100 ~ 800 米，呈梯级分布，为发展穆阳水蜜桃提供了得天独厚的优越条件。穆云畲族乡群众种植水蜜桃的历史悠久，经验丰富，加上政府引导、扶持，市场经济的刺激，群众种植水蜜桃的积极性高涨，虎头村种植穆阳水蜜桃上千亩，成为穆阳水蜜桃专业村，虎头桃源脱颖而出，正如《桃花源记》所描绘：“土地平旷，屋舍俨然。有良田美池桑竹之属。”一抹抹粉红的桃花掩映村道，引领游客走进桃林里的村庄，“阡陌交通，鸡犬相闻”的宁静让人忘却尘世的纷扰。

每逢阳春三月，千亩桃花竞相绽放，繁花似锦，延绵不绝，美不胜收。六月桃熟季节，漫山遍野的水蜜桃，红彤彤、沉甸甸、水灵灵，挂满枝头，散发着馥郁的果香。

每年农历二月初二，虎头村及附近畲民都在此举办桃花节、畲歌会。好客的畲族人用畲歌对唱、畲家武术、畲家杂技等充满浓郁民族特色的表演，向游客展示畲族文化的独特魅力，“山哈”们穿上节日的盛装，载歌载舞，纵情歌唱，迎来四面八方的宾客。

虎头桃源总平面图

虎头水蜜桃丰收了（2014 年） 丁立凡 摄

虎头桃花季（2014 年） 郑廷裕 摄

虎头桃花朵朵开（2008 年） 兰忠贵 摄

2008 年，虎头村被宁德市科协评为“科普工作先进单位”。2009 年，虎头村被福建省科协、财政厅评为“福建省科普惠农兴村先进单位”。2011 年，虎头水蜜桃协会成功注册“虎桃”牌商标；获福建省“无公害农产品认证”“无公害农产品产点认证”“品牌农产品证书”；“穆阳水蜜桃优株选育及配套技术研究应用”获福建省农业科技二等奖。2012 年，“穆阳水蜜桃”获国家农产品地理标志称号。2014 年，虎头村被评为“福建省生态文化村”。2015 年，虎头村入选宁德市十佳旅游精品线路之山海川大美之旅和文化美食美景之旅的重要站点。2015 年 9 月，虎头村与溪塔葡萄沟联创穆云畲乡生态旅游景区通过专家组验收，被评为国家 AAA 级旅游景区。2016 年，虎头桃花亮相中央电视台，同年被授予 2016 华东十大（桃花、油菜花）观赏地荣誉称号。

古色穆云

穆云畲族乡蕴藏着丰富的古文化资源，吸引着慕名而来的八方游客。

南山“银池坪” 南山村位于穆云畲族乡中部，距乡政府驻地12千米，地处穆云畲族乡银池坪山腰，海拔400米左右，周边山峦环绕，因村址坐南遂名。该村植被资源丰富，有红豆杉、黄皮树、松树，其中百年红豆杉5棵。有滴答洞、银池坪、百年松等旅游景观。

村南5千米处有座山，海拔1000米，山中有一水池，相传唐代黄巢起义时于池中埋下9库、18缸银，因此得名“银池坪”，之后牛群也在池中泅水，又名“牛池坪”。1991年6月，当地群众在牛池坪开发古刹时，发现纪事石碑一通、释迦石佛一尊、莲花柱子十几个，以及法明禅师、黄琴的墓、碑、骨灰瓮和五个精巧玲珑有金属响声的唐瓷香炉等。石碑后被邻村的一愚僧捣毁，据碑文记载：黄巢决心攻取长安，但与胞妹黄琴意见相左，黄琴被黄巢杀于银池坪。如今，牛池坪有白龙潭、群猴朝阳石、元宝锭石、石锣、石鼓、石柱（石棺）、黄巢试剑石、银池和黄巢练军坪等历史古迹。

咸福“古道” 咸福村，旧称“里洋”或“咸竹（谷）垮”，又作“含竹垮”，位于白云山南麓的樟南坂（据说是南宋爱国诗人谢翱的出生地），蟾溪与龙亭溪交汇处，现为白云山景区南大门。

前人农耕之暇，结合堪舆筛选了七个自然景观，分别为：飞凤衔玉、古樟招魂、眠牛倒地、鲤鱼朝天、冽泉览胜、石马擢卧、银池迷踪。今人增加具有园中园之称的“南山门绿化广场”——“南麓别苑”为第八景，合称为“咸福八景”。其中“古樟招魂”，据传古樟为南宋末期爱国诗人谢翱公所化，村民在古樟树头立神牌位，常年摆龛供香，祈祀降福，以示敬仰。

咸福村古樟神树（2009 年）
张玉文 摄

蟾溪岗哨桥（2014 年）
林新富 摄

咸福古道，东西方向贯穿咸福境地。村东边入境口的古道上修筑有“关隘”一座，2013 年因修建白云山旅游大道拆除。村西入境口的古道上修有“飞凤亭”，2009 年因南山门广场施工拆除。“咸福关隘”仅能容纳一个挑担的人通过，北面是山，南面是溪坑深潭，南北皆无法攀涉通行，只要一个人守住关口，谁都无法通关。“飞凤亭”砖瓦结构，有上下两层，下层供过往者临时休憩、挡风避雨，上层供赶路者夜间过宿。并提供一架自由移动的攀梯，上楼后可抽掉，对夜宿者有一定的防护作用。咸福进村旧路则从飞凤亭外古道相接入。咸福关隘与飞凤亭，相当于咸福村的两个门户。

蟾溪“月波桥” “月波桥”位于蟾溪村村口，原为木拱廊桥，20 世纪 90 年代，农村兴起香菇产业，为方便材料运输，杨吴两姓村民拆卖廊桥木材，再集资凑足钱款，于旧桥址修建石拱桥，更名为“岗哨桥”（土地革命时期，叶飞、曾志等曾在这一带活动，而红军战士就在“月波桥”上设立岗哨，故名）。旧廊桥上供奉着南海观世音菩萨，用以庇佑蟾溪村民，遂在新石拱桥上也修造了“避雨亭”，亭阁上照旧供奉救世佛像。桥上观音阁边有副对联：“龙吟凤舞虹飞蟾水千山影；心回福地珍重留与子孙耕”。

桂林王氏祠堂内的明代圣旨（2012 年） 林新富 摄

桂林王氏祠堂 桂林村为穆云畲族乡最大的行政村，位于穆云乡、康厝乡、穆阳镇互融的镇区所在地。王氏祠堂位于穆云畲族乡桂林村大榕树处，始建明万历十三年（1585），清光绪二十二年（1896）重建。祠堂坐西向东，穿斗式抬梁混合式梁架。由门楼、戏台、祠厅、祖堂组成，整座祠堂建筑规模宏大。门楼面阔七间，进深四间，门廊梁架施斗拱，正中屋顶牌楼式雨盖，牌楼正面顶层屋檐下竖挂牌匾“状元及第”，署有“明万历己酉年”，大门额置横匾“开闽第一宗”，大门内侧横匾题写“彝伦攸叙”，顶棚中间施八角藻井，次间为天花板。戏台高 1.38 米，台面为 5.68×8.72 米，戏台两侧为厢房。戏台进深 4 柱，面宽 6 柱，台中顶棚设八角藻井，饰人物画像，两侧均分两个长方形藻井，有祥鱼吉龙画饰，台檐柱出枋梁挑垂柱承托檐檩，两垂檐柱间连接弓梁、弓梁与檐檩间设 6 朵“合模”，垂檐柱底下施垂灯，雕刻精湛，垂灯外侧檐檩施垂柱，并饰雕盘柱龙，栩栩如生。祠厅进深6间，面阔7间，悬山顶鹊尾脊，前后廊顶棚均为轩顶，明间施假屋面。祠厅用材粗大，通透宽敞，两侧厢房为三间二层楼房，双坡顶。祖堂面阔7间，进深6间，屋面为悬山顶鹊尾脊，有设置耳房脊，并饰灰雕花卉、彩画双凤、双龙等，明间八角藻井前枋梁上悬挂“先民是程”牌匾，上款：“钦命提督福建学政都察院左副都御史纪录四次赵佑为”，下款：“乾隆五十八年十二月本宅耆叟王殿教立吉旦”。整座祠堂建筑规模庞大，

王氏宗祠内景（2015 年）　　林新富　摄

装饰手法讲究，宽敞雅致，既保持传统规制又保存比较完好，是福安市一处不可多得的祠堂建筑，对研究清代中后期祠堂建筑及装饰都具有很高参考价值。2013 年 1 月，福建省人民政府宣布桂林王氏祠堂为第八批省级文物保护单位。

旅游设施

交通

宁武高速公路　全称宁德至武夷山高速公路，是国家高速公路沈阳至海口纵线的第四条联络线——宁德至上饶联络线福建境内段，同时也是海峡西岸经济区“三纵八横”高速公路网规划中的第一横，是福建省的主干线之一。

地质公园博物馆（2014 年） 林新富 摄

宁武高速公路于 2006 年 6 月 30 日由国家发改委批准立项，2012 年 10 月 9 日建成并全线通车。路线主线起于沈海高速公路宁德段的湾坞枢纽互通，终于闽赣界的武夷山汾水关，与江西省路段衔接，全长 301.39 千米，采用 80 千米 / 小时高速公路标准建设；另建屏南高速公路连接线 29 千米、武夷山一级公路连接线 4.8 千米等。2009 年 10 月，宁德段全线动工，2012 年 6 月 30 日，宁德段正式建成通车。宁武高速公路（福安段）在穆云畲族乡境内逾 4 千米，隧道 2 个，设互通口 1 个，位于桂林村。

白云山旅游大道 全长 12.8 千米，投资 2.98 亿元，共征地 482 亩，拆迁房屋 7 座，于 2013 年 9 月竣工通车。路面采用沥青混凝土路面，大、中桥 3 座长度 420 米。白云山互通口至旅游大道工程是福安市重点工程，是白云山风景区的主要通道，也是穆阳综合改革建设试点镇总体规划的主要路网干道。

基础配套设施

白云山景区建成游客服务中心、大型停车场、星级卫生间、咸福服务区售票处、电瓶车道、地质公园博物馆等旅游基础配套设施。

游客服务中心 设置游客休息区，开辟专用影视中心，配备电脑触摸屏、饮水机、手机充电器、童车、雨伞等免费便民设施；设置医务室，配备常用药品、急救箱、急救担架、氧气袋等医疗设施。开设旅游咨询专线和投诉电话，设置游客意见簿；设饮料柜，特色纪念品代售点；并配有工作人员为游客提供咨询服务，专业讲解员为游客提供导游（讲解）服务。

标识导向系统 景区在各主要路口设置全景导游图、导览图和导向标识牌，设置50余块制作精美、公共信息符号健全、中英文对照的标识系统。同时，在景区主入口设置景区标志性门牌坊。

大型停车场 景区利用游客中心旁边的空地，建成面积4000多平方米的大型停车场，配专人管理，对停车位进行划线，并划分大小车区域。可以满足景区日最高峰达两万多人次的客流量的停车需求。

星级卫生间 景区在游客中心旁建设星级卫生间。卫生间干净整洁无异味，摆放清新的绿植，点燃淡雅的薰香。设有残疾人专用厕位，配备梳妆镜、水龙头、洗手液等，设施齐全。

优化旅游环境 景区加大草坪、景观树、游园、特色游步道等精品服务设施建设力度；强化景区内外环境综合整治，保持整洁、干净、清新怡人的服务环境；保护自然生态，对景区原有的山树林竹和鸟兽虫鱼做好保护，给游客天然清新的游园感受，满足游客亲近大自然的愿望。

住宿 现有住宿以村民利用宅基地自主经营为主。目前正大力整合现有民居资源，以南山村作为先行示范点，推进穆云乡“白云山人家”乡村民宿品牌战略联盟，实行“三个统一”（统一品牌、统一服务、统一管理），积极推进建设不同风格的乡村客栈、特色农家乐、树屋、星空露营地、自驾车营地以及乡村度假村等。景区周边已形成规模的有古银池农庄、安然宾馆等。

旅游线路

一日自助游

乡村度假之旅　白云山—蟾溪稻花香里—南山悠然田居—玉林廊桥人家—桂林商阜闽村—隆坪佛学古村。

生态休闲之旅　虎头桃花源里—溪塔葡萄沟—双溪峡谷驿站—蟾溪稻花香里。

康体休闲之旅　王楼高山茶座—银坑探险—从溪慢游—竹州山红色基地。

两日自助游

方案一

第一日：桂林村清泉洞—虎头桃花源里—溪塔葡萄沟—南山悠然田居；

第二日：白云山—玉林村古村落—留洋百丈漈。

藤蔓环绕溪塔村（2014 年）　　穆云畲族乡政府　提供

美丽乡村——下逢村（2016 年） 穆云畲族乡政府 提供

方案二

第一日：桂林村清泉洞—下逢村美丽乡村建设点—里楼村缪仙宫—白云山主峰（观日出、望云海、赏午时莲）；

第二日：留洋百丈漈—玉林村古村落—溪塔葡萄沟—虎头桃花源里。

两日精华游

方案一

第一日：白云山（夜宿白云山，看云海日出）；

第二日：穆云乡—廉村。

方案二

第一日：白云山（夜宿白云山，看云海日出）；

第二日：穆云乡—坦洋百年老茶坊—柏柱洋红色旅游区。

三日跨区体验游

第一日：福安市区—穆云乡—白云山（夜宿白云山，看云海日出）；

第二日：白云山—坦洋村；

第三日：寿宁县城（犀溪镇西浦村）。

春糍粑（2011 年）　　丁立凡　摄

风土习俗

穆云畲族乡在宗教与民间信仰上包容并蓄，道教、佛教、天主教，临水夫人、马氏真仙、五显舍头、林公大王等民间信仰和谐共处。在民间，除天主教徒外，往往是道、佛、民间神祇一并信奉、祭祀，奉行多神崇拜。由多元信仰而起的信俗节礼，如迎神、游神、礼佛等活动，颇具地方特色。百姓重视祠堂建设，宗谱内容十分丰富，族规内容虽多有封建礼法纲纪伦常，但对凝聚族人、道德文明建设极具现实意义。当地丰富的美食特产、方言土语，构成了穆云畲族乡独有的风情。

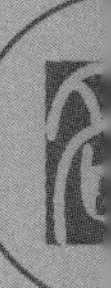

宗教 民间信仰

佛教

根据《三山志》记载，福安佛教寺院的兴建始于唐代大中年间（847—860）。截至2010年，经福安市宗教工作部门登记的穆云佛教寺院有：

龙鸣禅寺 又名“水尾庵”，位于桂林村寨边岗。建于明万历年间（1573—1620），重修于清康熙（1662—1722）、乾隆年间（1736—1795），檀越为穆洋桂林王氏家族。民国《开闽桂林太原王氏宗谱》载：“龙鸣庵，水尾天龙山下，明万历二十七年（1599）缘首廷俞、九锡公鼎建。清康熙丙申（五十五年，1716）十二月毁于火，后戊戌年（五十七年，1718）缘首锡范、沐毅、兆衍、周灿率众再建。因历年久远，崩塌颓坏。乾隆四十九年（1784）遂举缘首王正明、殿拱、孔愈、兆夏、兆伟、兆镜、兆命、开极、祚充、殿理、殿教、殿镜、殿缙、殿楠、殿钊、立锐、爱辰、树、立荣、立纶、立诚、良鉴协办修整，墙垣栋宇焕然一新。惜乎五十年（1785）三月复遭回禄，五十二年（1787）三月，旧缘首等即谋重新起建，十二月工竣，今巍然一方胜观矣。”[①] 后年久失修，于1958年毁为平地。1984年，王氏族亲捐资倡修殿宇，比丘尼悟参董理其事。现有大雄宝殿、斋堂、僧舍等佛家建筑，占地面积1360平方米，建筑面积1060平方米。寺内有比丘尼3人，属禅宗曹洞法系，基本信徒100人。主要佛事有正月千佛圣会、浴佛节、六月十九日观音诞等。寺前清乾隆五十一年（1786）与嘉庆十三年（1808）石碑2通。

隆兴禅寺 原名“隆坪庵”，又名“隆兴庵”，位于隆坪村山麓，始建于清顺治年间

---

① 穆云畲族乡桂林村《开闽桂林太原王氏宗谱》（又名《螺峰王氏宗谱》），《世守》民国三十四年乙酉端月，磻溪乡七石生翊庭辑。

隆兴禅寺大雄宝殿（2014 年） 林新富 摄

（1644—1661）。原建筑规模较小，于嘉庆二十二年（1817）扩建大雄宝殿。又于 1933 年改建大殿、新建天王殿，本寺住持云静法师董理其事。1984 年，住持比丘泽平法师又重修大雄宝殿、天王殿，新修圆通殿。1991 年 5 月 22 日，宁德地委决定为开放寺院。现有大雄宝殿、天王殿、圆通殿、藏经阁、教学楼、僧舍、斋堂等佛家建筑。2002 年 8 月，隆兴禅寺住持释妙光法师本着弘法利生培养后续僧才的心愿，蒙释福严法师、释元升法师、胡静大护法的鼎力相助，创办甘露佛学苑（为福安市三大女众佛学苑之一）。至 2014 年，已培养女众僧才 160 余人，生源遍布汉传佛教地区。寺院占地面积 100 亩，建筑面积 6000 平方米。另有彼岸塔、穆云桂林秀溪村念佛堂，属禅宗临济法系。

万佛禅寺 原名樟湾寺，位于桂林村。据传始建于元初，因世代沧桑，渐成废墟。1978 年重修，1994 年，比丘僧释昇照率众再建，取名万佛寺。后因场所局限，1993 年释云密法师迁徙新址，重振山林。现有大雄宝殿、地藏殿、毗卢殿、斋堂、僧寮等，占地面积 2600 平方米，建筑面积 6000 平方米，另有田地 1800 平方米，菜地 1200 平方米，茶园 1200 平方米，山林 6000 平方米，化身窑 50 平方米，海会塔 600 平方米。90 年代住持僧觉章，有僧众 7 人。现寺内有比丘 3 人，属禅宗临济法系，基本信徒 200 人。主要佛事包括正月千佛法会，二月、四月释迦诞，六月观音诞等。

桂林净光禅寺 林新富 摄

净光禅寺 位于桂林村。原名“姊妹阁”，因桂林村王氏姊妹在此结庐出家，吃斋供佛而名。后其名屡有更替。因毗邻龙鸣寺，此地时有慈悲三昧水忏梵音，故又名“水昧阁”，又因阁前溪流源于闽北，此地已是下游，又名“水尾阁”。1986 年，观宗庵释润平、性仙尼师相继入寺住修，增建观音阁，并改名“净光寺”。1999 年，闽南佛学院戒斌法师遵老尼师遗愿，住锡寺中，发心增建道场。幸得界德、悟光等诸上人大德扶持，寺宇焕然一新，规模初具。现有大雄宝殿、圆通殿、斋堂等佛家建筑，占地面积 1500 平方米，建筑面积 756 平方米。20 世纪 90 年代，住持僧释性仙（俗名王二妹），有僧众 4 人。2014 年，寺内有比丘尼 5 人，式叉尼 2 人，基本信徒 35 人。主要佛事包括正月初四至初七礼拜三千佛、水忏、观音诞、浴佛节，六月初六晒经法会、盂兰盆供等。

法明禅寺 原名建山寺，又名清风寺。位于南山畲族村之莲花山上，北连白云山。法明寺为纪念传说中的法明和尚而得名。始建时间不详，有传说建于唐大中年间（847—860）。1934 年，为闽东红军独立师活动地点，受国民党军队多次围攻，损毁严重。1988 年重修寺宇，2001 年更为现名。现有大雄宝殿、天王殿、活佛殿等佛家建筑，占地面积 600 平方米，建筑面积 300 平方米，寺内仅沙弥 1 人，基本信徒 8 人。主要佛事包括二月、九月观音诞，六月初一如是老佛诞等。

泽云禅寺 原名泽云禅室，又名泽云庵，位于白云山下桥溪村。始建于清乾隆七年（1742），檀越主为穆云畲族乡贵洋村黄氏族人。1949 年毁于洪水，仅留主殿，20 世纪 60 年代末，主殿被拆，终为废墟。1987 年，比丘尼释证巍返乡，重振山林，现有大雄宝殿、僧舍、斋堂、柴房等佛家建筑，占地面积 2000 平方米，建筑面积 300 平方米。寺内有比丘尼 1 人，比丘 2 人，属禅宗临济法系，基本信徒 50 人。主要佛事包括二月、六月、九月观音诞，四月初八浴佛节，六月初一进香日等。

道教

道教闾山夫人教 道教闾山派是中国南方民间道教的分支，由闽越巫法闾山法、道教正一符箓派再加佛教世俗化的瑜伽教，三者合一发展而成的一支教门。闽东闾山夫人教以临水夫人陈靖姑为法主，是闽东方言区包括清代福州府、福宁府影响最大、信众最多的闾山教门。根据民间传说，陈靖姑原为女巫，升天为神，主司保护凡间妇女儿童，同时还具有祈福禳灾、惩恶扬善的法力。

福安各地奶娘宫庙信众，每年或隔年农历正月十五陈靖姑神诞日或七月廿八陈靖姑升天日，会成群结队到古田临水宫祖庙去请香接火分灵，并争取夺得头炉香，当上“头香客”。古田临水宫尚存一通石碑，是 1929 年穆阳镇通天宫进香团所立的捐资碑。

闾山信仰在畲族的宗教信仰中举足轻重，史诗《高皇歌》记载盘瓠王赴闾山学法的故事。民间流传，畲族巫师得闾山之法，茅山之术，其行罡做法，十分了得。畲族村也笃信陈靖姑信仰。福安道教闾山派归于道教正一派，汉族道士普遍认为其道术源于畲族师公，如雷法腾等。穆云畲族村尚存大量的巫师科仪唱本，主要刊载有关陈靖姑法术的唱词。

缪仙公信仰 缪仙公，名缪从龙，福安穆阳镇仙宅里人。据明万历《福安县志》记载，缪从龙的祖父缪昌道为北宋崇宁四年（1105）文举特奏名，曾任龙溪县尉。南宋绍熙四年（1193），63 岁的缪从龙寻道平溪里白云山麓，他独舍资财，鼎力建设临云宫，自称“真人”，创设“太平教”。自宋末开始缪仙翁神迹日益显灵，尤其是祈雨仪式中，更凸显缪仙翁法术的强势。人们将白云山主峰命名为“缪仙峰”，将临云宫改名“缪仙宫”。缪仙信仰流传于闽东北，信仰中心地带是包括穆云畲汉村落在内的白云山山麓。

全真派驻地——清泉宝洞 位于穆云畲族乡桂林村东的凤翔山麓。曾为僧尼住锡，20 世纪 90 年代后，成为道教全真派驻地。

外洋村天主堂（2014 年） 林新富 摄

天主教 天主教自明崇祯五年（1632）由西班牙多明我会（Dominicans）意大利籍传教士高琦（Angel Cocchi）传入福安，穆阳是多明我会早期传教中心。

十五都大留阳（留洋）有“三十六村”之谓，包括穆云畲族乡的里村、上村、下村、外洋、外厝、外垄等村落，是天主教徒最多的村庄之一。1926 年，梵蒂冈组建福宁代牧区，设 6 个总铎区，福安境内就有福安、穆阳、溪填、罗江 4 个总铎区。穆阳总铎区包括穆阳、留洋、康厝本堂。留洋本堂包括外村教堂、里村行堂、许洋行堂、岭头亭行堂。留洋里村距离外村二里，为留洋主要村落之一。里村行堂系 1921 年神甫陈若翰请求教区拨款，利用前神甫马林购置的地基起建，1927 年竣工。1938 年，留洋本堂神甫贾敏达利用神甫住宅创办“加大利达女修院”，供本堂修女集中修道。1951 年，神甫林少苍由城关天主教堂回到留洋任本堂神甫，设半耕半读修院。

1951 年，中国天主教界开展“三自”（自养、自治、自传）爱国运动，1952 年，福安驱逐 4 名西班牙传教士。1953 年，福宁教区改为闽东教区。1956 年，福安天主教爱国会成立。20 世纪 60 年代，天主教接受社会主义教育，后期受到“文化大革命”冲击。80 年代落实宗教政策，1992 年 3 月，里厝建闽东教区显山头圣若瑟堂；1989 年 9 月，闽东教区下村重建留洋玫瑰圣母堂；1992 年 12 月，外洋重建闽东教区外洋圣母堂。

民间信仰 穆云畲族乡许多村落都建有族内供奉的神灵宫庙，并在宗谱中多作详细记载。如1916年修桂林村《螺峰王祠宗谱·庙宇》记载："林大王宫，在上城门外陇山之下，建自明初，至清雍正癸丑（十一年，1733）被大风偃坏，即重修四围砖墙方丈余。神诞自正月十六，族例入祖祠演戏四台，庆寿不能如期，随时补演；华光宝殿在本村水尾坐北向南。自明万历庚戌年（三十八年，1610）至清朝雍正壬子年（十年，1732）重修；临水行祠在本村南隅，坐北向南。明正德十四年（1519）建，万历已卯（七年，1579）重修。神甚灵，求嗣多应。历年正月十八建醮；谢师公宫祖祠头门右边，每年中元祭祖先先期晚设三牲祭奠为其地主也；连师公宫在本村南隅，临水行祠右边；黄十三师公宫在下城门外，旧在门内左侧。"

据统计，截至2014年7月，全乡民间信仰宫庙共82座，分布于30个建制村，主要供奉林公大王、奶娘、五显帝等。

宗族文化

祠堂

汉族大多为明清时期迁居穆云，从明朝后期开始修建祖祠。畲族大多于清代迁入，也受汉族影响修建宗祠。各族祠堂除了"崇宗祀祖"和商议族内的重要事务之用外，也常作为办理婚、丧、寿、喜等事之用。另外，也利用祠堂举办迎神请神活动、村民选举活动。穆云畲族乡汉族祠堂为一姓一祠，一般由门楼、戏台、祠厅、祖堂组成，畲族祠堂建筑规制与汉族大体相似。

桂林村王氏宗祠 始建于明万历十三年（1585），清光绪二十二年（1896）重建（参见本志"古色穆云·桂林王氏祠堂"）。

咸福村郑氏宗祠 位于村之南洋，脉接眠牛，堂朝飞凤，千亩良田环于前，万叠峰峦从其后，洵发祥地也。由开基始祖郑金三之五世孙集体建造，原建筑地基除

咸福村郑氏宗祠（2014 年） 林新富 摄

取两旁道路、旷地外，深 36 米，阔 19.7 米。据载："祖祠鼎建于光绪辛丑廿七年（1901）六月初八壬寅日卯时；历代栗主于民国丁巳六年（1917）十月十九己卯日卯时登祠；合族谱牒兴修于民国壬戌十一年（1922）六月十三卯时，至癸亥十二年（1923）正月廿四卯时告成。"2003 年 11 月 26 日，重修竣工。

南山雷氏宗祠 1985 年农历九月十八午时上梁，1989 年农历九月十一午时进生安位，1989 年农历十一月初三卯时驱台。

外垄新冈王祠 始建于清光绪二十六年（1900），前座建于 1914 年，后遭风雨打坏，1958 年，重新修理后座大栋，1996 年重修。祠堂正面上方悬挂"开闽第一宗"。

蟾溪杨氏宗祠 1996 年重修，主要将四周土墙改为石墙。

里楼刘氏宗祠 面积 860 平方米，祠厅采用木结构，立柱多为大型圆木，最大的 4 根主立柱每根达 2.5 吨，由乡贤和村民捐资修建。

外垄村新冈王祠（2014 年） 林新富 摄

宗谱

穆云畲族乡各姓氏现存宗谱种类较多，有宗谱、族谱、家谱、统谱、支谱、房谱等，留存的老谱多为清代和民国时期所修，20 世纪 80 年代以来多有重修新谱。

穆云畲族乡汉族各姓现存族谱编修年代大体情况（不完全统计）：

下逢《高阳许氏族谱》清道光四年（1824）修

岔头《延陵吴氏宗谱》清同治八年（1869）修

虎头《延陵吴氏宗谱》清光绪三十年（1904）修

蟾溪《四修延陵吴氏宗谱》1939 年修

虎头《延陵吴氏福安重金吴祠智房世系总谱》1989 年修

龟凤《清河郡张氏宗谱》清光绪元年（1875）修

外垄《王氏宗谱》清光绪十五年（1889）修

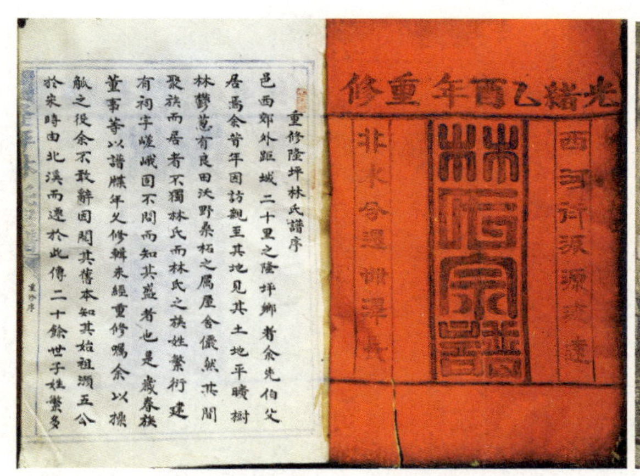

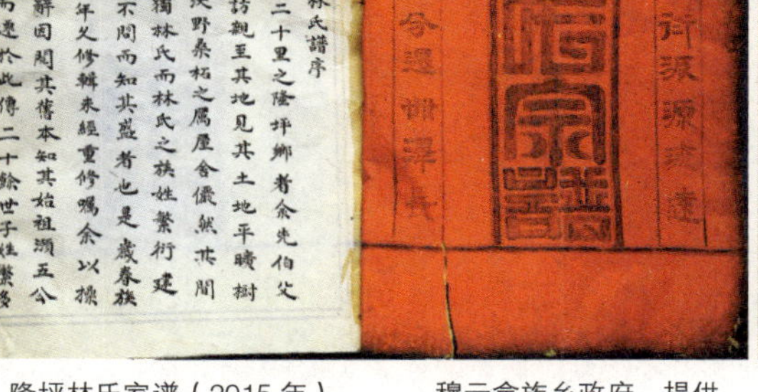

隆坪林氏家谱（2015 年） 穆云畲族乡政府 提供

溪塔蓝氏家谱（2014 年） 穆云畲族乡政府 提供

上村《瑠峰王氏宗谱》1988 年修

玉林《西河林氏族谱》清光绪二十八年（1902）修

隆坪《西河郡林氏宗谱》2003 年修

外厝《济南郡林氏家谱》1989 年修

桥溪《苏江厚巷寿房　桥溪刘氏信房支谱》1936 年修

里楼《刘氏宗谱》（修谱年不详，约为清光绪年间修）

外洋《外洋郑氏支谱》1983 年修

翁洋《阜阳苏氏家谱》1990 年修

咸福《穆水樟龙陈留郡阮氏宗谱》1995 年修

蟾溪《杨氏宗谱》1997 年修

温岩《温洋郑氏宗谱》2009 年修

穆云畲族乡畲族各姓现存族谱编修年代大体情况（不完全统计）：

科后后漈《冯翊郡雷氏宗谱》光绪十年（1884）修[①]

① 后漈雷氏基本遵循了三十年修谱一次的惯例，现保存有至少十个不同年代的雷氏宗谱谱本，且大多保存较好。初步判断有《后漈冯翊郡雷氏族谱》道光五年（1825）修本，《后漈冯翊郡雷氏宗谱》约同治年间修本（具体时间不详），《后漈冯翊郡雷氏宗谱》光绪十年（1884 年）修本，《后漈冯翊郡雷氏宗谱》约宣统年间修本，《后漈冯翊郡雷氏宗谱》1915 年修本，《后漈冯翊郡雷氏宗谱》1955 年修本，《后漈冯翊郡雷氏宗谱》1985 年修本，还有《后漈雷氏支谱》约道光年间修本，《后漈雷氏支谱》光绪十年（1884）修本。

篙尾《汝南郡蓝氏房谱》1982 年修

王楼《冯翊郡雷氏支谱》光绪三十二年（1906）重修

南山《雷氏支谱》1925 年修；南山《雷氏支谱》1995 年修

溪塔《蓝氏宗谱》1937 年重修

上村《颍川钟氏宗谱》1984 年修

燕坑《冯翊郡燕窝雷氏支谱》2012 年修

王楼《蓝氏支谱》（年代不详）

穆云畲族乡各姓宗谱多数遵循欧式横行体定式，世系表世代分格，由右向左横行，五世一表，每个世代人名左侧都有一段生平记述，介绍该人的字、号、功名、官爵、生辰年月日、配偶、葬地、功绩等，查阅起来较方便。部分采用苏式垂珠体定式，世系表世代直行下垂，世代间无横线连接，全部用竖线串联，图表格式也是由右向左排列的，主要是强调宗法关系，如南山《雷氏支谱》1925 年修本及南山《雷氏支谱》1995 年修本均谨遵苏式定式。也有欧式苏式混合体，如溪塔《蓝氏宗谱》1937 年重修本。

穆云畲族乡各姓宗谱内容十分丰富，除了谱序、凡例、姓氏源流、字辈、世系图、家规等内容外，尚有咏景诗志、村庄地图地界、公益事业建设志、祠堂记、祖坟等地方特色的内容。

龟凤村《清河郡张氏宗谱》光绪元年（1875）本 原修于清乾隆四十三年（1778），重修于道光九年（1829），共计 140 页。主要内容包括：万岁金字图、郡姓金字图、谱例、源流总序、编修谱序、赠族谱序、原修谱序、原修自序、重修谱序、新修谱序、张氏谱序、张公昭封、历朝官衔纪略、世系图、祖图纪、支图纪、历世字行、赠祖诗赞、赠诸君赞、龟凤四景、祖坟□记、历管祖山志、附录批卷、龟凤地图。

蟾溪《四修延陵吴氏宗谱》1939 年修本 主要内容包括：吴氏渊源序、延陵吴氏宗谱序、族氏五音论、姓氏谱啟、受姓源流序、蟾溪地图序引、蟾溪迁居记、蟾溪十景诗详志、讳字排行、世系全考、始祖伯斌公事实录、第九世漳公履历置业录。

蟾溪《杨氏宗谱》1997 年修本 载有蟾溪村 1958—1996 年公益事业建设志，包括村委办公楼、上石桥、旧学堂、公路、庵下坂（外筑大坝内清平推土成良田）、知青点、村委茶山、奶娘宫、高压电线、自来水、教学楼、杨家坪电、卫视地面站、下石桥、祠堂重修等公益事业建设情况，简要记述每个项目的建设时间、出款、出工、为首牵头人等。这是新修宗谱的一个特色内容。

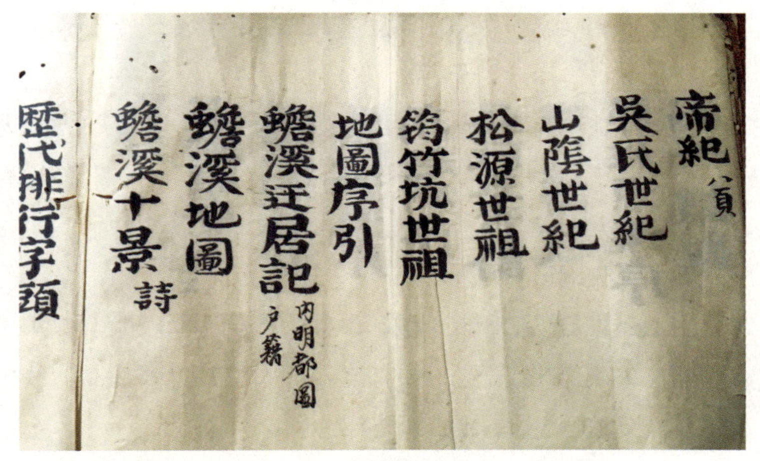

帝紀　八頁
吴氏世紀
山隂世紀
松源世祖
筠竹坑世祖
地圖序引
蟾溪迁居記　内明都圖　户籍
蟾溪地圖
蟾溪十景詩
歷代排行字頭

蟾溪《四修延陵吴氏宗谱》目录内页（2016 年）　　穆云畲族乡政府　提供

溪塔《蓝氏宗谱》1937 年重修本　主要内容包括：重修蓝氏宗谱序、新修谱序、续修谱序、家范、凡例、盘蓝雷三姓分邑总图、敕封祖图公据、龙首师杖志、寿邑、开基始祖世系纲目发派图。

族规

穆云畲族乡各姓宗谱大多都有家范或训言，一般都确定了“尊祖宗、孝父母、和兄弟、睦家族、勤事业、崇节俭、善治家、戒赌博、息争讼、严闺门”等家训，对族人循循善诱，苦口婆心。兹将宗谱有关族规列举一二。

龟凤村《清河郡张氏宗谱》光绪元年（1875）本所载“谱训”

家长：凡为家长必谨慎礼法，然后以御群子弟及家众，分之以职，授之以事，而责其成功。若财用饮食当量入以为出，婚姻丧葬宜称家之有无，裁冗省费，禁止奢华，稍存余力以备不虞。

孝顺：父为天，母为地，人伦之所首重，吾身之所从出，大舜夔夔齐栗，文王之寝门视膳，曾氏之养体养志，孟子之守身事亲，自古圣君贤士未有不以事亲为首重者也。兹后凡我派下奉养父母，当乐其心，无违其志，喜其耳目，安其寝处，和顺悦色，下气怡声，无自专，无私爱，无欺瞒亵慢，则可以感天地而称乡党矣。

友爱：世人不知兄弟之宜。方其幼也，父母左提右挈，前襟后裾，食则同案，学则相连，避难同方，虽有悖乱之人，不能不相爱也。及其壮也，各妻其妻，各子其子，虽有笃厚之人，亦少衰也。甚至偏爱私藏，分门割户，患若寇仇，以致悖戾乡党欺之，朋友笑之，可不慎哉。法昭禅师偈曰：同气连枝合自乐，须些言语莫相嗔，一回相见一回老，能得几时为弟兄。凡宗族虽有亲疏，论其源流，皆是骨肉，气脉未远，自应别于稠人。

夫妇：夫妇为人伦之始，君臣父子所由以生也。古人严谨若朝廷，相敬如宾客。以及公姑必敬，妯娌相睦，男不言内，女不言外。是以家道兴隆，长幼和顺，可以生民矣。若牝鸡司晨，长舌厉阶，为丈夫者须识大义，莫听妇言。盖君为臣纲，父为子纲，夫为妻纲，夫纲正而妇道显矣。

急公：朝廷设官所以治民，亩亩急公所以奉上租税，乃国家重赋，迟速必不可免，挨延恐来罪戾。凡我子孙，如有苗石颗粮，自当及早完纳。或作里老乡党，尤宜实力奉公，使门无追呼之声，则官得催科之益矣。

立嗣：王政莫重于继绝，故欧阳文忠公有言曰：古有已娶无子以宗人之子为后，圣人许之，然必取其宗派之盛者。近也，不可以弟继兄，孙继祖，叔继侄；或者近无可立，则以远宗伦序相应者立之。盖王政不可不尊，家法不可不讲，名分不可不正，纪纲不可不立。故曰，观于家而知王道之易易也。诚得此意而修之，何能以有以坠于家政。

力业：凡为子孙当以礼仪为先，勤谨为事，无论士农工商贾，自宜守分安业。尚勤谨，家必富，身必安；习懒惰，家必倾，身必辱，此世之所必然也。若学习非义，穷盗赌博，暴戾乡闾，不孝不悌不慈不睦，纵鸡鸣而起，非所以为勤也。迨至败名丧节。亡身及亲，祸不旋踵，凡我派下，须以是为警省焉。

纪纲：乡党邻里，虽有异姓，俱属亲友，故相周相恤相扶相助，理所当然也。共属子姓可不深念乎。至若一等鳏寡孤独之人，贫穷痴蠢之辈，尤当倍加矜恤，细为调停。自今吾族凡有田地户婚被人凌逼者，合族务须竭力周旋，酌理协助，庶几得宗族之纪纲矣。又有不遵宗法横暴不肖之徒，或采窃田园偷摘瓜果，或恃泼恃酒藉势藉老，或交易踹蹴人货物，如此之类，为族中阜长，仍当不时提缉，日夜警身，无使滋蔓，以致将来不可救药。

积善：司马温公有言，积善书以与子孙，子孙未必能读；积金以与子孙，子孙未必能守；不如积阴德于冥冥之中，以为子孙长久之计。凡我派下，自当广行方便，多种福田，日效善良以遗子孙，则丰厚之至，富贵之来，祖宗积德之报，良不爽也矣。

婚姻：婚姻之礼，所以首人伦继后嗣也。古之择婚，以贤取妇。男大不婚，如劣马之无鞍；女长不嫁，如私盐之犯首。自古二十而嫁，三十而娶，男女之道得矣。今世俗家，不遵古训，婚姻之际，只问财礼，不问贤德，习俗浇漓，欲挽未由，吾派谨之慎之。

儒业：吾族居于乡里，人贫地瘠，无师友以相亲，无俦侣以互法，纵有聪明子弟天资过人，困难甚多。自兹以还，或父兄之有力量者，须延师训诲，苟有才智出类拔萃，即当送入经学，求名师指教督责成人。诗云：朝为田舍郎，暮登天子堂，将相本无种，男儿当自强。是有望于吾族之父兄与子弟者。

息讼：窃见今人偶因一言之忿不忍，或锱铢之利不均，辄然斗殴，甚至兴讼。夫我求胜于彼，则彼亦求胜于我，仇双相结，怨怨相绳，或以小事酿成大祸，以致自罹重罪迫禁图圄，苦不可言，父母忧戚，兄弟株连，妻子惊哭，朋友叹息，捐千金而身命难全，尽百计而无能解脱，破家荡产，延子孙而未已也。岂若含忍一时，退后一步，饶着一回，庶几安家乐业得康宁，使闾里称为善人乎。

育女：蝼蚁尚且贪生，禽鱼亦知惜死，类属鸟兽犹不伤子，况人而可无好生之德乎？慨自世俗浇漓，生男必庆；生女必忧，而且顿失生心，随意淹溺。忍心害理，莫此为甚。为父母者，务须保育，万勿蹈自生自灭自养自杀之戒。

尊谱：谱牒所载，皆宗族祖父名讳，孝子顺孙目可得睹，口不可得言。收藏贵密，保守贵久，珍重无失。每岁三月十六日祭祖时，宜会进祖祠，众看一遍，祭毕，谨如前。或有虫侵油污磨坏字迹者，族长合族众略加征警，另择贤能子孙收管，俾日后绳绳相继，斯为盛焉。

溪塔《蓝氏宗谱》1937年重修本所载畲族“家范”

尊祖宗：祖宗者，身所自出，犹水有源而木有根也。立祠宇以妥灵爽，营窀穸以藏形体，须朔望焚香洒扫修辑，春秋致祭，品物丰亨，则报本追涯，无忧后人之弗获福矣。

孝父母：舜之克谐，武之继述，他若蓼莪，致叹岵屺兴嗟，捧檄而喜，受杖而泣，从古孝子难以备述。为人子者，须念父母哀哀生我劬劳，昏定晨省致其欢，服劳奉养竭其力，愉色婉容，聚顺庭帏，承欢膝下，庶无参（疑）所生焉。

和兄弟：兄弟同胞共气，一身之手足也。王季因心则友，宋帝灼艾分痛，姜肱大被同眠，赵孝遇难争死，此皆兄友弟恭名垂青史。为兄弟者须念一本之义，宜笃壎篪之欢，式相好，无相犹，斯华萼相映，和气致详矣。

睦宗族：同乡共井之人，尚且守望相助疾病相护持，况宗族均一祖所出，岂可以途

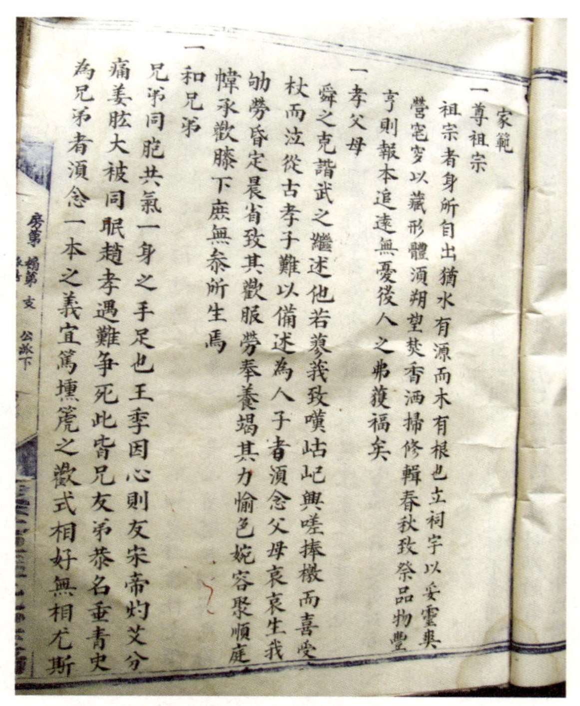

家範

一尊祖宗

祖宗者身所自出猶水有源而木有根也立祠宇以妥靈爽營宅穸以藏形體須朔望焚香洒掃修輯春秋致祭品物豐亨則報本追遠無憂後人之弗獲福矣

一孝父母

舜之克諧武之繼述他若蓼莪致嘆岵屺興嗟捧檄而喜受杖而泣從古孝子難以備述為人子者須念父母哀哀生我劬勞昏定晨省致其歡服勞奉養竭其力愉色婉容聚順庭幃承歡膝下庶無忝所生焉

一和兄弟

兄弟同胞共氣一身之手足也王季因心則友宋帝灼艾分痛姜肱大被同眠趙孝遇難爭死此皆兄友弟恭名垂青史為兄弟者須念一本之義宜篤塤篪之歡式相好無相尤斯

溪塔蓝氏宗谱所载“家范”片段(2014年)　　林新富　摄

人相视。诗云：岂无他人，不如我同姓。杜老谓：同姓古所敦，嗣宗诸子侄。故喜必庆，忧必吊，有无相济，患难相恤，勿以富欺贫，以贵凌贱，则宗族心安，而祖宗之心亦安矣。

务农业：舜耕历山，尹耕莘野，从古圣贤不废农业，天之时因地之利。手胼足胝，须殚终岁之勤；火耕水耘，当竭三时之苦。诚如是也，遗秉遗穗，仓箱自获丰盈之庆；多黍多稌，妇子可获宁止之欢。

崇勤俭：天地生财只有此数，当用而不用悭吝固属可鄙，不当用而滥用侈泰亦恐终穷。必斟酌得宜，量入为出，无太过亦无不及，斯缓急始有所资，称贷亦自可免。若暴殄天物，不知节制，后来贫穷，追悔莫及。

善治家：治家者必视诸子如己子，视所积如己积，衣均而后食。为夫者，勿听妇言以伤大义，为妇者，勿惑不协以乱姻族，父子熙熙，兄弟怡怡，上爱于下，下敬于上，垂教不怒而惧，干蛊不督而勤，婚嫁不奢，用度从约，岁时分给，各有定规。治家如是，富不能使之贫，和不能使之离，子孙绳守勿替斯言。

戒赌博：围棋双陆及一切戏耍之类皆足误人，而赌博为甚。盖赌博则内损己财，外蒙恶声，甚至破家荡产，笑鬼识贼，方正既不容，置身遂无地，子弟切宜戒之。

息争讼：俗语云，一代动纸笔，九代不相识。语虽浅俚，其理甚远，言讼之不可长也。古有让产让爵，虽不复见，独不能从容而论曲直于父老乎。族中凡有田园授受不明数目不清者，须先禀于族长，听凭公断，依旧平心静气，复归于好，勿致行苇践履之伤。

严闺门:《二南》之化，本于正家，正家之道先于刑，于妇人无非无仪，惟酒食是议，无父母贻罹。有三从之道，无专制之行。是以古称贤妇端庄静一，言不逾阃，行不逾阈，慎勿牝鸡晨鸣，以致家道之索。

在一些新修家谱中，既传承了传统族规，也增添了时代内容。如1997年重修的蟾溪《杨氏宗谱》所载“训言十则”：

守国法：民须爱国，国泰民安，纲纪应守，义务必争，服从组织，一德同心，拥护革命，矢志躬行，政策法令，切勿轻视，勉尔后裔，为国争荣。

励进仕：有进仕途，须重清廉，逢公不让，遇私必捐，不偏不徇，勿污勿贪，责既在身，泽民惟心，当法还诛，宜怀却金，勉尔后裔，矢志忠诚。

明义利：天地之间，物各有主，非吾所有，一毫莫取，俭约自持，安乐可久，以道求财，是非认楚，见利思义，廉名千古，勉尔后裔，严以慎守。

睦宗族：缅维宗族，水木一般，千枝万派，同一本源，无论远近，不计早先，相亲相爱，互助求全，公毅九世，懿范可瞻，勉尔后裔，古道长涵。

孝父母：凡人之心，本乎父母，未离怀抱，备尝劳苦，恩斯勤斯，惟恃惟佑，乌鸟反哺，羔羊跪乳，孝道有亏，百行难补，勉尔后裔，谨遵莫忤。

爱兄弟：孔怀兄弟，一本所生，手足相连，羽翼情深，兄当爱弟，弟要敬兄，埙篪同奏，和乐友声，周公同棣，田氏紫荆，勉尔后裔，非理毋争。

和夫妻：男女一德，人之大伦，珠联璧合，调瑟和琴，应娴内则，共襄家庭，无怀异志，不萌二心，齐眉举案，当法先行，勉尔后裔，相敬如宾。

序长幼：人伦大典，礼义皆明，长幼不紊，雁序分清，入孝出悌，有尊有亲，宜恭宜敬，勿坠伦声，今古遗沿，秩然不更，勉尔后裔，切戒乱行。

训子孙：子孙之善，教育为先，放孤邪侈，起于英年，贻谋燕翼，绳武象贤，学诗学礼，孝悌力田，少成劣性，习惯难捐，勉尔后裔，毋稍怠焉。

勤职业：天生四民，业各有常，士谋道艺，农务收藏，操作在工，贸易惟商，各食其力，各振其长，立身有本，何用有藏，勉尔后裔，毋怠毋荒。

乡规民约 乡规民约乃中国基层社会组织中社会成员共同制订的一种社会行为规范，是一种超越家族规范的社区公共规范。一些单姓村落，或者村落主姓的族规，也在相当大的程度上带有村规民约的性质和功能。

外洋村主姓徐，1988年重修《留洋徐氏家谱》，谱载圣喻广训十六条："敦孝悌以重人伦。各乡党以息争讼。尚节约以惜财用。黜异端以崇正学。明礼让以厚风俗。训子弟以禁非为。诫匿逃以免株连。联保甲以弭盗贼。笃宗族以职雍睦。重农桑以足衣食。隆学校以端士习。讲法律以儆愚顽。务正业以定民志。息诬告以全善民。解仇怨以重身命。完钱粮以省催科。"

蟾溪村主姓杨、吴，位于蟾溪村的《茶碑》于同治十年（1871）七月吉日立，共并列2通，分别为杨、吴二姓族人倡立，合二为一。今吴、杨各占1通。《茶碑》题刻清楚地记载着各自茶山地界以及各户捐资名录，反映了清同治年间（1862—1874）白云山地区村民在治村方面已建立了一套规约，茶园管理具有相当水平和意识。碑文曰："本村所有茶树递年立禁，防守窃采及放牧牛羊等，各户捐钱文置买田亩，以为长久计，亦盛事也。"

自20世纪80年代以来，穆云制定了一系列关于封山育林、禁赌、禁种鸦片、计划生育等方面的乡规民约。

附：穆云畲族乡乡规民约

为了维护我乡的社会和谐稳定，顺利推进社会主义新农村建设，促进全乡各项事业的科学发展、跨越发展，在广泛征求民意的基础上，特制定如下乡规民约：

1. 热爱祖国，拥护中国共产党的领导，遵守国家法律法规，执行党和国家的路线、方针、政策。

2. 认真落实《公民道德建设实施纲要》，遵守社会公德、家庭美德、职业道德、讲文明、讲礼貌、尊老爱幼、和睦相处，正确处理好公民的相互关系。

3. 坚持"六提倡、六反对"，树立"八荣八耻"，弘扬正气，抵制歪风邪气，敢于同各种不良现象和违法犯罪行为做斗争，严禁赌博、吸毒、封建迷信等一切违法和不健康的活动。教育好自己的子女在学校做个好学生，在社会做个好少年，在家庭做个好孩子。

4. 关心集体，关心他人，关注公共事业，商讨公共事务。积极履行公民义务，主动参与道路、交通、学校等公益事业的修建维护工作。

5. 维护乡容村貌，搞好环境卫生，美化生活环境，严禁乱倒垃圾赃物。严格保护土地、森林、水资源，坚决制止、查处各类破坏生态环境的违法行为。

6. 认真落实人口和计划生育基本国策，坚持科学、文明、进步的婚育观念，严格控制政策外生育，稳定低生育水平，提高人口素质，优化人口结构，促进人口长期均衡发展。

7. 推行殡葬改革，遗体一律火化，火化率达到100%，对偷埋乱葬的现象坚决制止。禁止骨灰装棺土葬，禁止以任何形式新建土葬坟墓。破除封建丧葬陋俗，倡导文明、节俭的殡葬新风尚。

8. 搞好安全生产工作，注意防火防盗，注意交通安全，努力把安全隐患消灭在萌芽状态。

9. 严格依法保护和完善旅游景点设施，杜绝各种破坏行为，发挥自然生态和“畲、古、茶、宗教”等人文资源优势，打响白云山世界地质公园旅游品牌。

10. 挖掘保护畲族民俗，弘扬发展畲医畲药，培养传习畲歌畲语，使畲族文化得到切实有效的活态传承、生态保护。

本乡规民约由乡政府负责执行，乡人大负责监督。对违反以上有关条款的公民，乡政府进行批评教育，情节严重的交司法部门处理。

本乡规民约自公布之日起执行。

礼仪风俗

人生礼仪

穆云畲族乡人生礼仪之俗，畲汉之间相差无几。桂林村《王祠宗谱》，于清嘉庆二年（1797）起稿重修，至嘉庆六年（1801）完稿。谱载主要的人生礼俗，包括冠礼、婚礼、丧礼、祭礼等，较具穆云地方特色。

冠礼 男子二十岁时要举行成年礼——冠礼。桂林王祠宗谱曰：“男子二十而冠，勗以成人之道。虽三加之礼废之已久，然亦不可太简率。先冠数日，求有才望者为之命字；届期，请族中高年德行兼茂者一人以加其冠。行礼，执事者进冠笄，尊者受之，至冠者前祝之，遂加冠笄。冠毕，引之先拜祖考，次拜父母，又次拜亲房叔伯，然后拜谢尊长。次早，通族叔伯致贺于其家。”进入 21 世纪后，冠礼习俗基本废弃。

婚礼 传统婚姻礼仪，习惯上有说合、送小帖、送大帖、送日子、送礼鱼、迎娶等礼酒花彩之类。桂林王祠宗谱曰：“娶妇则称家择配，将娶数日前，通族不论亲疏各送财物致贺。先期一日，启请宗族接嫁。至日，备早饭不拘席数，延请尊长；妇女则午饭一餐，妇入门而散。妇将至，尊长至大门外迎接，所以重其事也。及下轿，夫妇交拜毕，新人入房座席，新郎出外，无对坐共牢之礼。昏时自备佳期酒数席，请同辈后生饮，极

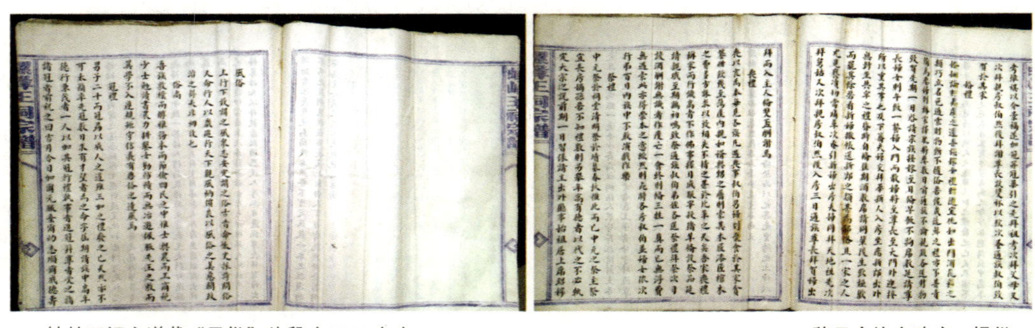

桂林王祠宗谱载“风俗”片段（2015 年） 穆云畲族乡政府 提供

欢而罢。其余若看新妇、撒帐、送新郎之类，甚为鄙俗，且一家之人尤见亵渎，切当痛革。次早，引新妇出房同拜天地、祖先，次拜舅姑，又次拜亲房叔伯，然后入房。三日，通族尊长拜贺，妇出拜而入，主人备双杯酬谢焉。”

丧礼　传统社会对于丧事一向是大操大办。桂林王祠宗谱曰：“丧以哀为本。每见各族凡遇丧事，叔伯男妇则聚食于其家，贪饕酣饮，几至荡产；内亲如婿与甥之属，则过其木匠漆匠棺木之费多方诛求，以致相失，不情之甚。吾家丧礼，称家而行，识高者不作佛事，择日成服，宰杀猪羊，备设祭品，延请亲戚。至期，鸡初鸣致祭，通族叔伯弟侄各送祭礼拜祭。次日，设酒酬谢。无识者作度亡一会，终则备三牲一奠而已，无浮费，无过索，此亦得崇本之意欤。然则死时各房叔伯并妇女依次行吊，内族中不敢演戏作乐。”

祭礼　桂林王祠宗谱曰：“中元祭于祠堂，清明祭于坟墓，春秋唯此而已。中元之祭，主祭宜长房嫡孙，若不知礼数，则另举年高有德者以代之，不必执定大宗之说。前期一日习仪，请主出外厅事，始祖居上席，昭穆各二房列左右。至期，鸡鸣击鼓三通，以集族众，然后行礼。祭毕，设酒散神，惠序昭穆，而礼之情文备举矣。”

节俗

元旦　即正月初一。桂林王祠宗谱曰：“元旦，晨起鸣锣一通，老少齐诣祖祠，俟人众皆齐，启椟对主各依次序立，四拜毕，然后出至前堂，老者在上，少者分旁，拜过尊长，拜毕，两旁弟侄又自相对拜，方散归拜寿、拜私年。”

元宵　正月十五。但民间的庆祝活动通常正月十四开始，正月十五夜达到高潮，此后还会延续三至十日不等。桂林王祠宗谱曰：“元宵日，十四夜至十七夜止，各家结鳌悬花灯，延僧于祠内设水陆道场，一昼夜居人游。尝间有好事者作驮故事，四邻丛集，填街塞巷，亦一方之快睹也。”

“三月三”　三月初三，旧传为踏青日，有青年男女春游之说。每年“三月三”，以荠菜（俗称猪哥孵）炖鹅肉，或荠菜炖猪小肠、荠菜炖猪肉，饮食可解热清毒、防治皮肤病。

端午　又称端阳节、五月节。节前，女婿照例要给岳父母送黄鱼，俗称“送鱼”。娘家要给外甥、外甥女送节饼、夏天衣物，俗称“送节”。端午节这天，左邻右舍的小孩簇拥到新娶亲人家，由新媳妇将五色彩线系到手腕上，俗称“记节”。传说五月初五是闽王王审知的忌日，福安等地曾经提前至五月初四过节。抗日战争期间，国民政府为纪念屈原又改为五月初五过节。节日当天须以菖蒲及艾叶饰作宝剑状悬于门两边，取避瘟疫去邪魔之意。桂林王祠宗谱曰：“端午节悬蒲插艾，家包角黍备祭品以祀其先。”汉族人家一般用竹叶、竹箨裹成锥状，并且备祭品祭祀先祖。桂林等村落有举行龙舟赛等活动。

七夕日 七月初七，古之乞巧日，有吃“七夕茶”之俗。这一天，农村家家炒花生、黄豆之类，分给小孩。端午节小孩手腕系上的彩线，这个时候剪下，绑在花生、黄豆上，扔到房瓦上，让鹊鸲（俗称十报信）、麻雀等啄食，俗称能增强小孩记性。如今年轻人将这天作为情人节，互相祝贺。

中元节 七月十五，俗称七月半。这天下午，家家户户设宴祭祀祖先并焚烧纸线，俗称“做半”。也有人家十二、十三或十四日做半。原来祭祖是合族在祠堂内共同祭祖（如桂林村《王祠宗谱》有此记载），天主教传入福安后，明崇祯七年（1643）、八年（1644）七月半穆阳缪氏合族（包括信教与非信教）在百岁街总祠内举行祭祖，从而引发长达几个世纪的礼仪之争，从此以后，各村非信教家庭七月半逐渐改在各自房屋内祭祖。

中秋节 八月十五，中秋节前亲友间晚辈要给长辈送月饼。中秋节的晚餐特别丰盛，合家团聚赏月吃饼，取意“月圆饼圆，举家团圆”。境内山村盛行“偷瓜盗果”过中秋的有趣习俗。民国以后，此俗不存，人们常在中秋节制作、悬挂各种新奇的灯笼，现在则举办猜灯谜等文娱活动。

重阳节 九月初九，民间有结伴登高的习俗。福安民众多登溪潭与甘棠交界的鹦哥山、晓阳与穆云交界的白云山、赛岐鳌锋山，以及仙岫山、天马山，穆云民众多就近登穆阳狮子岩。

冬至 民间在冬至日早晨有吃汤圆的习俗。俗有“吃了冬节丸，冬天不怕冷”之说。旧俗冬节期间祭扫先人坟墓，与清明合称春秋祭扫，今冬节仅存拾骨重葬之俗。推广火葬后，则不再拾骨重葬。

穆云畲族乡的岁时节事以“走八寺”“正月迎神”和“白云山歌会”最具地方特色。

“行八寺”礼佛 即“走八寺”，意喻“走八字”，即正月初八诸村信众结伴而行，步步莲花地，处处参佛堂，祈盼一年“八字好”，平安和顺，如意吉祥。一日要参佛于八座寺院，时间紧凑，多选佛寺相对集中之乡里。福安西部乡间亦热衷于“行八寺”，当地有“金五峰（庵），银普照（庵）”之说，即将位于康厝畲族乡的五峰庵（今为五峰寺）、普照庵（今为普照寺）作为“走八寺”的起点。而将位于穆阳镇的苏堤村积庆庵作为终点。西部村民“走八寺”时都要先祭祀村中神庙，如五峰庵坐落于彭洋村，该村有祭祀薛明月

（令之）的神庙，“走八寺”则由此庙燃香起始。而普照庵边有东岳庙，动身时则先祭祀东岳大帝。最后的终点站，除了“走”积庆庵外，还得到闻名遐迩的苏堤村“芙蓉宝殿”，即俗称“浮头宫”的五显帝庙里祭祀神灵。因此，“走八寺”在起点和终点要加上两座民间信仰的神庙。西部的“八寺”中包括位于穆云畲族乡的龙鸣寺（水尾庵）、净光寺（水昧阁）、万佛寺等。总之，除了首尾的寺庙不变外，其余寺庙则主要是就近选取。

正月迎神　迎神以宗族祠堂和村落及“境”为主，组成轮值醮头（首），主持祭祀活动，其中最著名的是正月十一穆阳镇街道迎显应王，正月十二康厝畲族乡苏坂村迎苏八公，正月十三穆云畲族乡桂林村王姓。桂林村共有10个宫庙，分别为奶娘宫、天后宫、忠平侯王宫、齐天大圣宫、温康谢元帅宫、五显大帝宫、黄三公宫、福德正神宫（做福，不做清醮）、虎马将军宫和林谢法主宫。每年正月奶娘宫、天后宫和忠平侯王宫都要前往祖殿祧（请）神，正月十三举行盛大的迎神赛会。近年游神前，王姓族亲分别结队到周宁杉洋村请林公大王，古田中村临水宫请陈靖姑，莆田湄洲岛请妈祖。根据路途远近，十二日赴周宁、古田，十一日赴莆田。前者请神后没有休息通宵达旦赶回穆云，后者住一夜后赶回。十三日上午巡游，游神队伍中有300多辆小车，许多为桂林村外出经商者。十三日下午在祠堂演出酬神戏，一直演到十五日元宵夜。十五日又在村中8座神庙轮流做醮。十五日在齐天大圣庙，十六日在五显帝庙，十七日在林公大王庙，十八日在奶娘（临水夫人）庙，十九日在林谢师公庙，廿日在虎马将军庙，廿一日在黄三公庙，廿二日休息一日，廿三日在翁、康、谢三元帅庙，每日清醮时间都从下午开始至午夜（原至次日凌晨）结束。

方言土语

穆云畲族乡的方言土语为福安话。福安话属于闽方言中以福州话为代表的闽东方言系统。闽东方言分南、北两个片区，福安话属于北片区。福安话以福安市政府所在地的城关口音为代表，通行于全市各乡镇。

穆云畲族乡内的畲族与汉族交往时说福安话，本族内部交际时说畲语。乡内畲语接近汉语客家方言，在语音、词汇、语法上又自有特点，含古畲语“底层”、客家话成分和福安话成分。畲汉间的交往互动日益频繁后，说畲语者渐少。

方言土语中，俚语、谚语、俗语最具地方特色，涉及家庭生活、耕作劳动、时令气候等方方面面，在民间口口相传的同时，兼具教化功能。

婚恋嫁娶

女大变绰（音“灼”，漂亮）男大变粗。

妇大十八变，上轿故（还）涉（一）变。

男毛（无）女财毛主，女毛男身毛家。

锣要鼓凑，男要女配。

涉马配涉鞍，涉女配涉男。

花配花柳配柳，破畚箕配柴帚。

牛郎织女成双对，牛头马面做翁（音“恩”）姆（夫妻）。

留男莫留女，留女要（音“喂”）挃（音“直”，在）在娘家做月里。

闲唐摸（男人）野诸娘（女人），钱未交米先量。

好女莫嫁鸦片鬼，好花莫插牛屎堆。

诸娘做风水，发你涉族人。

马俊（戏剧《梁祝》中人物）做新郎，务（有）轿扛毛人。

梁山伯祝英台，你先去我后来。

刘备招亲，弄假成真。

三人五眼侪人（众人）睨（音衣济切），长短与我媒人毛后话。

佬嫂（喜娘）佬嫂，袅袅娜娜。

新妇遘（音“教”，到）你厝，侪（音“齐”，跟）我媒人毛干过（关系）。

涉家养女百家求，涉人相得九十九人丢。

三骹蛤蟆毛处讨，十八女子对解（哪里会）毛（无）。

十八二十二，毛（无）食也务（有）味。

年嫩茶瓶，年大花瓶。

佬妈（音“马”，老婆）讨德莫讨色。

红裙扫（音“哨”）涉扫，务暝（晚饭）也毛昼（午饭）。

家兴置两犁，家败娶两妻。

钱又毛，色又贪；面又麻，空（窟窿，指嘴巴）又宽（夸夸其谈）。

唐摸（男人）三十当后生，诸娘三十佬妈干。

睨人田地睨坝头，睨人家势睨门头。

买田睨坝头，讨姆（娶妻）查宅头。

男性心轻做谪（着）苦，女性心轻大腹肚。

毛好亲不如做单身。

毛好夫不如食菜（素）做尼姑。

田园未种误涉冬，佬妈讨错误涉生。

男惊（怕）走错行，女惊嫁错郎。

有情有义《十里亭》，无情无义《百合桑》。

讨佬妈故（还）赢雇长年。

诸娘事问单身哥，京都事问乡下老。

我莫嫌你箩疏，你也莫嫌我米碎（音“菜”）。

謷（音逆投切）妻拗（音鸦孝切）子毛药可治，叫伊布田偏去耙地。

白糖衔饭饲（音初记切，喂）你食故（还）嫌我嘴臭。

夫妻相处

男爱女挂嘴边，女爱男透心肝。

夫唱妇随度光阴，莫让父母再操心。

务姑务姑丈，毛姑野和尚。

务妻务人管，毛妻行（音记严切）暗暝。

翁姆（夫妻）拍（打）争（音“簪”）家常事，叔婆莫管孙新妇。

神仙难判翁姆情。

翁姆同心共出力，再穷也务出头日。

翁姆翁姆，床头拍（打）床尾倒。

竹箨（音“托”，笋壳）拍佬妈，见响未见忝（音他镜切，疼）。

大汉惊佬妈，知县惊奶（音那蚕切）奶（音你矮切，夫人或如夫人）。

衣裳爱新人爱旧，毛竹爱老茶爱幼。

接亲排涉阵，拜堂长（音低杖切。剩）两人。

亲上加亲，涉重袷（音“甲”）袄两重亲（衬）。

世间劝合不劝离。

马匹卜博妻，佬妈没（音模袋切）故要（音“喂”）赔鼓。

长索难搓，长寡难守。

十八岁的（音希益切）珠团（女孩），正出炉的戚公饼。

毛团难留守寡妈。

单身哥当衣过年，守寡妈长（音低杖切，剩）钱买田。

十诶（个）单身九欠债，十诶寡妇九收租。

六月日头毒，后奶拳头毒。

猪㹀（母猪）爱苋菜，丈奶（岳母）爱囡婿。

尊老爱幼

山高遮不住太阳，势大压不倒爹娘。

兵随将，团随娘；务后叔，务后娘。

侪二（自己）团女，涉（一）块肉粘涉块血。

猴团猴好舐，獭（音“蕾”，立海切）团獭好舐。

大舐细，心肝肉；细尊大，咬你肉。

祖婆舐大孙，娘奶舐细团。

舐团心头舐。

老鸦（乌鸦，白颈鸦）白目（音“墨”，瞎眼）团衔虫，不孝团孙伓是人。

田螺养团三分命，娘奶饲（音粗意切，喂）团也涉样。

生奴功劳未算大，养奴功劳大如天。

奶忖团牛毛密，团忖奶牛角疏。

十月怀胎娘辛苦，幼团毛乳（音你店切）难过暝。

团嫩涉段苦，团大做财主。

拍在傀儡（音“贵累”，小孩）身上，忝（音他镜切，痛）在娘奶心上。

傀儡（小孩）毛假病。

三岁傀儡务人抱，七十太婆毛人牵。

苗壮靠肥水，团壮靠乳（音你店切）水。

日头光大，父母恩大。

厅堂家椅轮流坐，先做新妇后做婆。

八十公婆难寻找，三岁儿孙对解（哪里会）毛。

堂上公婆是活宝，何必灵山拜弥陀。

知许（音“熻”，希益切，得）世事年又老，知许孝顺父母亡。

莫笑他人（音“仁”）老，终归轮遘（音“教”，轮到）我。

佬人不讲古，后生未详（不知）苦。

佬人傀儡意，毛食就叹气。

太婆茶盘挟胳络下（胳肢窝），硬讲乞（被）人偷去。

太婆过冬涉年不及涉年。

宁遭父母手，莫犯父母口（诅咒）。

敬老尊老得福，下田拔草得谷。

好言好语算孝顺，少食少颂（穿）也甘心。

欠债问财主，不孝问父母。

珠团半孝，新妇全孝。

婆媳好，无价宝。

生前不言孝，死后放火炮。

好头不如好尾，好生不如好死。

山中难留千年树，家中难留百岁人。

今日未详明日事，上床未详下床眠。

必（腹）详（知道）解死徛（音起夜切，站）过暝。

既死莫差涉工活（谐音涉双袜）。

生毛阵（丁）死务人（亲戚朋友）。

饮食文化

千辛万苦，为这腹肚。

田靠肥力，人靠饭力。

伯夷叔齐，食为头题。

食爹饭颂奶衣，未详（不知）劳苦笑眯眯。

男食虎相，女食鼠相。

宁作涉人饱，莫让两人饥。

食对（哪里）水，讲对话。

食曹操饭，做刘备式。

食涂（音他吴切，土）用涂，死去还涂。

涉升米落鼎（锅），十二样家私齐全。

毛煮饭人，对务（哪有）人生（音“掺”）米掏嘴咬。

要食鲜鱼去海边，要食蟠桃上西天。

食要（音“喂”）佬公（老公）佬妈，做要千军万马。

乞亏（辛苦）做，快活食。

心忖香菇，箸挟木耳。

先食后算，不如先算后食。

白酒红人面，黄金黑人心。

酒要食呖（得）醉，官要做呖（得）贵。

酒醉心头定。

好酒淀瓮底，务钱毛处买。

食要（音“喂”）食好酒，拍（打）要拍好汉。

空心酒莫食，快活涉工（天）；竹（年）头卦莫做，快活涉年；细娘莫讨，快活涉世人。

酒醉人不知，难辨姐共姨。

涉缸难酿两种酒。

宴席毛酒难起令。

买酒争瓶头，食酒满桌流。

务钱人食笋，毛钱笋食人。

挟肉莫挟大，挟大都是骨。

口动三分力。

勤俭持家

涉日省涉把，三年买头（匹）马。

早出又晚归，三年长（音低杖切，剩）涉头猪。

腹（必）详省，省年头；未详省，苦年兜。

浪费毛底洞，节约聚宝盆。

未当家，未详柴米贵。

蟛蜞涉顿，蝼仔涉顿。

涉床傀儡（小孩）都是骹，涉顿毛食叫喳喳。

天下英雄汉，不及四两饭。

多趁（赚）多食，少趁少食，毛趁（赚）做乞食（乞丐）。

壁上画桃真好晛，壁上画饼难充饥。

肝气逆，腥肚拍噗噗。

穷人真毛福，食了肥肉又拍腹（拉肚子）。

务钱工工节，毛钱节节空。

三斤萝卜四斤盐，凭你熇（音克河切，指鼾声）。

胆嫩食萝卜，胆大食牛肉。

牛肉酒，台上戏，伓食伓晛去半世。

食饱牛肉炒粉干，食雅刣鸡刣鸭炒。

长年毛食祭灶酒，先生（教师）毛食冬节（至）丸（汤丸）。

蛋（乱）来蛋（乱）去趁（赚）嘴蛋羹啜。

务油石团（石头）炒也务味，毛油煮菜——白熇。

大食大喝，老来毛家发（家眷）。

涉顿食涉桶，行（音记严切）路要（音“喂”）人送（音涉港切）。

务奴玛（父亲）何必佮（音“甲”，合）叔厝食。

饿死伓食猫咪饭，寒死伓颂（穿）妇人（音“仕”）衣。

三年饥荒，伓断人客顿；三顿毛食，伓断乞食米。

地理常识

涉（一）重山，涉重人，涉样米谷饲（音粗意切，养）百样人。

车岭车上天，牛岭爬三年。

猫（麻）岭过去泗花桥，语音不同心也焦。

晓玿出娘娘，谷口出国舅。

灯火毛油攮（音“瓢”，捻）起光，晓洋神戏透天光。

八斗南山下，鸡叫两省三县都听遘（音“教”，到）。

上山葛纸（粗纸）利溪笋。

牛山湾软篓山后篮。

福安好穆阳，宁德好西洋，寿宁好南阳。

骨壮穆阳伞。

釉好（溪东）瓮窑硋。

签鱼出白鹤（潭），黄瓜（大黄鱼）出官井（洋）。

甘棠好水蜊，赛岐好咸泔（羹）。

甘棠务城毛涉官，黄岐毛城七门关。

去县斡（音“瓜”，经，逗留）林庐。

后楼木板金钟炭。

东洋人驮柴板睨（音衣济切）单爿。

后楼人量板睨单爿。

寨下柿枣宅里蓎。

毛衣毛粮，难过柘洋（枯荣）。

行（音记严切）南莫走北，莫走泰顺寿宁角。

岁时节气

田人知季节，鱼虾知晴雨。

立春晴（音纱谈切），不见晴；立春雨，不见雨。

未惊蛰先霆雷，七十二日云不开。

“二月二”笋驮地，“三月三”蕨（音“国”）上林（音“兰”）。

三月清明早浸种，四月立夏晚布田。

三月二十三，北风吹去南，毛钱也务担（收成好）；南风吹去北，务钱买糠（收成差）。

清明下重霜，谷雨寒烂秧。

谷雨寒死佬鼠，立夏寒死佬奴玛。

立夏齐人（所有人）都毛闲，缠骹（音克加切）诸娘（裹脚女人）也下田。

未到立夏莫讲热，未到冬至莫讲寒。

四月八，白龙仔祭墓送鱼节（雨冰雹）。

白龙团睨娘奶，黄瓜挂在门兜角。

芒种做祸（雨）火烧溪，夏至做祸滥透鞋。

祸落小暑头，羡（音多鸦切，旱）死黄秧焯（音“托”，烫）死牛。

布田布夏至，割来毛够饲（音粗意切）猫咪；布田布到大小暑，割来毛够饲佬鼠。

上昼（上午）朵朵云，下昼热死人。

立秋南风旱，连晴（音苏寒切）十八工（天）；立秋雨绵绵，连雨十八工。

处暑日暖夜凉，白露日凉夜暖。

白露天气晴，谷米白如银。

九月立冬正起工，十月立冬满洋空。

九月九，日头贴山走。

九月雷公发，明年务麦割。

冬至祸，年兜（年底）晴（音苏寒切）；冬至晴，年兜祸（雨）。

潮水务定人毛定。

红云日落山，曝死鱼涉潭。

天光（拂晓）睨东南，暝晡（晚上）睨西北。

六月初一祸，涉滴生九虫；六月六祸，涉滴治九虫。

毛雪年虫偭（音西丽切，多），务雪年虫少。

大稻过暑，罔（音莫往切，越）热罔旺；小麦过冬，罔寒罔青。

春争日，夏争时。

春天伓戴笠，走你骹（音克加切）筋直。春天伓带棕，逃祸去涉工。

春雷引暴雨，三工三落雨。

春雪灾，冬雪宝。

涉场春雨涉场暖，涉场秋雨涉场寒。

云遮中秋月，雨打上元灯。

秋天东风稻生芽，冬天东风雪满山。

冬寒皮上过，春寒寒入骨。

立冬涉场透暝祸，田园结实也难收。

气象辨识

日出白茫茫，祸来水满塘。

日落云里走，祸值（在）半暝（半夜）后。

日落颜色黄，明早（日）大风狂。

日落胭脂红，毛祸也务风。

天星排八斗，水牛欢喜潭里走。

天光日出烧半边，大祸就在六七天。

天光出红霞，暝晡水流柴；暝晡出红霞，毛水难烹茶。

云对（哪）起，祸对落。

十月初见晴，柴草堆成山，十月初见雨，务米毛柴煮。

早霞莫出门，晚霞走千里。

雷在云里霆务祸，雷在云头响莫忖祸。

雷拍昼，祸就遘（音“教”）；雷半晡，祸暝晡；雷拍暝，祸（雨）半暝（夜）。

雷公先唱歌，务祸也不多。

天光（拂晓）霆雷，祸做连台。

久雨见星光，明早（日）祸更狂。

云来西南晴，云来东南祸；云来东北阴，云来西北寒。

天上堆堆云，地上祸重重。

东风雨，西风晴；南风暖，北风寒。

十月出虹（音克顺切），毛祸毛风。

十二月出虹，棉衣怀用颂。

虹出东方心安定，虹出西方送人命。

阵雨出虹风送雨，晴天出虹曝半死。

鸡鸭早进薮（音“秀”，窝），明日祸难求。

晴天蜜蜂早进窗，雨天鸡鸭晚入笼。

蜻蚜（蜻蜓）成群舞天空，未遘三日祸蒙蒙。

涂（泥）鳅跳水，近日务雨。

黄蚁搬家祸飒飒。

白蚁飞进楼，大水逼人愁。

猪跳栏、佬鼠拖尾务水灾。

乌龟上楼做大水（发洪水）。

双礁拍流，直荡潭头。

宗教文化

佛食馒头钟受罪。

将这涂（土）塑这佛。

急时投闾山。

平时怀点香，临时揽佛骹（脚）。

南极未注生，北极先注死。

天上抛（翻）畚斗（筋斗），也要（音“喂”）地下落骹。

乞食笑佛闲人。

神宫庙观，各人涉（一）半。

塔，和尚叫墓；寺，和尚叫厝。

做福忖修宫。

宫庙供猪头——务主。

迦蓝公当家，记出怀记入。

乡乡务土主（地），户户务社神。

神莫乱请，香莫乱点。

你务神仙法，我务鬼画符。

奶娘（陈靖姑）抱团各人（别人）解（音举蟹切，的）。

妈（“马”）祖婆眩船——弄人惊。

观音也落十八难，菜篮担水上高山。

神仙难算五谷价，神仙难念生意经。

火烧元宝店，土地公发财。

土地拔长坑鬼，你拔来伊拖去。

敬神如神在，未敬也毛碍。

和尚和尚三十六样。

和尚毛大细，晛（音衣济切）谁（音底能切，即“底人”的合音）来昄（的）快。

和尚拍（打）死人，庵食监也食。

和尚务德侪二得，俗人务德团孙得。

和尚偷食肉——破戒。

和尚买团——两用。

穆云美食

乌米饭 每年农历三月初三，是畲族的乌饭节，在这一天，畲家人都要做乌米饭，全家一起吃或者送给亲朋好友，并且通过办歌会唱山歌来庆祝这个节日。

畲族乌米饭（2014 年） 丁立凡 摄

畲民先从山上采来野生的乌稔树的叶子煮汤做乌米饭，所以乌稔树叶也叫乌饭叶。畲民采来乌饭叶后，捣烂，用布包好放到锅里浸着煮汤，汤煮好以后，捞出布包，倒进糯米浸泡，糯米是白的，乌饭叶煮出的汤是黑的，几个小时以后，糯米被乌饭叶汤染黑，再把糯米捞出来放到木甑里煮熟，畲家人最爱的乌米饭就出炉了。

因为乌饭叶有防腐和开脾的功效，所以把乌米饭用苎麻袋装好，挂在通风阴凉的地方，可以放很久都不变质。吃的时候加上猪油热炒，更是香飘四溢。畲家人常常说："一家蒸饭十家香。"新鲜出炉的乌米饭色泽乌黑发蓝，带有油光，香软可口，味道鲜美。

菅叶粽 端午节前夕，穆云畲族乡家家裹粽子，用粽子馈送亲友过端午节，其中畲家包裹的菅叶粽最为有特色，且味道软糯，为人们所称道。

畲家吃菅叶粽过端午（2015 年）

不同于汉族家庭常见的用竹叶包成的三角锥形的"狗头粽"，畲家菅叶粽，是用五节俗称"菅"的叶子裹粽，包出的管状粽子，又称"枕头粽"。菅叶叶厚而质地坚韧，不易破裂。在端午、夏至节日前，畲家民众用菅叶包裹加工过的糯米，再加草木灰淋出的碱水去煮，煮到烂熟（即福安话“并胶”的程度），在端午或夏至日吃。

舂捣鼠麴糍（2014 年）

鼠麴糍　在每年的清明节前后，穆云的畲家人有吃鼠麴糍的传统。鼠麴草，本地方言称“吹竹”，于清明或“三月三”采鼠麴草的花、叶合糯米饭舂捣，即可制成鼠麴糍。李时珍引陈日华《本草》言“鼠麴调中益气，止泄除痰，压时气去热嗽，杂米粉作糗食甜美”，因此，鼠麴糍有消积、化食、祛病的作用。市场上出售的鼠麴糍，多是用浸泡过（草灰制成的）碱水的粳米制作的黄碱糍。

扁肉　穆阳扁肉闻名遐迩，尤以桂林村扁肉店制作的扁肉为佳。桂林原名卓家坂，所以又叫卓家坂扁肉。卓家坂扁肉好吃因为：手擀的皮子薄如竹膜，下入沸水锅中顷刻即熟，透明得只见肉馅，不见其皮；其馅由鲜肉细剁久捣，如胶泥，煮熟后咀嚼时有韧感。当今的扁肉皮多为机制，肉馅多用绞肉机碾出，制作速度是快了，但其皮厚，其馅无韧感，自然不如手擀的皮、棒捣的馅了。卓家坂的扁肉之好吃，就在于优质面粉和手上功夫。

桂林村村民制作穆阳烤肉（2014 年）　丁立凡　摄

穆阳烤肉　最初，穆阳烤肉是闻名遐迩的桂林拌面扁肉的佐料，味道独特，很多外地食客慕名而来。20 世纪初，王灼生为制作更加醇香的扁肉佐料，无意中研发出穆阳烤肉的制作秘方。在一次家常便饭中，他偶然吃到放了好几天的红烧肉，红烧肉因为水分蒸发，部分变干，但肉质细嫩，香气四溢，越咀嚼越有滋味，尤其是瘦肉部分味道极佳，肉香与酱香的味道搭配在一起，醇厚可口，味道独特。

由于肉嫩且有劲道，味香且颇鲜美，入口后越嚼越有滋味，久而久之，这种作为拌面扁肉佐料的穆阳烤肉逐渐独立出来，和桂林村拌面扁肉店一起声名远播，在食客中流传开来。经过几十年的摸索改进，穆阳烤肉已经具备了完善的配料系统，独特的工艺，很好地保留了肉的香味和鲜味。成为一种绝味美食，受到越来越多人的喜爱。

穆云特产

刺葡萄 参见本志“旅游胜地·穆云畲族乡生态旅游区·藤蔓千里葡萄沟”。

水蜜桃 参见本志“旅游胜地·穆云畲族乡生态旅游区·阡陌掩映蜜桃园”。

雨伞 穆阳雨伞久负盛名，以其骨架不蛀、经久耐用而远销省外，人称“骨壮穆阳伞”。以前穆阳雨伞原由各家手工作坊制造，1955 年成立穆阳雨伞生产合作社以后，分工的专业化十分明显，从工作地点来分，有制伞和造棉纸两部分，制伞安排在穆阳街头，造棉纸则在苏堤下磨柿浆、绘画着色、涂桐油、装伞把。从工种来分，有制伞骨、伞柄的竹活，有制伞头、伞毂、伞把的木活，还有捻发线、纱线的女工活。

制伞骨的毛竹（楠竹）固定向某些村落订购，因为毛竹制品是否会被虫蛀，跟竹山的向背，水土有关；制伞柄的茶杆竹则要求大小一致。制伞骨是半手工半机械完成的，伞骨承接撑竹片的槽、伞骨、撑竹片的孔皆以半机械的方法挖或钻完成。伞头、伞毂、伞把的木头，不论“车”圆还是钻孔，伞头、伞毂承接辐条般的伞骨、撑竹片木槽的推挖，也是半机械完成的。这些半机械皆是人坐在木架上双脚踩踏轮子带动刀具转动或进退而完成。柿浆是由生柿榨汁而成，生柿多拣生长时掉落的。桐油则用熟油、生油难干，熬桐油还要用催化剂，并要根据每日需要涂布伞纸的数量来熬制。绘花与刻字是需要一定绘画水平和文字功夫的，绘花是用毛笔蘸墨汁直接画到伞面上，雕刻则是由师父以刀代笔在雨伞竹柄上刻出顾客所要刻的文字。造棉纸的道理与制宣纸的道理相同，不同的是制宣纸用檀树皮，造棉纸用葛藤皮而已。随着岁月的推移，穆阳竹伞已退出市场。

洋坪村村民制作穆阳线面中　　丁立凡　摄

王楼村放养的土鸡（2014 年）　　林新富　摄

线面　苏堤村是福建省闻名的线面专业村。全村 600 多人从事线面生产，年产线面 7 万多担，产值 3500 多万元，纯利润 1500 多万元。所产线面畅销省内外，并在天津、江苏及浙江等地开设十多个线面批发市场，形成了线面定点生产、统一收购、专业队伍销售的一条龙体系。苏堤线面一煮就熟，久煮不糊，筋剪就断，搅也不乱，晶莹如玉，柔韧滑润，嚼不粘齿，是纯天然美食。

以前制作的线面多为缚头面，其成品分成一束一束。不切断，绾成 60 厘米长，而后用红线扎住“头部”，一束称一“指”，大约八“指”重一公斤，这就是传统的“缚头面”。因“面”与“命”谐音，民间在过生日时煮线面煎蛋，寓长命与团圆之意。

地瓜粉丝　穆云畲族乡玉林村的农家土特产。每年初冬是地瓜收获时节，村民将堆积如山的地瓜洗干净，放到擦板上推擦成地瓜丝，然后把地瓜丝放到大木桶里漂洗，除去杂质，从中提炼出淀粉，置篾席上晾干，制成雪白的地瓜粉。地瓜粉加水匀拌成浆，蒸熟成糕后，刨成丝晾干即成粉扣。粉扣煮熟后丝丝分明、晶莹剔透且有韧性，深受消费者欢迎。

土鸡　又叫本地鸡、草鸡、笨鸡，是放养在山野林间、果园的肉鸡，具有耐粗饲、就巢性强和抗病力强等特性。从外观上看，土鸡的头很小、体型紧凑、胸腿肌健壮、鸡爪细；冠大直立、色泽鲜艳。土鸡皮肤薄、紧致，毛孔细，肤色偏黄、皮下脂肪分布均匀。土鸡烧好后肉汤透明澄清，脂肪团聚于汤汁表面，有香味。龟凤村、温岩村等村落发展林下经济，在果树下、树林间散养土鸡，以草、虫子、谷类为主食，活动空间大。肉质结实、鲜美，富含蛋白质，健脾养胃，深受消费者喜爱，自然环境下生产的土鸡蛋同样是天然绿色有机无公害，富含蛋白质和维生素，是访亲探友的馈赠佳品。

夏凉葡萄沟（2006 年）　　张玉文　摄

名人与名乡

福安在南宋淳祐年间（1241—1252）始立县置，关于穆云畲族乡最早的记载也始于宋。自宋始，穆云的名人不胜枚举，其中有对建立福安县有功的郑寀，被誉为“宋末诗人之冠”的谢翱，亦有抗日战争、解放战争时期为国捐躯的仁人志士等。近当代以来，更有本埠或外乡的名人在这片土地留下精彩的印记。

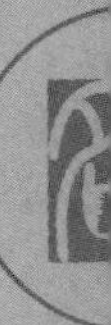

历史名人

郑寀（1187—1249） 字伯亮，一字载伯，号北山，宋绍定二年（1229）黄朴榜甲科进士，官至端明殿学士侍御史。长溪县穆阳福苑利湾（今穆阳镇与穆云畲族乡一带）人。据谢氏谱记载，谢翱故居与郑寀家对面。穆阳三贤之一，与缪烈、谢翱同祭祀于坐落穆阳镇区的仰止祠。父郑之明，封赠承务郎，与妣合葬穆云畲族乡大莲村后山，此墓为福安市古遗址保护文物。隆坪村保留郑寀原配阮氏墓志铭，其夫人薛氏系开闽第一进士薛令之十二世孙官至左司郎中的薛恋之女。郑寀六代孙郑万四公，于元至大元年（1308）迁穆阳西铭（今康厝畲族乡西铭村）。

宋绍定二年（1229），登甲科进士，初绶隆兴府（今江西南昌市）推官。执法公正，不畏权贵。淳祐元年（1241），参加馆试后升为秘书省正字；宰相史嵩之遣人笼络，郑寀不予理睬。一日早朝在奏对时说："国家败坏已极，以权谋私非一人，祸酿非一日也，不光当权者之罪，此乃皇上贪欲之心未泯所致也……"，深得理宗嘉许。后任校书郎，转调为著作郎，又升右正言官兼侍讲。后又调为侍御史，再奏《正名器疏》，升左谏议大夫兼侍读。

宋淳祐五年（1245），长溪西北乡申请析县已二十几年，因县治选址悬而未决。郑寀力主县治设韩阳坂，呈诗理宗曰："韩阳风景世间无，堪与王维作画图。四面罗山朝虎井，一条带水锁龟湖。形如丹凤飞衔印，势似苍龙卧吐珠。此处不堪为县治，更于何处拜皇都。"理宗阅后，深为感动，便御批"敷锡五福，以安一县"，于是析长溪县西北乡地建福安县，县治设韩阳坂。

宋淳祐七年（1247）七月，郑寀为端明殿学士同佥书枢密院事。《宋史》评论郑寀和师雍都是正人，而意不合，至各袒所说，这也是君子的过失。郑寀还未正式请辞职，便急于求去，旨下仍以原职为临安府洞霄宫提举，赐衣带鞍马，未辞职而赐行，此为特殊礼遇。

宋淳祐九年（1249），授资政殿学士，常伴理宗；一日闲谈时告诉皇上家居长溪县北山，建有澄庵；理宗御书“北山澄庵”赐他，并作诗题扇送行，诗曰：“秋思太华峰头雪，晴忆巫山一片云。去国时来犹未得，诗篇遥赠北山君。”同年，郑寀去世，赠通政大夫，葬于福清县宁德里。福安首任县令郑黼因他建县有功，在县治南面的南山峰下建祠纪念他。明万历《福安县志》载：“北山行祠，祀端明殿学士、提举洞霄宫郑寀。南峰、穆洋皆祀。”今有郑寀雕像立于福安城南天马山麓。

谢翱（1249—1295） 字皋羽，又作皋父，晚号宋累，又号晞发子。出生于穆阳樟南坂利湾（今穆阳镇与穆云畲族乡一带），钥之子。谢翱的曾祖谢景晖“肇基穆水畔”，父谢钥“居樟南坂利湾，与郑先生寀家居对面”。谢钥，字君启，性情致孝，居母丧，哀毁庐墓，终身不仕。师从同乡人缪烈，被缪烈招为女婿，研习《春秋》，并著有《春秋衍义》十卷、《左氏辩证》四卷。

谢翱为人雅好山水，所到必选胜游览，题情赋咏。咸淳初，赴临安参加科举试进士，不中。咸淳三年（1267）写成《宋祖铙吹曲》12 篇与《宋骑吹曲》10 篇，元代诗评家吴莱曾称赞“文句炫煌，音韵雄壮”，被太常乐工拿去演习。不知何故落魄在漳、泉二州，因流离失所而又迁归祖籍浦城九石渡观前村。当时，临安已被元军攻占，南宋政权将近灭亡。当谢翱知悉文天祥在南剑州（今福建南平市）建立都督府，就变卖家产，招募乡勇数百人，前往投效。文天祥对《宋祖铙吹曲》早有耳闻，见其感义而来，激动万分，直接任命为咨议参军。跟随文天祥转战漳、梅、赣诸州，一路进军，势如破竹，接连收复会昌等许多县城。元朝政府颇为震动，即令大军分水陆南下。潮州一战，宋军大败，文天祥被俘就义。谢翱改称粤人，自号晞发子，携带文天祥生前所赠玉带砚，流亡浙江永嘉、丽水一带，对元消极抵抗。先后在越山、西湖等地，组织了具有浓厚政治色彩的“月泉吟社”“汐社”等诗社；联合一批南宋爱国知识分子，互相唱和，抒发亡国之痛。

元成宗初，约 1295 年，浪迹一生的谢翱最终定居杭州西山，同时娶刘氏为妻。次年，不幸因患肺病去世，享年 47 岁。友人方凤，弟子吴思齐、方幼学遵照遗嘱将他安葬在子陵台南。其后，弟子吴渭买田修造“月泉精舍”敬奉祭祀，祠名“晞发处士”。人们纷纷赴场以诗文殉悼，并捐建“许剑亭”以示纪念。

谢翱一生辛勤笔耕，著述有集百余卷皆散佚，诗传于今者约 200 余篇。南京图书馆馆藏有《许剑录》《晞发集》两部。“国家不幸诗人幸，话到沧桑句便工”，时事造就了他的诗文高度，他用诗歌来表达对祖国的热爱和对民族的忧虑。明清两代不少文学家都对谢翱气节和文学成就给予很高的评价。明代杨慎誉之为“宋末诗人之冠”;《四库全书提要》评价“诗文桀骜有奇气，而节概亦卓然可观”。至今其传世之作仅存《晞发集》10卷、《晞发遗集》2卷、《晞发遗集补》1卷及《天地间集》《登西台恸哭记》。

明万历四十七年（1619），福安知县张蔚然建“三贤祠”，春秋祭祀薛令之、郑虎臣、谢翱三贤。从此，“福安三贤”即成定说。他与外祖父缪烈及父亲的挚友郑宷，被祭祀于“仰止祠”，列为“穆阳三贤”。

王朝佐（1452—1518） 字克用，号素庵，明代卓家坂（今穆云畲族乡桂林村）人。生于明景泰三年（1452），卒于明正德十三年（1518）。父王昌，为教谕。王朝佐曾两次科考都不得志，遂放弃出仕的念头，隐居桂林村郊的螺峰山下。

他虽科举不中，但博通《易学》，并有斐然成章的才华，后被督学发现，将他补入弟子员，却被他辞谢了。他隐居，以教育为业，收徒弟传授学识。不论学员天资如何、能力如何，有教无类，他都能极其耐心地给学生讲解、解惑，回答提问。

处世上，他常常训导子孙崇尚俭朴生活，不去侍奉佛教徒。桂林村以王姓为主，村内王氏族人有是非难辨的纠纷事情，便上门找他评理仲裁，他都能公平、公正地处理，使双方气愤而来，谈笑着和气离开。于是，村内人家每有张罗大摆宴席，都邀请他去当上宾，但他从不赴宴。故里都以他为有才德之人。明万历《福安县志》载:“王朝佐，字克用，卓家坂人。教谕昌子，通易学。两试不偶，超然有嘉遁之志。督学赏其文，令补弟子员，资以廪饩，辞不受。退隐螺峰，教授生徒，有叩不问能否，悉心以告。训子俭泊，不事浮屠，族有曲直，赖以取平。有司请宾席，辞不赴，乡论重之。”

王九韶 字尚乐，号凤庭，卓家坂（今穆云畲族乡桂林村）人。廪生，于万历三十七年（1609）乡试第十四名举人，万历四十五年（1617）任归化（今明溪县）教谕，旋升兴安（今广西桂林）令，官至湖广茶陵知州。

王九韶本质精诚，待人真心。于归化任职教谕，教化出众多的有学问贤才。于兴安当县令，深受百姓爱戴。于湖南茶陵任知州，因地制宜，普遍施行农事，使当地的资源得以开发，经济得以发展。任满归家后，与家乡的父老结集，组织成立“茗社”。乡里人越发敬重他。由于王九韶本分循规，政绩突出，明熹宗朱由校于天启六年（1626），下诏书评价道:“加意育青衿，化宏棫朴；推心置赤子，泽遍桑麻。”此诏书现存在螺峰王祠。他逝世后，列为乡贤被春秋祭祀。《福安县志》人物篇有记载。民国《明溪县志》

载："王九韶，字尚乐，号凤庭。福安举人。来署教谕事。为人宽和。其教人以行己立身为本，文艺次之。士有贫者，不取其贽，且捐赀以赒之。升广西兴安知县。邑人士为立碑，以志其德。"

刘绍基（1812—1869） 字步衢，号仰山，清监生、太学生，福里村（桥溪）人。卧虹桥的首要倡建者。

卧虹桥，位于桥溪村的古道溪面上，是过去的闽浙交通要厄，经此桥进入福安城关比绕道穆阳，能节省约一半的路程。《福安县志》卷之四《山川》详载："卧虹桥，在十六都桥座头。《续志》：名天人桥，凭空结构，高百尺，上覆以亭二十余间。咸丰四年（1854），监生刘绍基等倡建。"

桥座头，一名桥溪，即福里的旧称。村舍以卧虹桥为起点，沿着桥头的溪流两岸建造。卧虹桥原名"天人桥"，旧桥是座大跨度的古廊桥。据县志记载，桥上连续覆盖有亭二十多间，供过往行人休憩之用。

据说，当时春夏汛期，山洪汇涌溪中，飞涛怒沫，舟楫不敢下渡，行人滞留两岸，只能对着溪洪长叹。刘绍基组织发动村民，鼓动周边村落和长期往来此间的商贾、甚至姻眷亲家，终于在咸丰四年（1854）建成了卧虹桥。从此，天堑变通途，远近行人得到便利。

后来卧虹桥毁于山洪，新修为石拱桥，系福里村郑本仕、刘干明等人士于2009年5月18日筹划倡建开工，于2010年6月28日竣工。

刘绍淇（1833—1902） 名皆春，字卫水，号竹轩，行嵩四。清按察司照磨衔，例贡生，桥溪村人。刘绍基同胞第五弟。孙刘宗彝。

据桥溪村刘氏家谱记载，他擅长经商，二十岁就独自闯荡江湖，以贩卖瓷器，从瓷器之乡的江西景德镇起家。之后，他游商到达吴越，看到江浙的纺织业发达，心中顿生贸易经，承揽下经销福建的布贸生意。而福建土产菰笋，遂将菰笋顺路贩运到兰溪、杭州、绍兴、海盐乍川等地经售。

春夏之季，他在家乡福安抹制红茶。据近代资料，红茶虽起于坦洋村，却盛于穆阳，当时茶行在穆阳遍街皆是，穆阳溪码头非常繁忙。由于茶叶贸易兴盛，至1917年，穆阳按照福州中心街的宽度建设13米宽的"印坪街"，是福建省当时最宽的街道之一。刘绍淇将茶叶分开包装，外销的很讲究，称为洋装，运往福州南台去出口；内销的则为散装，批发给外地客商。

他经营各种物产，从事商贸长达五十年，不仅足迹踏遍半个天下，而且子孙们都赖以抚养。当年大哥刘绍基倡建卧虹桥，他也做过贡献。由于经商有道，发家致富，捐衔立望，子孙们也受益捐衔。其长子刘世经为郡庠生，长孙刘大培为例贡生捐直隶州分州衔；次子刘世镕为太学生。

郑辉仲　郑步常　郑辉仲（1841—1920），字发龄，号崑冈，清例贡，官章贻昌，含利湾（今咸福村）人。妻缪淑端，寿宁蓝田村人，一胞生八子，村民至今仍称“八元代”房，用以标榜子孙贤达、兴旺。他早年家里并不宽裕，中晚年则为村居首富，但他笃于儒道，中年丧失贤妻，为报夫人的同甘共苦之德与育子之恩，曾多次谢绝继娶。他六十寿庆，光绪二十三年（1897）丁酉科解元郑书祥赠以匾曰“康强逢吉”；宣统二年（1910）正月七十寿庆，时任清同知衔江西抚州府东乡县知事、宁德霍童人郑宗霖撰文志祝（祝文今存）；1920年八十寿庆，出资建咸福飞凤亭以便行人。他还开设“育贤田”以供他的八房子孙读书资费。

郑步常（1877—1938），字观寿，号登仁，清监生，郑辉仲第六子。原配南溪例贡詹寿衢女凤珠，继配晓阳谢朝惠女翠香。据村耄耋介绍，他娶妻两室，却膝下无子，遂虔心于功德事，出资修筑咸福关隘（约建于1912年），后出资修造晓阳村饮水工程。又娶了晓阳吕立焕女维莲，吕氏怀胎五个月他便去世，又五个月后吕氏生下男婴。

郑辉仲、郑步常，是咸福飞凤亭、咸福关隘的建造者。咸福关隘与飞凤亭，相当于咸福村的两个门户。飞凤亭毁于2009年，系南山门广场施工需要而舍弃。村东边入境口的古道上修筑关隘一座，毁于2013年8月3日，系白云山大道施工被拆。

王贡南（1850—1898）　字为经，号品叁，清庠生，桂林村人。是避暑胜地“清泉洞”的初始发现者和首要开辟者。清泉洞，位于桂林村凤翔山侧峰。洞由嶙峋怪石构成。左济公岩，右蛤蟆石，上磐石如金龟覆盖，山石嵯峨，各具奇姿。清光绪十三年（1887），王贡南始辟全洞，仿普陀景观，塑观世音云游像，并建文昌阁，奉魁星，作乡学子读书之所。据传，当年王贡南领着堪舆师为祖公觅地，在凤翔岗山腰发现了此处很多奇石峭立，结成一洞穴，洞内流出一线泉水，又香又清，堪舆师用罗盘一照，脱口而出说：“此处真是仙家景界，建立读书楼阁必有大贵。”王贡南则将此事报告族人，在螺峰王祠的主持下，桂林村民开辟全洞，修环墙、筑洞门。王贡南撰洞门联曰：“洞弥云气古，泉写道心清。”这副联每句的首尾字加起来，从头念是“洞古泉清”，从尾念是“清泉古洞”，遂以“清泉洞”为名。又因洞内一潭泉水清澈长流，每逢夏日，山风习习，凉气沁人，成为避暑胜地，村民又叫它“清暑洞”。

刘宗彝（1885—1944） 乳名允兹，字稷臣，别字鸷沉，号仁斋，行鸰三，桥溪村人。清末秀才，由福建师范毕业考入北京保定陆军师范，毕业后，历任南京陆军第三中学、北京清河第一中学教职。民国光复，初任武昌都督二等战时参谋官，嗣任福建财政厅主任。

清末，在保定陆军师范与蒋介石、顾祝同等为同学，加入孙中山创立的同盟会。1911 年辛亥革命，参加武昌起义成功，初任武昌都督二等战时参谋官、冯国璋秘书等职，因冯属顽固复辟派，遂去职回家乡。

1915 年 12 月 12 日，袁世凯称帝，蔡锷起兵讨袁，刘宗彝在家乡起兵响应。1918 年 7 月 15 日，率众攻打福安县城，县知事戈乃康令人紧闭城门防御，刘宗彝以其友军未至，无法攻克而撤退。1922 年，萨镇冰任福建省省长，福建财政厅主任刘宗彝转任警察第二大队大队长。

1930 年，击败福建四大军阀之首卢兴邦的部队。后被国民党海军抓捕，拘留在三都岛。获得释放后，办过报纸，做过生意。

1943 年 10 月，刘宗彝联络大刀会徒占领穆阳镇，数日后又围攻县城，被县长高诚学组织的自卫队击毙多人。大刀会会首王贵生等十多人被抓，刘宗彝被认为是后台，也被抓捕。1944 年 2 月，县长胡邦宪掌握闽东大刀会暴乱情况后，并在保安团团长罗鹏瀛协助下将刘宗彝、王贵生等 14 人射杀。

钟日住（1892—1937） 一作钟曰柱，畲族，下竹洲村人。少时家贫如洗，以采薪换米度日。1933 年，闽东革命者马立峰、詹如柏深入竹州山地区宣传革命道理，发展中共组织与农会组织。钟日住深受教育，参加了秘密农会，投身“五抗”即抗租、抗债、抗捐、抗税、抗粮斗争和分田活动。从此，开始了他的革命生涯。

1934 年，经倪愚四介绍加入中国共产党。同年冬，国民党军队围攻闽东苏区，南方三年游击战争开始，革命者阮英平率领原安德县苏维埃政府的部分干部撤退到竹州山地区。

1935 年 5 月，中共闽东特委重新建立，并决定恢复老区，开辟新区。同年 8 月，中共宁寿县委成立，倪英峰担任书记。随后，宁寿县苏维埃政府成立，钟日住担任主席。倪、钟两人通力合作，把该县 13 个区、37 个乡、300 余个村的苏维埃政权普遍建立起来，还开辟了竹州山一带的秘密交通线，并组建游击队的赤卫队，抓捕土豪 12 人，镇压反动分子 9 人，分了 8 户地主的粮食 260 多担，创办兵工修械厂和红军后方医院。日住谙熟畲家祖传中医，就地采摘草药，医治伤病员，护理、治愈过叶飞的创伤，为根据地的各项建设呕心沥血，不遗余力，使竹州山成为三年游击战争时期闽东党的三个重要依托地之一。

1936 年 4 月，宁寿县苏维埃政府改为安周县苏维埃政府，钟日住继任主席。在他的影响和教育下，胞弟钟凤朝加入了游击队，在一次遭敌追击时跳崖牺牲。儿子钟冬和，也成为红军伤员的护理员。当年，该地保长职责汇报地理情况，国民党军队师长看到“上下竹洲、十二炮”，误以为这里非常广大，有两个州，红军还装备着十二门炮。于是开进一个旅的军队，驻扎咸福为基地，对竹州山进行残酷地“围剿”。

1937 年 2 月 12 日（农历正月初二），敌军趁过春节之机，采取突然袭击的方式包围下竹洲村。钟日住早已有嗅觉，预先周密安排红军修械厂、红军后方医院安全转移。在反第三次“围剿”时指挥群众撤退，自己却未及转移，不幸被捕。被捕当场，国民党军队逼他供出党内秘密，他坚不吐实，并谎称枪藏在石厝下，国民党军队也有所警惕，跟随去石厝下的路上将他绑得更紧，知道上当后，气急败坏地把他按到龙井闷溺，用铁铲烙他的脊背，并挖出他一只眼珠。从 2 月 12 日（农历正月初二）开始，钟日住被敌人严刑逼供，百般折磨，一直至 3 月 29 日被活活折磨致死。凶残的敌人斩下他的头颅，用铁丝串通耳孔，挂在咸福村口“示众”。

丁进朝（1902—1943） 一作丁晋朝，乳名丁惠源，回族，黄儒村人。受“五卅运动”影响，自 1925 年开始参加进步活动。1931 年春，加入“反帝大同盟”，组织贫农团开展“五抗”斗争；同年冬，加入中国共产党。

1932 年后，按照党组织的安排，担任村交通员工作。以经营日用品为掩护，在穆阳蟾溪建立地下交通站，购买武器、药品，侦察敌情，传递信件。

1934 年，参与组建村苏维埃政府。是年底，闽东苏区被国民党军占领。至 1935 年 2 月，国民党调集重兵“围剿”苏区，丁进朝因身份暴露，转移到宁德二区任区委秘书，在巫家山一带发动群众，组建党的基层组织和秘密交通站。

1938 年 1 月，丁进朝任二区区委书记，与缪舜华等在宁德七都一带组织农会。已经改编为新四军六团的闽东红军于同年 2 月北上抗日，丁进朝则受命留驻苏区开展抗日救亡活动。是年 4 月，配合县委巧施反间计，借国民党之手杀了新四军三支队六团原营长、叛徒黄培松。同期，国共合作抗日协议被国民党单方撕毁，国民党顽固派大肆捕杀共产党员和革命群众，丁进朝遂随闽东党组织再次转入山区，开展抗日反顽游击战争，兼任中共宁德县委副书记，在桃花溪等地发展党组织和反顽自卫武装。

1939 年 5 月，任中共宁德中心县委书记。翌年 4 月，任中共闽东特委委员；11 月后与闽东主力游击队坚持在福安等地活动。

1941 年 7 月，主持特委工作期间，领导组建宁德抗日游击队，建立游击根据地，转战宁德、松溪、政和等地。

1942 年年初，队伍扩大到 70 多人，组建了闽东游击纵队，下辖七、八、九三个支队，活动于宁德县的广大乡村。同年 7 月，粉碎了国民党 107 师一个营的“搜剿”，使宁德县长因“剿共无力”被撤职查办。是年 12 月下旬，丁进朝、叶忠率闽东游击队员纵队第八支队在赤溪院前被福安、宁德保安队包围，交战中叶忠牺牲，丁进朝和 20 名游击队员被俘，押往霍童。1943 年 1 月，丁进朝被国民党枪杀于宁德霍童。

吴则忠（1908—1969） 穆云畲族乡蟾溪村人，1930 年，参加中国工农红军闽东独立师，为建立闽东地方工农政权做了大量工作。抗日战争时期，转赴江西、江苏等地，参加抗日战争与解放战争，被授予二级红星、自由、解放勋章各一枚。1950 年，任福建省公安总队副司令员。1969 年 4 月 30 日在上海病故，1971 年 12 月被追认为烈士。

蓝木庆（1908—1988） 上竹州村人。20 世纪 30 年代，蓝木庆任竹州山村苏维埃政府主席，积极从事革命活动。除了给红军、游击队筹粮外，还通过熟人与穆阳街商店搭上关系，购入电池、毛巾、药品等军需用品，瞒过国民党军队岗哨，连夜挑回山里。同时帮助红军独立师建立枪支修造厂、后方医院和土豪看管所等，照料红军伤病员，接待四面八方来这里营宿的红军战士、游击队员。在艰苦岁月里，蓝木庆四出宣传，争取“山哈”为红军做好事，站岗放哨。动员“山哈”参军参战、为红军购买物资、传递信件。

1936 年，竹州山遭国民党军队摧残掠夺，被放火烧了三天三夜，从上竹洲至周墩（今周宁县）苎园坪数千亩原始森林化为一片焦炭，上、下竹洲等 6 个村庄变成一片瓦砾。蓝木庆受伤三次，但仍矢志不渝，木楼被烧，他改搭草寮，转入地下坚持革命。

中华人民共和国成立后，蓝木庆历任咸福乡乡长、副乡长（公社社长、副社长），蟾溪大队大队长。当选过乡、县人民代表，县、地区老区人民代表和省少数民族代表，省政协第五届委员会委员。蓝木庆分管竹州山基点村，尽管村落分散，道路崎岖，不论白天黑夜、雨天雪天，都出现在各村群众面前，传达上级指示，做思想工作，粮食征购任务年年超额完成，国家贷款如一到期，也由他收集起来送还银行。

1957—1965 年，国家先后拨给竹州山老区修建房屋补助款 2 万多元，都经过蓝木庆手进行发放。他在发放款目时，坚决做到民主评议，合理分配，从不挪用多占。并为修房户搞设计做预算，跑周宁，奔福安，选购木材砖瓦，做到少花钱多办事，新建房屋 1 百余间，解决了群众住房困难的问题，他被评为“放心干部”。1961 年，穆阳区集体畜牧场下放，区委赠给蓝木庆小猪 1 只，他却交给生产队作为发展集体经济的基金。上级救济他的钱物，他有时也转让给“五保户”和特殊困难户，老百姓称他为群众的贴心人。他原来是半脱产干部，一半工资由国家供给。1962 年，为了培养年轻干部，组织决定把半脱产指标挪给别的同志，他不但没有思想情绪，而且照样完成他管辖范围内的各项任务。1988 年 10 月病逝，穆云畲族乡党委、政府为他举行隆重的追悼会。

钟延明（1916—1976） 生于穆阳四角丘村（今穆云畲族乡南山村下辖自然村）。幼年家道贫寒，举家节衣缩食，供应他在南山村读私塾三年。他天资聪颖，勤学苦练，谙熟启蒙书《三字经》《幼学琼林》及经书《论语》等。

1928 年，因匪患，随父迁居苏堤村，转学于该村私塾，研读《诗经》《左传》等典籍。后因家贫，无力深造，辍学务农，受聘于牛池岗南麓的燕窝（今燕科）、南洋、填头、苏堤等村，当私塾先生。

1932 年，他弃教从商，做小本生意。因买卖公平，为人厚道，其小店长年累月，门庭若市。贫苦出生的他，深感弱势群体的无奈，爱打抱不平，为穷人打官司则分文不取。正好碰上穆阳南洋村农民与同村缪姓财主发生田产纠纷。财主仗势欺人，唆使人来殴打侮辱对方，钟延明闻讯，主动前去了解来龙去脉，投书告官并取得胜诉，乡民无不拍手称快。他的正义行为受到乡民和地方有识之士的拥戴，虽然财主财大气粗，也是敢怒不敢言。

钟延明善编畲歌，是近代闽东畲歌的继承与开拓者之一。钟延明把刘备卧龙岗求贤编成三百余条的《三请孔明》，将唐代薛仁贵征东、征西故事编成畲歌八卷二千余条，又编《正德皇下江南》《九千记》即《蚂蚁上天平》，供畲民广为传唱。由于他对畲歌的重要贡献，闽东每年的第一个畲族歌会就在他家的后山牛池岗举行，即农历四月“分龙节”牛池岗歌会。牛池岗属于白云山南麓的子峰，山北有建制村咸福、南山，山南有建制村苏堤等。

蓝甫（1917—1951） 又名培轩、启咸、启坚、字上固，祖籍穆阳里岙村（今穆云畲族乡中岙村下辖自然村），其父迁福安城关上杭。1929 年，蓝甫往赛岐当学徒，帮工于公泰祥烟店。其后投身商业，售卖蔗糖、桐油等，并将土特产贩运福州等地。

20 世纪 40 年代，办京杂店，并跻身于赛岐商界，其生性豪爽，见义勇为，好为畲民主持公道，与表兄雷美孚、詹茂山、陈斯克交往密切。任赛上保保长，1949 年春，任国民党赛岐镇镇长，为保护闽东商业重镇赛岐，与国民党溃军斡旋。1949 年下半年，任人民政府赛岐镇财粮委员。

吴则喜（1924—1995） 蟾溪村人，1938 年，被国民党军队抓去当兵，同年参加台儿庄战役，1946 年，投奔中国人民解放军，参加淮海战役及渡江战役。1958 年，参加炮击金门战斗负伤，1959 年，转业地方，到龙岩工厂任科长，1961 年，调漳州石油供应站任科长，1963 年，调漳浦县饮服公司任支部书记。1984 年离休，享受副处级待遇。1995 年病逝。

名人与穆云

有史以来，穆云都是福安乃至闽东最重要的历史文化区域之一。因缘际会，本埠或者外乡的很多名人曾在这片土地发生过精彩故事。

畲家夫妇救曾志 穆云的竹州山是闽东土地革命时期的重要根据地，叶飞、曾志、陈铁民等闽东革命领导人曾在此地有过惊心动魄的历险与逃生经历，这与穆云当地畲、汉两族革命群众的忠诚和勇敢是分不开的。在闽东革命纪念馆，有一副彩图特别显眼，讲述了在白色恐怖的年代，畲家嫂子蓝金妹为了掩护重病的曾志脱险，毅然将两岁的孩子丢弃在草堆，这就是流传在闽东各地的“畲嫂救曾志”的传奇故事。曾志（1911—1998），湖南宜章人，无产阶级革命家，曾任中共中央顾问委员会委员、中央组织部副部长，1933—1935年在闽东担任革命领导人。1934年，国民党新十师“进剿”闽东，担任福霞县委书记的曾志因劳累过度、感染疟疾而病倒在穆云小坑村，正是依靠畲族群众淳朴的阶级感情和忠诚的革命态度才渡过难关。钟成清夫妇掩护曾志，悉心照料，还请青草医钟阿章为她治病。养病期间，群众用竹椅子抬着曾志，在各个村子之间转移，一有敌情，立刻背着她躲进山中；曾志走的那天，群众为之送行几十里山路。半个世纪过去了，苏区人民的情与义，曾志须臾无法忘怀，终身为之感恩，曾志曾多次寻找这些恩人，直到新中国成立后，才打听到他们的真实名字，而保护她、看护她，一大批视她为亲人的纯朴群众，则只留下音容笑貌，永远定格在曾志这位闽东革命传奇女性的心中。

叶飞说他们最忠诚 叶飞（1914—1999），福建南安人，第六、七届全国人大常委会副委员长，海军司令员，参与创建闽东革命根据地和游击队，重建闽东特委与闽东工农红军独立师。1935年是闽东三年游击战争中最艰苦的一年。这年冬天，叶飞率闽东红军到穆云的竹州山三湾村，被陈家垅的国民党民团包围。叶飞指挥红军战士突围时，手臂负伤。多亏时任安德县苏维埃政府主席的钟日住，擅长畲家青草药，他一边掩护叶飞隐蔽下来，一边用青草药为叶飞治疗，终使叶飞伤愈脱险。

在竹州山的三湾自然村还流传着畲族群众蓝木庆施救叶飞的故事：1936年农历十月十九，叶飞带领12名战士来到三湾村的根据地，战士们正在房子里忙着准备午饭，满身疲惫的叶飞独自躺在屋外的一块大石头上闭目养神，不料国民党民团悄悄包围了过来，一名团丁从不远处向叶飞开枪，所幸只是打了哑弹惊醒了叶飞。猛然警觉的叶飞就地闪躲，但立刻扑上来的团丁用枪刺伤了他，叶飞凭借着本能迅速夺了枪支，开枪击毙了团丁。突然的枪声惊动了房子内的红军战士，他们一边还击一边掩护叶飞往山里撤退，有两位红军战士不幸中弹牺牲，附近的红军队伍听到枪声前来打退了民团。三湾村的畲家汉子蓝木庆，猜测叶飞可能已经受伤，马上会同几位村民到山里分头寻找，找了一个下午，太阳快要西落时终于发现了奄奄一息的叶飞。蓝木庆回家拿来稀饭，叶飞却因为伤重而无法下咽。眼看情况十分紧急，蓝木庆立即将叶飞抬上简易的担架，并让妻子走在前面探路，经过两个多小时的冒险跋涉，才将伤势严重的叶飞送到了福安与周宁交界的红军后方医院，叶飞得以转危为安。叶飞在1986年为闽东革命纪念馆题字：“在闽东三年游击战争最艰苦的年代，畲族人民的作用是很大的。他们具有两大特点：第一，最保守秘密，对党很忠实；第二，最团结。”

韩同林与白云山冰臼的奇幻之旅 独特的地理历史条件使穆云不仅是风景秀丽的旅游佳处，更是考古研究的绝好样本。地处穆云境内的白云山揭开“世界地质的奇迹”的神秘面纱和科学家们的精心认定是分不开的。多年以来，地质学界有个争议性话题，即“福建是否有第四纪古冰川活动”，这关系到距今 200 万 ~ 300 万年的历史事实。2004 年福安市组织申报风景名胜区时，在白云山景区蟾溪至龙亭溪峡谷长达 10 多千米溪段的河谷中发现了一些圆形、心形、蝌蚪形的石臼。当时人们认为很可能是比较常见的“壶穴”，在邀请福建省内一些专家对景区进行总体规划的时候，有人认为这很可能是“冰臼”！壶穴和冰臼有着很大的差别：壶穴是水流冲击而成，而冰臼则是剧烈的冰川运动造成的痕迹。如果能证明白云山那些长期埋没在水底的景观是冰臼，无疑就能证明福建曾经经历过第四纪的古冰川活动。当然，这个设想需要更权威的论证。

韩同林，1937 年生，广东揭西人，中国地质科学院地质研究专家，中国冰臼学的创始人之一。当他置身于河谷冰臼群间，“爱心冰臼”“金蟾产卵”“天眼”“玉如意”“连环臼”等冰臼呈现在眼前时，他认为，“经初步观察可以确认为古冰川作用形成的冰臼群，为福建省首次发现。在南国已发现的冰臼群中，具有数量多、规模大、保存好和类型丰富等特点，具有极高的科学价值和学术意义”。白云山冰臼群主要分布于白云山九龙洞景区及金钟山龙亭溪峡谷景区，大多位于溪段河谷。由于山势险峻、悬崖峭壁众多，呈原生态状态，可进入性差。韩同林幽默地形容此次调研“命悬一线”，“世之奇伟、瑰怪、非常之观，常在于险远，而人之所罕至焉，故非有志者不能至也”。

艺文杂记

文人墨客歌咏穆云畲族乡风土景色、直抒胸臆的诗文、楹联不少，其中以清泉洞与白云山居多，咏清泉洞的诗歌更是被收录成册，集成《清泉诗芪》。散落在穆云畲族乡各官庙、宗祠、民宅内的楹联叙说着先人的智慧。千百年来，许多民间传说在当地百姓间口口相传，成为域内景点起源、节庆来源、特色动植物的精彩注脚。

艺文掌故

散文

清泉洞里觅诗踪[①]

罗承晋

清泉洞，又称“清暑洞”，古名“仙岩洞”，位于桂林村东穆阳溪彼岸八里的凤翔山侧峰，由多块嶙峋巨石构成，其中以形似蛤蟆的巨石覆盖其上，即人称“左济公岩右蛤蟆石”的蛤蟆石，成为一座天然殿宇。洞内外宽内狭，平均宽九米，深达三十二米，离地约高四米，可容纳五百人左右。洞内又有一小洞，其深度弯曲难测，有一线冰泉贴石缓缓流出，泉水清冽，久旱不涸。

光绪十年（1884）版《福安县志·山川》载“螺峰山，在桂林坂”，接着又言“仙岩洞，洞有石室，深四丈许，祀马仙于此”，“俱十七都”。明万历版《福安县志》仅载螺峰山。此为未辟前之清泉洞。相传有刘氏七位姑娘为了避乱隐居洞中，潜心修真，她们以泉水练就神水，防瘟祛疫，乡人祀之，不计其年。七位姑娘称为白莲仙姑，分别名白雪娇、白雪荷、白雪莲、白雪云、白雪玉、白雪娥、白雪梅。

光绪十三年（1887）由桂林秀才王贡南倡辟全洞，王氏家族乐成此事。今存石制神座上有“光绪十三年闰四月吉日桂林坂王姓董事同鼎建”字样。洞内大厅仿南海普陀山仙境，塑造观音云游群像，原七仙姑移居后座，并盖文昌阁供奉魁星，为王氏学子攻读之所。筑修环墙，砌造洞门，王贡南撰洞门联云：“洞弥云气古，泉写道心清”。横额：“清泉古洞”，“清泉洞”之名由此而来。

民国初年，桂林王碧仙带女伴弃俗来此居四十余年，协力耕织，集资修葺，规模日

① 本文收录于福安市委宣传部2016年编印的文集《福安好穆阳》。

具，以供各地信众礼佛及游客驻足。王碧仙乃桂林医家之女，亦谙医道，悯贫恤苦，施药济世，远近仰其高行，香火日盛，游客日众。当年王骏声、缪邦镛表兄弟就曾在此读书。民国廿五年（1936）再经王碧仙与桂林村王红志集资重修大门及围墙，使全洞面貌为之一新。洞外摩崖石刻五言绝句“崄口万山石，吁嗟行路难。玄穹如有锡，饷此一泉寒”，系时任穆阳区长的闽侯人金振庭撰写。此后不久，金即返闽侯，后去了台湾。

清泉洞是穆阳、穆云、康厝之胜景，常年游客不少，从目前来看，它是福安历史上文人吟咏最多的古迹。1991 年，经秋园诗社社员、桂林退休小学教师王正搜集，上自王氏族谱所载 1890 年的《清泉洞》诗，下至 1990 年诗社同仁吟咏，共计 105 篇。如 1928 年陈铁民烈士《登清泉》：“六朝云雾窟，今日凤翔峰，洞托峥嵘石，天参挺拔松。霜残三径菊，梦破一声钟。危崖空怅望，南国雨兼风。”充分表现革命先烈面对“风雨如磐闇故园”之现状的不满。1930 年缪邦镛《咏清泉洞》二首云：“山间石洞溢清泉，夏日来游避暑天。香客骚人同向往，流传中有女神仙。”“攀登乌道绕羊肠，洞内风光清又凉，仙子若迎游客至，此身遮莫是刘郎。”

借民间传说，自我调侃。以画梅著称的缪晋《文昌阁照墙题画》云：“米颠拜石我偷松，偷取云涛入笔锋，千载悠悠黄鹤去，于今独有凤翔峰”，真是三句话不离本行。1942 年，陈文翰邀郭虚中同游清泉洞，陈文翰写了《清泉留咏》，郭虚中则有《和西园先生》，二人七律用笔清健，语皆隽永，不愧为同光派陈石遗之高足。1947 年，有无名氏题壁诗道：“十年抱璞走风尘，失路归来又问津，洞主殷勤疑远客，通名愧说穆阳人。”“不附青藤上绝崖，嶙峋怪石自安排，曾经一滴清泉水，流到沧瀛不复回。”抒发作者怀才不遇而不愿趋炎附势的情怀。

特别令人感慨叹惋的是，不少人数十年后重游清泉洞的诗，秋园诗社陈桂寿、曹英庄、林阿镛等诗家皆数十年后重登而有感。年寿已高忆当年游清泉洞的，有台湾金振庭 1990 年的《忆四十六年前题诗大岩感怀》三首：“月啸烟呼笔扫云，清泉留寓水殷勤。情知生息攸关处，与凤共鸣石壁中。”“雨余拾级上山游，栏槛无遮处处留。却怜泉洞清流水，流尽青丝到白头。”“凤翔冉冉下苍穹，地应山灵感慨同。金粟平铺交界处，龙媒去后鸟呼风”。曾在穆阳区公所当过区员的福州赵彦中《清泉洞忆游》云：“寻芳未负艳阳天，弹指掠过五十年。往事依稀孤馆梦，余情旖旎一溪烟。汤汤碧水流无间，朵朵浮云离复牵。洞口桃花犹笑否，因风寄意问清泉。”市内咏诗忆旧游的人甚多，如黄介繁、罗彦青、林华春、缪德奇诸位先生。

桂林青泉宝洞崖刻（2014 年）　　张玉文　摄

特别令人振奋的是，1946 年塑佛师傅崖刻七律二首：“秋间初塑白莲仙，此次重来把色添。连日受寒风雪下，长宵取暖火炉边。无鸡扰我深更梦，有钵醒人拂晓眠。碌碌半生无所事，三餐随素等参禅”。“巍峨石显济公仙，佛法能涵圣德天。莞尔不言看世界，逍遥无虑倚岩前。鑫刚体相原无幻，菩萨心肠别有缘。愿献真诚频祝祷，梦中悟彻入秋蝉”。第一首诗写自己塑佛生涯：风雪之下终日受冻，长夜里冷得只好到火炉边取暖，寺院里倒没有鸡鸣声打扰我深更梦，为赚取工钱才天不亮就爬起来。半辈碌碌无为，一日三餐一直随和尚们吃素，我和参禅的和尚有何区别！诗篇真实反映了他的生活，抒发其空有抱负却无所作为的惆怅心情。该二首七律对仗工整，平仄合律，估计曾在名师门下读过几年私塾，背诵过《声律启蒙》，尤其是“有钵醒人拂晓眠”的“钵”，是梵语“钵那”之略语，意为钱，言工钱催醒人们拂晓时的睡眠，若无一定造诣，恐难写出此诗句。

我重游清泉洞是 1998 年 7 月 25 日，我们七八位初中同学乘坐一辆三轮摩托车，说去就去，是为了重访旧地，还是为了寻觅诗踪，现在也记不清楚了。山上竹木茂密，连洞门也隐入树影之中了。

进入清泉洞，在殿后隔壁厅，我们看到好多位诗人的墨宝装裱后挂在壁上，首先映入眼帘的是黄介繁先生 1990 年的七律《忆清泉洞》：“髫年结伴记曾游，拂柳分花小径幽。殿角欲昏飞蝙蝠，墙腰未雨篆蜗牛。龛前贝叶龛中佛，洞外炎威洞里秋。别后每思重览胜，蹉跎岁月白人头”。黄介繁先生曾留学日本明治大学，其诗词书法皆精妙，此诗八句，刻画入微，句句用语不凡。如“殿角欲昏飞蝙蝠，墙腰未雨篆蜗牛”，不是当年亲临此地并夜宿，怎能写出这种清泉洞独特的景观？尤其是“篆”字，名词作动词用，将蜗牛爬行时体液留下的痕迹，比作写篆书的运笔，真是妙趣横生。可惜这已是老先生的绝笔，适才上山路上，黄滔同学告诉我，黄老先生已于凌晨仙逝，享年九十一虚龄。为纪念这次重游，我鲁班门前挥斤斧，勉强凑成《步介繁先生（忆清泉洞）韵》：“龆龄别后复重游，洞壑难寻云树幽。壁上已无悬蝙蝠，篱间唯见舞牵牛。崖前旧刻翻牛漆，殿后新题卷暮秋。回忆当年远足伴，堪嗟西照近山头”。以此纪念这位在我心目中与先师李若初相仿佛的同乡、老前辈。读小学时，我们曾来此远足，同来的刘凤梅老师告诉我们，以前她来时，见到许多很大很大的蝙蝠悬挂在崖壁上。不过我们始终未曾见到。

1984 年端午节，黄介繁先生与部分秋园诗社老会员成立富春诗社，开展活动，直至

1988年4月恢复秋国诗社。诗社组织会员到此玩赏，老诗人们感怀激烈。吟咏清泉洞之诗词特别多，留在清泉洞内的诗迹也特别多，为清泉洞增添丰富的文化内涵。加上王正与陈桂寿二位老诗人费心搜集编辑，至今留有《清泉诗苳》，登清泉洞尚有诗人踪迹可寻。如果我市其他古迹也有二位老人一样的有心人，将古今诗作加以搜集整理与传布，该是多么有意义的事啊……

诗歌

登清泉

陈铁民[①]

六朝云雾窟，今日凤翔峰。
洞托峥嵘石，天参挺拔松。
霜残三径菊，梦破一声钟。
危崖空帐望，南国雨兼风。

咏清泉洞

苏明德[②]

山间石洞溢清泉，夏日来游避暑天。
香客骚人同向往，流传中有女神仙。

攀登鸟道绕羊肠，洞内风光清又凉。
仙子若迎游客至，此身遮莫是刘郎。

---

① 陈铁民（1903—1935），福安韩阳上杭人。1930年，任福安县委书记，1934年任闽东特委机关报《闽东红旗报》主编，1935年被捕牺牲。

② 苏明德（1905—1993），即缪邦镛，1928年在北平大学加入共青团，新中国成立后曾任中央纪律检查委员会副秘书长。

文昌阁照墙题画

缪晋[①]

米颠拜石我偷松，偷取云涛入笔锋。
千载悠悠黄鹤去，于今独有凤翔峰。

和西园先生

郭虚中

一入山门岚气迷，鸿蒙世界是耶非。
洞藏老子经无字，天补娲皇石不规。
泉自在山清可许，云经出岫静难持。
狼烟狠破华胥梦，青岛瑶池也奋飞。

游洞有感

曹英庄[②]

清泉宝洞恣游观，无那尘心解脱难。
羡煞斋堂诸菩女，如来幡下任盘桓。

清泉留咏

陈文翰[③]

倦鸟归来故梓秋，辞车戴笠信天游。
几人洁已泉清肚，谁氏谈经石点头。
品茗风生栖蝠洞，挥毫竹掩读书楼。
朝雍[④]石室开千古，煮玉何方迹不留。

---

① 缪晋系穆阳同文小学教员，以画梅花出名，所谓“缪晋梅花到处开”。此诗乃缪晋为文昌阁照墙作画所题的诗。

② 曹英庄（1904—1988），字觉尘，福安韩阳人。从20世纪20年代中期起，先后担任福安女子小学和文英高等小学（穆阳小学前身）校长。

③ 陈文翰，字西园，人称西园先生，其坟墓系福安市文物保护单位。

④ 朝雍，缪一凤字，有记游诗“何当开石室，煮玉驻颜容”。

留言

林卓午[1]

绝代有佳人，幽居在空谷。
可惜出山难，春光丘壑没。
当日锢宫墙，谁人识王嫱。
琵琶弹万里，大漠美名扬。

民间传说

仙师降九龙

别的地方祈雨，法师和祈雨人都必须到龙潭边或挨近龙潭的地方。唯独到缪仙宫祈雨，不用搭祭坛，不必出宫门。原因何在？因为宫内的走道旁就有祈雨井。这井，深不足一丈，宽仅容二人，井下无水，三边岩壁，看去像个普通的石坑。然而，过去人到这里祈雨，往往比亲临险恶的龙井龙潭要灵验。这到底又为什么？宫中长老会告诉你：这井通九龙洞，九龙洞里的九条蛟龙都得听从缪仙公的敕令。

缪仙公又如何能降伏九龙？这故事听起来还挺令人深思的。

相传很早很早以前，白云山西侧有九个很深很深的山洞，盘踞着九条很凶很怪的蛟龙。说它凶，因为掀起风来能拔起千年古树，削平悬岩山丘；下起雨来能令暴发的山洪直冲甘棠洋，盖过海潮的呼啸；说它怪，因为这九条蛟龙有九个怪癖，谁也满足不了它们的要求。作为一山之主的白云山君，为保境内平安，人畜兴旺，曾多次请求玉皇大帝收封它们，给它们官做，给它们享乐，玉皇大帝也曾多次降旨，让它们不必通过"跃龙

① 林卓午（1889—1957），字叔卿，福安穆阳苏坂人。抗日战争时期，任中华邮政局驻西安第三段军邮总视察，授少将军衔。周恩来曾题写"传邮万里，国脉所系"赠林卓午。

门”这一关，直接入海为龙，作为四海龙王的将官，以成正果。这个条件，对于一般妖魔鬼怪，人家是求之不得的，可这九条怪龙却一点也不买账，它们把玉皇大帝的圣旨高悬洞内，但只用来炫耀于人，却不执行，就像压根儿没有这回事，照样我行我素。

玉皇大帝见软的不行，计划调集天兵天将剿灭它们，但遭到了九天玄女的反对。询问原因，九天玄女说：这九条恶龙，不是什么妖魔鬼怪、蛇虫虎豹修炼成的，它们是人间九大孽毒凝聚的化身，只要人间存在这九大孽毒，你今天消灭了它们，明天它又会重新汇集、重新凝聚、重新为恶，抽刀断水水更流，如之奈何？

玉皇说：那就没办法了？

九天玄女说：山外有山天外有天，有一个人可当此任。

玉皇问：谁？

九天玄女仙指一招，两只仙鹤载来了两位神仙。玉皇大帝一看：咳，我当是何方高人，原来是南极老儿和一个名不见经传的无名仙徒！

二人拜过玉皇，通报了姓名，九天玄女说：“大帝啊，这位缪仙就是我给你推荐的除孽伏龙之人，你把白云山划给他管就是了。”玉帝悄悄附耳玄女：“他行？”没待玄女开口，南极仙翁便笑出了声：“玉帝陛下，你是瞧不起贫道吧？有何疑惑，你公开说好了！”

玉帝说：“好，公开就公开！我说缪大仙人，你身历仙班恐不到小劫吧？这九条孽畜可都是彭祖开天以来，人间孽毒的集大成者，你有何法宝可以降伏它们？”

缪仙公说：“贫道并无法宝。”

玉帝说：“没有法宝，你怎么去完成任务？”

缪仙公说：“《道德经》一卷，唯九个字可以总结——有生于无，有又化于无。贫道不才，唯有化法可兹一用。”

化法？玉帝还想寻根问底，九天玄女说，算了吧，隔墙有耳，天庭也非铁板一块，你让孽龙探听了消息，岂不坏了大事？

缪仙公肩负重任回到了白云山。

第一天，他用泥土捏了个绝代佳人，他带着绝代佳人去拜访第一洞孽龙。那孽龙一见美女就慌不迭地扑了过来，恨不得马上抱上龙床享受。缪仙公用拂一挡，开启笑口说：“大王且慢，小女对大王早有倾慕之意，一向在山人面前夸大王雄姿英伟、礼数周详，今日一见……”他故意把话刹住。那孽龙方才觉得自己太鲁莽了，忙退到座位招呼侍者上茶上果。应酬礼毕，孽龙说：“俺到处找美女，找了七七四十九年，就没个合意的，今日得见千金，方遂我愿。老丈，你就答应我吧？你要什么，俺给你什么！”缪仙公说：“大王过奖！俺既送女上门，当然是准备许配大王的了，大王看得上眼，小女愿意，这是三生有缘，老夫是一根稻草都不会要的”。

孽龙大喜：“好哇，今夜俺就成亲！”

缪仙公说：“姻缘已定，何时成亲，请大王还是征求一下小女的意见好。”

孽龙转头问佳人，佳人说：“在家听父母，出嫁随夫君，何时成亲，请大王随我一同去问问我的母亲。”

为防上当受骗，孽龙试探地问老丈：“老丈是否也一同前往？”缪仙公说：“老夫年迈，腿脚不便，就让我在大王府中静候佳音。”孽龙一颗定心丸落了肚：有你老头在此为质，量你也不敢耍什么花招！孽龙吩咐手下喽啰，好生侍奉老丈，自己便随着佳人前往“丈母娘”家。佳人引着孽龙来到现今的九龙洞山前，孽龙被一幕神仙洞府的景象深深吸引住了：那里头七彩华灯高挂，八宝金帐低垂，香烟袅袅，笙歌阵阵，看样子是个令人销魂的极乐世界啊！

佳人回头一笑，小手一招，孽龙便情不自禁地随她去了。佳人在前，孽龙在后，走完一个洞府，又进入另一个洞府，洞连洞，洞套洞，洞内有天，天外有洞……美人倩影飘飘去，不尽风光滚滚来，待回头来路已渺，欲罢不能美人在前。

孽龙追随美色，再也不见回返。

缪仙公仙拂一挥，那些喽啰都化成了枯枝败叶，再一挥洞门关闭草木生。

第二天，缪仙公用七彩树叶做成了一只七宝袋，他拎着七宝袋去造访第二洞孽龙。这一条孽龙嗜财如命，见宝眼开。缪仙公扮作贩宝人，在孽龙面前打开了他的七宝袋。孽龙一见，眼珠子都快爆出来了：此等宝物，本大王可闻所未闻，见所未见哪，如获此宝，四海龙王老儿必当抱我大腿，尊我为王，岂不是天下第一快事？

胃口吊起，缪仙公收起了七宝袋。孽龙大叫：“大胆老儿，既来贩宝，为何收起不谈？”缪仙公反问：“大王真的喜欢否？”孽龙吼叫：“不喜欢，咱还问你作甚？”缪仙公笑笑：“好，好，好，老朽聚宝有年，皆找不到真正识货者，今日大王独具慧眼，识吾宝爱吾宝，可谓物归有主矣，老朽理当奉上……”孽龙大笑，伸手就抢，缪仙公将宝袋往天空一抛，那宝袋闪耀七彩光芒，呼啦啦朝洞口飞去了。孽龙扑了过来，抓住缪仙公的手：“何方妖道，敢戏耍咱家？”缪仙公从容地抽回手，往树墩上一坐，说道：“大王错怪老朽了，袋中之宝非宝，乃各样宝库之钥匙，大王欲得宝，请跟随钥匙前往宝库，打开宝库任由取之。”孽龙转怒为喜：“此话当真？”缪仙公站起：“绝无戏言。”孽龙跑出洞一看，那七宝钥匙果真就在洞口不远徐徐飘移，孽龙跑近，七宝钥匙又徐徐向前移动，追一程，跑一程，分明伸手可及，却总是抓不到手。

追啊跑啊，跑啊追啊，七宝钥匙引着孽龙来到现今的九龙洞山前，孽龙又被一幕神仙洞府的景象吸引住了：那里头七彩华灯高挂，奇珍异宝纷呈，香烟袅袅，金玉珍宝满目，看样子是个取之不尽的财宝重地啊！

宝袋进洞，钥匙叮当，孽龙便情不自禁地随它去了。宝袋在前，孽龙在后，走完一处洞府，又进入另一处洞府，洞连洞，洞套洞，洞内有天，天外有洞……宝袋闪闪飘飘去，不尽珍奇滚滚来，待回头来路已渺，欲罢不能宝在前。

孽龙追随宝袋，再也不见回返。

缪仙公仙拂一挥，洞内之宝化为灰烬，再一挥，洞门关闭草木生。

第三天，缪仙公用瓦檐下的积水做成了一壶比杜康仙酒还要醇百倍的佳酿，他带着这壶佳酿去造访第三洞孽龙。他方走到洞门口，那孽畜便哇哇叫着，垂涎三尺，蜿蜒到他脚前，昨日的酒还未“化”尽，它连身子都站不直，缪仙公知道鱼已闻饵追来，他一刻也不停留，转身就走。他脚步生风，愈走愈快，那酒香随风飘逸，弥漫山野，鸟闻香脚软掉下树枝，花闻香瓣落蜜蜂争舔，那孽龙更是亦步亦趋，紧追葫芦不歇。

追啊跑啊，跑啊追啊。酒葫芦引着孽龙来到它二位兄长钻入的山前。缪仙公将葫芦往空中一抛，一幕神仙洞府的景象又活生生地展现在孽龙面前：那里头七彩华灯高挂，美酒佳肴铺陈，香烟袅袅，奇香扑鼻，放眼看去胜似王母娘娘的桃园盛筵。

葫芦进洞，酒香钻鼻，孽龙便情不自禁地随它去了。葫芦在前，孽龙在后，走完一处洞府，又进入另一处洞府，洞连洞，洞套洞，洞内有天，天外有洞……葫芦飘香作酒旗，不尽佳酿接踵来，待回头来路已渺，欲罢不能酒香在前。

孽龙追逐葫芦，再也不见回返。

缪仙公回身，仙拂一挥，那洞内的坛坛罐罐瞬间化作一堆瓦砾；再一挥，洞门关闭草木丛生。

不知是巧合，还是仙凡原本对应，九天之内，被缪仙公刀不血刃装进九龙洞的九条孽龙，它们的名字分别叫喜色、贪财、好酒、使气、争功、夺名、嗜赌、争妒、空忙。

九条孽龙制服后，为监测它们在洞中的行踪，缪仙公在自己的仙宫里凿了一口井，派仙童入地眼时刻监视，缪仙宫的化法能令它们自投罗网，终身不悔，也能令它们为追逐所好而兴云播雨。所以到缪仙宫祈雨灵验异常。

虽然传说终归是传说，但九龙洞仙境般的奇景不假：那洞连洞，洞套洞，洞内有天，天外有洞，险象环生，妙趣无穷，足可令游人像当年的孽龙那样，欲罢不能忘归程。

白云山银坑洞

闽东地区有名的高山——白云山，至今山上还能看到许多大大小小的银坑洞。有的断痕裂壁，有的深不见底哩！相传明宪宗成化年间（1465—1487）这里开山炼银好不热闹，有“三千挑粮客，四万掘银人”的说法，这个银矿是怎么发现的？后来又为什么报废了？这里有个有趣的故事呢。

传说白云山的白岩村上有个穷孩子，名叫王许银。他从小帮人放牛。一年夏天，他把牛放到山上食草。单个人爬到潭边的一棵树上乘凉，忽然看见一只草虾手持两把钢叉，在潭面上转了三圈，沉下去；接着又见一头大胡蟹，头上点着两盏灯，到潭面上也转了三圈沉下去；又接着有一尾鲤鱼跳出潭面，打了三个飞旋，也沉下底去了。一会儿，潭里露出了一位美女，浮在水面，对镜梳妆起来。王许银很觉奇怪，看着看着，人都看痴了，踩空了树枝发出一响声，美女看见有人，水花漾一下，不见了，不一会儿潭面即浮上来一头死虾，一头死胡蟹，一尾死鲤鱼。

那天夜里，王许银做梦又见到了那个美女。美女跟他说：我是龙王的三公主。今旦，虾兵蟹将鱼官巡查水面，都说四处没有人，我的真容才被你看见了。这事你莫讲，升官发财有你的份。王许银说：“好，我不讲。”

龙女问：“看牛弟，你想不想做皇帝？”

“皇帝要管天下，太烦恼人，我不做。”

“做官呢？”

“我一字不识，官做不长。”

“做财主呢？”

王许银听讲财主两字，眉头转笑，说：“做，做。”

龙女说：“你村后间有座牛山，你从牛角挖进去，包你发大财做大财主。”王许银醒过来了，是牛角还是牛脚，没有听清楚。第二日，就辞了东家，回到自己村，见后门山真的很像一头牛，他不管三七二十一，就叫房下叔伯兄弟一齐来，从“牛脚”挖进去，真的掏出了跟银一样的石头，往火炉里一炼，成了一块块的银砖。这下真的发财了，众人大为高兴。

银不知挖来多少了，叔伯兄弟天天挖呀挖呀，从“牛脚”一直挖到“牛腹肚”。在山里掏成一个很大很空的洞。王许银贪财心切，索性在“牛腹肚”里搭起床铺、鼎灶，找人煮饭雇工挖掘了。这原来一片荒凉的白云山变成有了“三千挑粮客，四万掘银人”的闹市。王许银也从看牛弟变成了大财主，但是“牛肚”越掏越空，牛脚被挖了，牛无力站，灾难临头王许银一点也不晓得。

“牛肚”里有一个帮助王许银煮饭的人，他平时爱鸟如命。每顿饭后都把剩饭倒到洞外去喂鸟。有一天忽然从洞外飞来一只鹊鸲，歇在他的头上“叽叽喳喳”地叫个不停。他想捉又捉不来，想赶又赶不走。急得他拿起笊篱去罩鸟。他赶一步，鸟飞一步，他赶一步，鸟飞一步，一直赶到了洞门口。就这时候忽听山头“轰”的一声大响，山崩地裂，整座牛山坍塌下去了，除他之外，王许银和几千挖银人全都被埋到“牛腹肚”里去了。

据说，“牛山”塌了三年后，在牛山背面东门村的人，有时还能听到“牛腹肚”里叮叮当当的铁锤声哩……

清泉洞的由来

清光绪十三年（1887），桂林村有位秀才名叫王贡南，带着一位寻龙先生到桂林凤翔岗山腰为祖父寻找墓地，看到这里有很多奇石峭立，结成一个洞穴，洞内流出一线泉水，又香又清，寻龙先生用罗盘经格（对照）一下说：“此处真是仙家境界，建立读书楼阁必有大贵。”王贡南公听了很高兴，顺手把手中的一瓶酒放在洞门口，自己侧身爬进去，想探一探这洞到底有多深。猛不提防，洞里抛出一小块石子，把一瓶酒冲侧地上，贡南公再没敢往里爬，退出来和寻龙先生收拾回家。

回家后，贡南公就放下寻墓地的事，建议村人开洞建阁，螺蜂祠堂董事齐齐同意，开春便动工挖掘，越挖越大，原来奇特的是洞顶一块金龟大石，足有两座房子那么大，这天赐的屋顶，覆盖着前后两座大厅，整个洞不用一瓦一木。

开始挖洞时，村中有个工人名叫王毛明，晚上留在洞中看工具。每到晚上睡觉时，就发觉洞里有男的、女的、老的、幼的说话声，还有弹琴声，欢乐声……毛明以为是妖怪，不敢在这里睡觉，惊得跑回村里去。他这一说，其他工人也不敢去挖洞了。

几天后，贡南公写了一纸祭文，向洞中仙人祝告，请众位仙人夜晚勿在洞内大声喧哗，使工程早日完工，以祭祀众仙万年香火。一纸祭文果然有用，从此晚上非但寂静无声，而且洞口云气弥漫，传来阵阵香气，加上泉水叮咚作响，真如仙景一般。贡南公见此情景，当即提笔在洞门石柱上写了一副对联：

洞弥云气古

泉写道心清

这副对联头尾四字联得很特别，从头念是“洞古泉清”，从尾念是“清泉古洞”。从此“清泉洞”的美名就永远流传下来；又因洞内一潭泉水清澈长流，每逢夏日，山风习习，凉气沁人，成为避暑胜地，百姓又叫它“清暑洞”。洞旁建起一个文昌阁，供文人学子读书，不少人后来真的出仕成大贵了。

谢公戏鬼

相传，早年间，穆云桂林村有一个叫谢公的人，在仙岩岗下垦荒种田。村里人说，那仙岩岗有鬼洞，野鬼年年出来糟蹋田园。谢公听了没当一回事。

有一天，他掬锄头去田里，果然看见他开的荒地中堆了许多乱石，心里暗暗一惊，但他装作无事，顺手捡起乱石来填补田埂，边填边嘟囔：“还好是石头有用处，要是人屎、猪粪、牛粪，弄得臭气熏天，那才真真倒霉呢！”

几天后，谢公到地里一看，果然满地都是人畜粪料，乐得他心中暗暗发笑。俗话说：庄稼要卓佳（福安方言，长得特别好），全靠肥当家。谢公把粪肥全压到土里去了，生荒地成了肥田地。

鬼头知道上了谢公的当，心里直生闷气，就说：“好你个谢公会捉弄我，等庄稼长成后，把你根头挖掉，叫你断根断种！”

这一年，谢公种了水稻。收冬时，水稻割走了，满地都留着稻根头，野鬼就拔了他的稻根头，替谢公省去许多工。野鬼后悔自己又上了谢公的当，说：“好！明年我就吃你的尾，叫你有头无尾！”

第二年，谢公改种番薯。到了秋收，谢公把番薯掘回家，剩下的薯藤薯尾就扔在地里。野鬼一看，又上当了，气得火冒三丈，说：“好！明年我头尾都吃，看你谢公还有什么本事！”

第三年，谢公种上了糖蔗。秋收时，谢公把糖蔗砍回家，剩下的蔗头蔗尾留在地里，鬼头三番四次被谢公弄得大气，在地里暴跳如雷，冲着小鬼们吼道：“明年你们见什么就吃什么，把他吃得干干净净！”

谢公决计治一治这帮鬼。这一年，他种了许多芋头，中间夹种了一些天芋。不到重阳，野鬼就成群结队来到芋地里，张开血盆大口，碰到什么就吃什么，大吃一通，把芋头和天芋都吃到肚子里去了。这天芋是有毒的，野鬼们吃后，毒性发作，个个头晕目眩，舌麻唇肿，疼得在地里直打跟斗。

谢公知道野鬼中计了，就用断肠草拌番薯，烧了一桶桶汤送到地里去，故意高声骂：“哪个短命作孽的啊！把我家芋头吃了倒也算了，怎么把毒芋也吃了，这不是要送自己的命么？！罪过啊！谁吃了赶快来喝这番薯汤呀，快解毒呀，不然毒性攻心，就没救啦！”说着将桶放在仙岩鬼洞口，转头走回家，边走边摇头。

野鬼们早就躲在洞边偷听谢公的喊叫，信以为真，急忙将木桶抢进洞内，你一口，我一口地争着喝起来。不多时，一个个都肠断死了，现出了原形。原来都是飞蝗、蚂蚱、螟蛾、毛虫一类东西。

从那以后，仙岩洞前的野鬼不见了，田山也好做了，庄稼年年得丰收。谢公治鬼的故事，一代一代流传下来，桂林乡民塑了像，立祠祭祀，名叫谢公祠，至今完好无损。

分龙节

每年农忙过后，畲族男女都要歇犁一天，欢聚一起过“分龙节”，热闹场面好比白族的“三月街”。畲族为什么过“分龙节”？分龙到底是怎么回事？这要从福安畲山有几条龙说起。

福安畲山有几条龙？说给你听：靠近霞浦县境的松罗赤溪有木龙，接近周宁方广寺的象地有鼓龙，以黄花鱼出名的官井洋有革带龙，靠近泰顺县界的上白石沙坑有沙龙……龙真多啊！

俗话讲：龙多作旱，老婆多饭晚。各条龙只顾自己寻欢作乐，高兴了腾云驾雾，下起瓢泼大雨，不是把山冲崩，就是把地洗塌；不高兴了就躲到龙宫里喝闷酒，一年半载不行雨，弄得田园龟裂，庄稼断收，苦了天下百姓！

畲族百姓为了祈求风调雨顺，就杀猪宰羊、做糍酿酒送到畲山巅，并烧香点烛，请法师祈求龙公为民作福。谁知四路龙一闻到人间香味，非但不及时行雨，反都来争着要独得供品。赤溪木龙说："我东方甲卯乙，属木。春天百花盛开，万物生长，是我行云播雨的功劳，这些供品应该归我领受。"象地花鼓龙说："我西方庚酉辛，属金。麦惊清明连夜雨，你连日下雨，是我鸣金收兵，才使春作不烂根，这些供品应当由我领。"官井洋的革带龙说它是南方的丙午丁，属火，是它用火止水，才使人间免了水灾。沙坑的沙龙说它是北方的壬子癸，属水，是它调雷降雨，才免了连年干旱。各条东龙都摆自己的功劳，争得脸红耳赤，差点打起架来。几条龙搅在一起，弄得昏天黑地，大雨越做越大，天下更遭殃了！

后来，畲族法师又上疏玉皇大帝，把龙多不治水，不分地域乱行雨，给天下百姓带来祸殃的事告了。玉皇大帝知道后很生气，马上召集各路龙王上天，颁旨划定地界，分司龙职，及时行雨，不准乱来。因玉皇分司龙职这一天是夏至节气过后逢辰的日子，所以，这一天定为"分龙节"。每年"分龙节"，各路龙公都要上天领旨，调拨雨量。因为"龙惊铁、虎惊叉"，所以分龙节这一天百姓上山不扛锄，出门不担粪，免得惊吓和污秽各路龙王。

年长日久，"分龙节"成了畲族男女相会的节日。这一天，男歇工，女歇活，穿着民族盛装成群结队来到畲山盘歌，纺情丝织爱线，热闹得很呢！

银池岗

"牛歇四月八，人歇五月节"。每逢农历四月初八，住在福安县与周宁县的畲家男女都要停犁一天，上到银池岗——牛池坪去"拣银"盘歌。这个习俗有段来历。

相传黄巢造反经过福安时，他把那些带不走的金银财宝统统倒进银池中，叫牛池坪的土地公保管。土地公怕夏霉，每年四月，都要把元宝摆出来晒一晒。

有一年的四月八，有个看牛娃来到牛池坪，看见满山是砖头摆着，他好奇地把砖头翻过来，发现每块砖头的下面都压着一枚铜钱，他高兴极了，花了大半天时间，把山头的砖头都翻遍了，拣了好多好多铜钱，欢欢喜喜地回家。他就把这件事讲给村里人听，大家听了都说是土地公晒银，铜钱是土地公给看牛娃做翻晒银砖的工钱。这样一传十，十传百，大家就巴不得等天亮，好到山上拣那些银砖，可是第二日，天蒙蒙亮，大家赶到山上一看，一块砖头的影子都不见了。

银池岗上有一个很深的池，那就是银池。传说"九库十三缸，不在池沿，就在池中；不在岗头，就在弯中"。要有同一个母亲生的十个兄弟，用谷绳子放银池中，才能钩得起锁，拿得锁匙才能得这宝。

后来，果然有一家生了九男和一女，女的不算数，就用丈夫顶替了，女婿半子也算仔嘛。他们用麦芽糖搓成长长糖绳粘上谷子，做成谷绳子放到银池里去钩。钩呀钩，钩的，宝库的锁匙真的粘在谷绳上，被钩到池面上来，眼看到手了，十人中有个兄弟高兴得大喊道："姐夫，再使一点力啊！"话刚出口，那条糖绳子即刻断了，宝库的锁匙又沉池底去了。从那以后，再也没人去把锁匙勾起来。

"一人传虚，百人传实"，银池中到底有无金银财宝，也说不清，银池岗成了一个长久的谜；不过每年四月初八畲族男女牵群成帮到那里去盘歌，那是另一番情景了。

缪半山戴舂磨

清末民国初，福安穆阳一带有一个人姓缪名半山，练得一身好武艺，绰号"铁头老鼠"。俗话说"拳大打不过墙"，他却能用头把墙撞破，功夫实在了得。

"文无第一，武无第二"。练武人大都生性好强，都想灭他人威风长自己志气。外地有功夫的人，听说穆阳的缪半山武艺出众，三天两头总有人来比试会武。

这一年，从上府来了个后生仔，要和半山比个高低。双方没交上几个回合，就被半山打败了。后生仔不服，说三年之后，要再来较量一番。

三年后，那后生练就一身好功夫，再次来到半山家。这时的半山都有几个孩子了，人也老了，伤了元气，又听说那后生武艺非凡，心中也畏惧三分。怎的好？不比嘛，有失面子；比嘛，这回看来，不是他的对手了。他思前想后，便心生一计，把大石磨扛到厅堂的供桌上，自己躲到楼上去。

那后生进门来，找不到半山，见供桌上放着一个足有三百多斤重的石磨，就问半山的妻子，这是什么缘故？半山妻子应道："我丈夫经常用这当帽，戴头上练功夫的。"后生听后感觉奇怪：我练武至今从未见过有人把石磨当帽戴到头上练，我也拿来试试看。后生摆开架势，沉气运功，只听"嘿"的一声，把大石磨戴到头上。练了一桩功夫后，即刻头晕目眩，虚汗淋淋。放下石磨，后生心想：他能常常戴石磨练武，可我戴着练一桩就已支撑不住，怎能和他比试呢？！苦练三年功夫，还是赶不上缪半山呀！还好他今天不在。这人便偷偷溜回去了。

半山躲在楼上，把这一切都看得清清楚楚，心想：那个石磨我是用了吃奶的力气，好不容易才搬上供桌的，他却真能当帽戴到头上练一桩，咳，真了不得！

从此以后，半山也就不敢逞强了。

缪仙公得道

相传，古时候穆阳缪家出了一位进士，被皇帝派到浙江兰溪县做了一任知县。这位缪知县对仕途的险恶和官吏们审案时经常屈打成招的做法十分痛恨，也十分不理解。有一回，在自己衙门里做了个试验，他说太太的一只玉镯被人偷了，人就是衙役张三。张三被抓来审问，他不承认，缪老爷动了刑罚，让张三受挟棍。衙役们不知是计，以为真是张做贼，死命地拉挟棍，起先张三还挺得住，后来指头越来越痛，痛得撕心裂肺，实在受不了，他只好承认，并画押招供。

审罢“玉镯案”，缪知县痛心极了。屈打成招啊，这就是屈打成招！做官的为了升官发财，不顾别人的死活，在案的为了自己一时的活命，也不顾往后身败名裂。

他以在后园找到玉镯为名，释放了被冤屈的张三，并将自己的三十两俸银送他，叫他回家养伤，去过荷锄吆牛的日子。

从比，缪知县弃官回乡，带着妻儿落脚白云山下，过着自耕自食的隐居生活。有一天，他上白云山砍柴，在山顶的一块大石头前，看见有一对鹤发童颜的老者下象棋，看着看着，竟忘了日落日出，云起云飞。那位坐在北边的老者向他发了话：“砍柴小弟，咱家肚子饿了，那边日头悬山的地方有一棵桃树，树上结有十八只桃子，你去摘来大家充饥吧。”做了砍柴哥的缪知县二话没说转身就走，果然在那座日头悬山的地方有一棵桃树，树上真有十八只桃子，他脱下衣服，包了桃子，回到二位老者跟前。那位坐南边的老者说：“砍柴小弟，你辛苦了，你先吃吧。”

缪知县拣了其中最小干瘪的一只，用衣角擦了擦桃毛，三下五除二，两口就吞下去了。二位老者相视一笑，眉宇间露出欣喜之色。那位坐在北边的老者又发了话：“砍柴小弟你该拾柴回家了，家中妻儿在等着你哪？”

缪知县如梦初醒：哎呀，自己不是来砍柴的么？怎么在这里看人家下棋呢？他赶紧去拿柴刀，去找扁担。然而搁在一株小松树树杈上的柴刀只剩下露在树皮上的一小截柄，它被长成合抱粗的大松树“包”进去了。松树下的扁担呢？明明就放在树头下嘛，却连个影子都没了？

凭着记忆，缪知县好不容易找到自己的村子，可是村里人没一个认得他。他找到自己的老屋，老屋只剩四个柱子是旧的，那搁在厅堂前的石臼依稀还认得，其他已面目全非，他向屋里的住户说明自己的身份，许多人摇头说不晓得。有个年长的老人以十分诧异的目光看他许久才说："我家的祖公，是有叫这个名字的，可他不知道死多久了，你小子和我祖公同名同姓，我们不怪你，可你不能冒充我祖公哪？"

缪知县灰心丧气回到白云山棋盘石前，那两位老者正收恰起棋子准备走。缪知县已悟出自己是遇到神仙了。山中方一日，世上已千年，自己已无家可归，何不跟他们修仙去？缪知县向二位老者施礼道："敢问二位仙翁是哪路神仙，愿收我为徒么？"二位老者呵呵一笑，说："我俩乃北极仙翁、南极仙翁是也，弟子业已成仙矣！"缪知县大喜："那好，我跟仙师走！"二位仙翁说："弟子功德未满，当在此建立仙宫，修绩养性，功成之日，我等自会派遣仙鹤童子迎你上天。"

从此，缪知县变成了缪仙公。棋盘石旁起了仙宫，三县十八乡的许多善男信女上山拜师当了道童。仙宫里有一口灵验的祈雨井，何方遇旱，只要你上山祈雨，缪仙公就会为你垂下葫芦瓶，敕令该处龙君急速普降甘霖；哪处百姓有难，只要在神坛前焚香祷告，缪仙公就会派出童子，前去禳灾解难……仙宫的有求必应，一传十，十传百，传遍山山水水，白云山成了八闽大地的道教名山。

缪仙公从众多的道童中挑选了七十二名德高心静者，授予真经。缪仙公升天以后，成了南极仙翁的值宫侍者，白云山宫里都要做三天三夜的"大供"。在这一段日子里，你登上白云山缪仙峰福地，你就会看到奇妙无比的佛光群，是缪仙公带领他的七十二弟子返回故地，为乡亲们禳灾祈福。

"皇帝茶"

在闽东畲族聚居的高山村，至今还长着两棵二丈来高的"皇帝茶"，传说这"皇帝茶"还曾救过高山上的村民呢。

相传，一年夏季，"天公"降"天火"，烧得泉涸井干。接着，人们便都得上一种疫病，上吐下泻。村上人好比烂竹篓里的泥鳅，死的死，溜的溜，不几天就去了一大半。当下，有个名叫钟大弟的畲民，为了救活村民便想出门寻医问药。有人告诉他说："这种疫病，除非向'皇帝伯'求救，没有别的良方。"钟大弟想："山高皇帝远，到哪里去找呢？难道全村畲民就没救了吗？"他不甘心，仍然跋山涉水，到处寻医。一天，他走得唇干舌燥，便坐在山坡上的一棵枫树下面休息。这时，看到对面悬崖上有棵绿叶葱茏的小树在随风摇摆，并且传来阵阵奇异的芳香。他好奇地爬到悬崖上，随手采下一叶，凑近鼻子一闻，清香沁人，衔一叶，舌生津，只觉自己的精神马上好了许多。他心中暗想：

“眼下请不到医生，这树叶能使我精神变好，说不定可以医病哩。”他攀上树去采了一篮子绿叶带回家里，用沸水泡了，饮上一口，开头觉得有点苦涩，但稍过一会儿，便感到味道渐渐转甜，香气直沁心脾，心中烦躁尽消。钟大弟欢喜极了，立刻再泡一杯，并且随手在茶水中加了几片生姜，让他正在生病的儿子喝下，当晚，病儿腹泻就止住了，第二天便痊愈。村民听说这个消息，都纷纷来向钟大弟求药。钟大弟热情地给全村畲民治病，并且慢慢地摸索出了“姜茶治痢，糖茶和胃”的处方，使全村病人转危为安。钟大弟为了使这株仙茶繁殖起来，便再赶到原地，折下几支枝条插在自己村附近的园地里，细心培植。

钟大弟插下的枝条，经过高山云雾雨露的滋润，慢慢地长成二丈多高的大树。由于它是钟大弟寻找皇帝求药而得来的，而且又是茶树中最大的两棵，因此人们叫它“皇帝茶”。每年不到清明，就有嫩叶可采，采下的茶叶色泽青翠有光，素有“九泡有余香”之称。新中国成立以后，“皇帝茶”被命名为福安大白茶，成为全国推广的优秀茶种之一。

臭摄（鱼腥草）

传说明朝正德年间（1506—1521），福安县才溪山上有个畲族村，名叫林洋。林洋山清水秀，田园似锦，一片好世界。畲家人年年酒满坛、谷满仓，过着无忧无虑的好日子。

可是好景不长。村前才溪潭里不知道什么时候来了一只修炼千年的九尾鲤鱼精，它嗅到山上人烟，夜间就跑到林洋山上吸吮稻汁，摄走人气。每当它摄气时，就发出一股难闻的血腥味，闹得林洋村瘟疫流行，土干田旱，好好的畲族村被弄得一片凄凉！

当时，林洋村里有个木匠，农闲出门做工，农忙回家种田。这一年他从外面做工回来，眼看清明都忙过去了，田里还没有一滴水，他就去找水播种。

木匠踏着烫人的路面，走过九座山，爬过九条岭，来到一个山洼，听到一声声少妇的啼哭。木匠寻声找去，找到了一个石洞，里面关着一只金色的蛤蟆，洞口布满葛藤，哭声原来是这只金蛤蟆发出的。他问蛤蟆：“你哭什么？”蛤蟆说：“我是林洋山里修炼九百年的蛤蟆精，如今被害人的鲤鱼精打入土牢，请你救救我。”木匠问：“怎个救法呢？”蛤蟆说：“把洞口的藤草烧掉就使得了。”

木匠摸出衫袋里的火石火刀，打火烧藤，藤被烧掉了，蛤蟆变成了一个妹子，从洞里走出来，送给木匠一条金钗，叫他用这枚金钗雕一条木龙，一定能镇住鲤鱼精，畲山村寮就能消灾化难了。

木匠带着金钗转回家，一五一十对乡亲们说了，有的老人说，这木龙最好雕在大雄宝殿上，请如来佛也来帮忙降妖。木匠觉得有理，就用金钗在大殿的中梁上刻了一条木龙，百姓们一直烧香拜佛，可是天还是不下雨。

正巧，正德皇帝游江南路过林洋，来到大雄宝殿，他抬头望见大梁上的木龙比金銮殿里的金龙还活，唯独脚上差了个爪。就提起笔来点上了一只爪，这一点，四爪龙变成五爪龙了，木龙也活了！一时间吞云吐雾，雷雹交加，大雨降下来了，木龙飞上天去了。殿里执香火的两个徒弟抓住龙尾，也被木龙带走了。

这场雨一连下了三天三夜，食土三尺，旱灾解除了。雨过天晴，溪畔出现了九座山头，这是九尾鲤鱼精被木龙打败变成的山头，乡亲们就叫这九座山为九鲤峰。

后来，鲤鱼峰上长出了一丛丛奇异的草，它的味道也有点腥臭，人们叫它鱼腥草，畲家人叫臭摄。这草过夏天以后，枝叶间会长出串串珠子，人中暑，吃了会解暑，所以大家又叫它鱼鳞珍珠草。据说那是鲤鱼精被木龙治罪后，把往年从畲山上摄去的精华，全部吐还人间，林洋村重新恢复了往日的生机，这鱼鳞珍珠草也成了畲家人解暑的良药。

名人写穆云

穆云之美在于一种浑然天成，是在外穆云游子“梦回”的家园，是过客难以忘怀的“梦境”，从流水白云到古韵桂林、从隆坪之史到里楼之春，从葡萄沟到桃花源，穆云是文学家眼里的“安琪儿”，文学家用淡墨浓彩给世人描绘了一个更美好的穆云。

啊，白云山

张炯[①]

我走过祖国的许多名山大川，登临过井冈山的茨坪和朱砂冲，也登临过大别山的金刚台、泰山的岳顶、黄山的天都峰……但我总忘不掉故乡的白云山！

从小我就住在白云山下一道溪谷的小村里。溪叫桥溪，所以村子也叫桥溪。桥溪的得名大概由于溪上曾架有一座飞檐木楼的跨虹形大桥。这座全面杉木纵横交错、支在两岸岩石上架起的有屋顶、有廊柱，中间还有神龛的楼宇式桥梁，在别处我还未见过，称得上是就地取材的劳动人民的创造，在山村里显得气宇非凡，虽无雕梁画栋，却委实气概轩昂，是小时我所见到的最壮观的建筑了。人们可以坐在桥上的廊柱下聊天、钓鱼，善男信女更可以在桥上的神龛前烧香磕头。每逢迎神，大队人马抬轿、旌旗华盖、鼓乐锣钲，都可以熙熙攘攘从宽阔的桥楼中涌过对岸。这座桥是全村的政治、文化、宗教中心，也是飞短流长的新闻交流中心，可以说是远近闻名的。那时，我在村子里的国民小学读书，经常跟伙伴们在这桥下的深潭游泳、跳水、打水仗。虽听说过白云山很高很高，却也只是高山仰止，从不曾上去过。

1949 年 4 月，我从福州回到桥溪。那时我已是地下党员，跟几个同志奉命来到白云山开展武装斗争，这才有机会登上了白云山。为了开辟一个根据地，就得先做群众工作，有一天，我和一个同志一道攀山越岭，来到白云山主峰下的里楼楼下村，住在我的一位亲戚——老贫农的家里。第二天一早便一鼓作气，攀上了白云山的主峰。记得那一带布满密林修竹，山道很不好走。青青的大毛竹，一片森然。穿出竹林再往上攀，才见前面的山头平坦起来。及至登上山顶的一片平地，举目远望，心中豁然开朗。我当时高兴得不得了，因为屹立在这高高的山顶上，脚下的群山都走如龙蛇，“一览众山小”了。极目远望，不但可以见到穆阳镇，在云爱云逮的云中还可以看到闪着蓝光的三都澳港湾的海水……这对于住惯了山凹子的我来说，实在是眼界大开，心胸为之一阔。山顶上倒不见白云，片片白云都沉到脚下的山谷里去了。但见天风荡荡，四处又极幽静。百里山河村廊，尽展眼底。这是我第一次登上高山的极兴奋极新鲜的印象，也是终生难忘的印象。后来，我们的一支游击队便出没在白云山的深山密林、溪旁桥边，由几个人发展到一百七八十人，东攻社口，南袭城山，西取穆阳，国民党反动派的县政府、县保安队、

① 福安市人，中国社会科学院文学研究所原所长、中国作家协会原副主席。

云爱云逮白云山（2016 年）

警察局再不敢在县城呆，逃窜到赛岐去了。游击队员大多数都是白云山区的村民。还在三十年代，这一带便有红军，富于革命的传统。虽然参加我们游击队的多已是红军的后代，但先辈的红旗他们没有忘记。当时尽管我们只有几个同志来到山区开展工作，革命力量却发展得很快。那里的人民给我们送情报、供饭食、送子送夫来参加队伍，甚至没有枪就扛着锄头和大刀、梭镖、鸟铳的，给我的印象深极了，这也是我终生不能忘记的。我们的队伍在桥溪的桥楼上誓过师，学习过三大纪律八项注意。这座桥楼现在早已不存在，被洪水冲走了。换上的却是一座水泥桥。1983 年我回到桥溪，当年游击队的许多老队员都来看我，我们合影了一张照片，现在还留在我手里，尽管这些战友都已白发苍苍，但当年他们加入游击队的英姿笑脸，仍然活在我记忆里，就像白云山那青青的竹林，那潺潺的溪流，那苍苍的群峰，永远也不会衰老！

啊，白云山，我是那么想念您呀！

桃林里的村庄[①]

郑望[②]

阳春三月，从闽东重镇穆阳驱车前往宁德世界地质公园白云山，沿途万亩桃林满树繁花芳菲斗艳，美不胜收。且行且看，我们远远望见一座峰峦，酷似张嘴耸耳的虎首，这便是虎头山了。山下啸溪之畔，淙淙流水环绕一个古朴村落，大有《桃花源记》中“土地平旷，屋舍俨然。有良田美池桑竹”之概。

一抹抹粉红的桃花掩映村道，将我们诱进风情妩媚的桃乡。这时，如诗如画的畲村，正举办“桃花节”畲歌会，山哈穿上畲族节日的盛装，迎迓来自四面八方的宾客。据虎头畲族族谱记载：“始祖吴知几，字其神，又名法度。原籍泰顺县九堡大路边，随父迁居福安九都桐湾。妻彭氏、蓝氏，生有九子，居数十载，后经世乱，矣子由桐湾散居各地。知几之第七子吴法东公娶雷氏，为过门女婿，生5子，长子吴达公派下居住虎头，至今已有300余载。”吴达公选择虎头宝地建立家园，至今繁衍270多户人家。吴姓畲人充分利用啸溪河畔这块山园，栽植茶叶及枇杷、葡萄、杨梅、蜜桃等经济作物。从20世纪30年代伊始，村民又广种由澳大利亚传教士引进的水蜜桃（西洋蜜桃与本地白蒲桃嫁接品种），该桃品质极佳，被誉为桃中珍品。三月，在那桃花盛开的地方，放眼望去，田间地头花团锦簇，红的似火，粉的如霞。广袤的原野上到处人山人海，赏花的、拍照的，来了一拨又一拨。那些寻幽探春的姑娘们，采一枝花拎在手里，也引得蜜蜂伴随飞；那些用镜头追花的小伙子，活跃在花丛中，妙手绘尽妩媚春色；七月水蜜桃成熟时，枝上挂满了熟透的桃子，散发着水蜜桃的芳香。山冈上采摘水果的乡亲们，手提肩挑一筐筐、一篮篮水蜜桃，脸上洋溢着丰收的喜悦。穆阳水蜜桃以果大核小、色泽鲜艳、肉质柔软、汁多味甜、香气独特而享有“仙桃”的美誉，因此吸引商贩云集溪坂竞相争购。桃农们坐在桃园里用手机接受预订、捡桃、装桃，将大把大把票子装进鼓鼓囊囊的腰包，脸上洋溢着丰收的喜悦。

桃之夭夭，灼灼其华。从房前屋后探出的桃花枝，随风摇曳，仿佛在招呼我们进入桃林。沐浴花海，徘徊花丛中，深吸几口氤氲的花气，心花也像花儿一样灿烂。在桃花下与桃农攀谈得知，改革开放以来，村民们把目标锁定在发展省优地方名水果穆阳水蜜桃上，

① 本文收录于海峡文艺出版社2011年9月出版的文集《飘香白云山》。

② 笔名丘陵，福建省福安市人，曾任福安市文联主席，现为福建省作家协会会员。迄今有600余篇作品见诸报刊，并多次获奖。

桃林里的虎头村（2014 年） 林新富 摄

对水蜜桃单株不断地提纯复壮，选种育苗及避雨栽培，使桃树成了最能代表畲乡人幸福之梦的果树。从生产桃到发展桃产业，这个“穆阳水蜜桃第一村”成立了水蜜桃种植专业合作社，注册“虎桃牌”商标，协建“穆阳水蜜桃酒厂”，向深加工之路迈进。一株水蜜桃，甜蜜全村人。如今，一个 1000 多人的村庄，共种植桃树多达 2000 多亩 10 万余株，年产量达 1000 多吨，产值 2400 多万元，该村水蜜桃还荣获国家农产品地理标志称号。虎头人呵，桃花美丽着你，水蜜桃甜蜜着你，“为了你的景色更加美好”，你终于走出了一条绿色乡村的“宽阔路子”。“不想只用一朵花取悦游客，还亦‘一颗桃赚多道钱’，举办桃花节、采摘节等系列活动，使‘虎头桃源’成为福安旅游的亮丽名片。”该村村民主任吴树灿如是说。

徜徉村中，沿着红彩结的“畲”字灯高挂的文化长廊行走，只见一座座富有畲家文化韵味的新房伫立在桃林茶园间，房顶椭圆形族标“双凤朝阳”格外醒目。一座木拱廊桥，像一条长龙横卧在溪流上。桥下潺潺流水，桥上凉风习习，迎面是“凤凰于飞”艺术雕塑。映入眼帘的树林、廊亭、“摘桃女”造型塑像与古建筑自然结合，畲族传统彩带中的织纹图案也被框饰房屋四周，尽现畲家遗风。新辟的旅游大道两旁镶嵌一首首古代诗人赞颂桃花的诗词，让人过目不忘；“王母蟠桃”“寄书桃”“唐僧三师弟与蟠桃会”……一个个有关桃的典故图像装饰在特制的镜框里，吸引游客们驻足观赏。贯通村内的生态观光道延伸到每家每户门口，农家面貌焕然一新。

近年来，虎头村投入大量资金建设观光步道、跨溪木栈桥、观景台、桃文化长廊、停车场等，发展生态观光、田园采摘、畲家小吃等旅游经济，实现了从种植“文化桃”到打造桃文化的跨越式发展。桃林里的村庄，将“花果山”的“生态美”与农业观光旅游业完美“联姻”，惬意了津津有味的甜日子，也惬意了畲民的“绿色红利”。村里建成畲族文化活动中心，倡导文明、崇尚科学蔚然成风。村小学少先队还被评为全国优秀少先队，获全国“创造杯”活动奖；德育教育材料《民族团结一家亲》，被收入福建省思品教材；村支书被推荐参加中国农村发展促进会在山西大寨召开的全国村主任论坛，在56个民族村百名优秀村干部盛会上，展示了虎头桃乡人的新风采……畲家桃花园，已成为当地一张“金名片”。作为水蜜桃专业村，虎头还被列为全省美丽乡村建设试点示范村，摘得“全国生态文化村”的桂冠。

陶渊明的《桃花源记》，给人们描绘一个“世外桃源”，也给人一种无限的遐想。如今，有梦的畲家人，也在构筑一个“新桃花源”的梦想。其实，梦想就是理想，就是蓝图，就是终有一日可能抵达的远景。“追逐一朵花开的时间，等待一颗果实成熟的季节。”虎头村利用“闽东珍果”产业风光带、桃源山庄农家生态园，形成以赏桃、摘桃、品桃为主题的绿色生态游和农家乐旅游项目，做大水蜜桃文章。虎头桃园，蕴含了多少“山哈”的汗水和智慧。村民们用辛勤的汗水，滋润遍野旖旎的花事；用智慧的心血，浇灌“桃花村”活着的文化，这大概就是他们之所以取得成功的奥秘所在。

又是一年春暖花开时，“桃林环抱着秀丽的村庄”，满树和娇烂漫红，万枝丹彩灼春融。虎头村哟，你让水蜜桃美的漫天祥云，满地春风。八方的游客呵，若觅世外乐土，不如转入此中“桃”醉满园春色。这里不只是花的海洋，还是人的海洋、歌的海洋。这种海洋能把你的存心溶化成甜蜜的琼浆！

里楼走春[①]

杨昌长[②]

“山外青山楼外楼，白云山边卧里楼；里楼仰鼻撞山头，山头里楼差分毫。”听这首打油诗，你就知道里楼村与宁德世界地质公园白云山是多么“亲密无间”了。不然，它

① 本文发表于2017年3月17日的《福建日报》。

② 笔名舍人，号江渚渔樵，又号三山吟叟。毕业于福建师范大学汉语言文学专业，结业于鲁迅文学院。现为福建省作家协会会员、副研究员、福安市老年大学副校长、福安市优秀人才，著有散文集《淋湿的记忆》《如歌的散板》《永远的乡愁》等。

怎么有“离天最近闽东山村”的美誉呢？作为一方游客游白云山的“大本营”，这些年来，里楼村的知名度在福安当地可是杠杠的啊！

丁酉正月走春，我云游白云山的“舟楫”，就泊在这个隶属福安市管辖的穆云畲族乡里楼村。早闻该村是个畲汉杂居的村寨，钟、刘、雷、吴、郑五姓，在这里已传祚两三百年，瓜瓞延绵也有数千之众；不过，如今栖息在这块黄土地上的村民也只有600多人。该村村民主任钟木春告诉我，其先祖为坂中畲族乡大林畲村二十三世祖希圣公的裔孙国忠公，于清乾隆年间（1736—1795）从十六都籁头村迁至里楼卜居发轫。该村钟氏畲民世代以耕读为立身谋，以歌言（山哈对歌）为传家宝，与后来迁徙这里的刘、雷、吴、郑诸姓和睦相处，亲如一家（诸姓联姻，缔结亲眷。钟木春就与村中刘氏之女结为连理）。过去，钟姓族人大都以农、牧业为生，偶尔也做点小本生意。改革开放春风渐渐吹进了这里的山旮旯，为数不少的钟姓子弟，也步入了高等学府的殿堂，实现了山哈人的凤凰涅槃。如畲家细丁囝钟明，科班毕业后，一步一个脚印，现已担任了宁德市检察院的处长。说到各行各业其他畲家儿女的出彩时，钟木春的脸上总是笑得像山花灿烂。

该村的另一大姓为刘姓，人口还超过第二大姓的钟姓。我从村支书刘宜春口中得知：其先人是从周宁迁徙来的。刘氏在该村已螽斯衍庆了240多年。其族人与钟氏大体相同，先前亦以农、牧为业，生计全靠小农经济，是党的富民政策，让这里的刘家子弟都宜家宜室、茁壮成长。如刘姓村贤刘安生，早年就把公司开到了乌鲁木齐，其边贸生意还做到吉尔吉斯斯坦等独联体国家，如今已挣下数千万资产，那年村中办公益，在新疆安“生”立命的他一下子就捐了200万。还有刘姓后昆刘天强，毕业于哈尔滨工业大学和美国波士顿大学，取得双硕士学位的他，现为Orbeus计算机视觉公司Orbeus联合创始人，其前程不可估量。不用多说，从刘宜春话匣子倒出的些许话儿，已让我对这里的刘氏精英刮目相看而心生景仰！

里楼走春，目睹耳闻。所见之处无不风光灼灼（部分村民还盖起了别墅式洋房），所闻之言无不赞语声声。正当我沉醉在这东方风来满眼春的曼妙之中时，回村探亲的村贤刘道光，又给我补上了一节该村民俗民风课程：里楼是北上白云山的通衢之地；明时，周遭村民皆从这里上白岩（白云山银矿矿场）采矿，曾留下“三十六银洞，七十二锅灶”传说。更值得一提的是，这里还是每年农历六月初一穆阳一带畲族青年上白云山相亲对歌的宿营地。届时，他们都会穿上畲族盛装，在村寨里亮开嗓子，练习盘歌，歌

里楼刘氏宗祠（2014 年） 林新富 摄

唱爱情，歌唱生活，唱得鸠团（林鸟）都忘了归巢哩！民风的古朴，更让这里成了一处难得的“世外桃源”。夜不闭户，路不拾遗，村民人人都是模范儿；打架斗殴、偷鸡摸狗，畲汉个个从未触碰……

白云悠悠，村寨欣欣，清风徐徐，畲汉亲亲。里楼走春，我收获的岂止是满满的喜庆！

一段流水惊白云[①]

禾源[②]

我要是白云山上的一棵树多好，哪怕是很小的一株也行。

是树就有根有叶。根，扎在的山体里，汲取地气，传导着山的脉动，借助几阵风，

---

① 本文发表于 2016 年 9 月 28 日的《福建日报》。

② 本名甘代寿，中国散文学会会员，福建省作家协会会员，宁德市作协常务理事。在《文艺报》等几十家刊物发表作品百余篇。曾出版小说、散文集五部。曾获孙犁散文奖、首届“在场主义”散文奖的新锐奖、福建省第六届百花文艺奖。

把根的情怀输送到了枝干，摆动起山的律动。叶，晴天晒着阳光，雨天沐浴雨水，春季翠滴滴的绿醉得自己软绵绵地卖萌；夏季里一片叶子就是一座山的平面图，脉络清晰，沟壑隐约，细细品读，仿佛能读出世界地质公园奇特地貌，高山、峡谷、壶穴，以及每段的水流都记录在这一片叶子里；秋高飞爽，白云山的高峰把天顶得更高，白云轻驾，一树树的红叶，从绿丛中升起，傲雪斗霜的气概立起一面面大势；冬季，山间的树惊呆地望着山头的积雪，一夜间白云山怎么就成满头皆白的仙翁，而山间之树也成了鬓发花白的汉子。

若成为这里的树，知山知水，还知四季，那才是白云山真正的主人，就是没有满腹经纶与万千游客说天道地，但一定能凭自己丰富的阅历，给游客展示这段水流的经年世事。是的，在白云山九龙洞山上的树就告诉我这一截溪谷的经年流水。从洪荒以来，这条溪谷悬崖挂瀑，壑深成潭，滩流如练，这一段溪谷的水声石语是蟾溪村代代说书的浑厚之声，是溪塔村畲歌对唱的动情旋律，是溪谷中孩子们嬉水的欢声笑语……是她们与这里的天籁经声禅乐和谐奏响的交响乐。那棵岩边的树，就是随着这乐音且舞且长，从小树长成了老树，树上每一个斑点，都记得这一切。我抚摸着老树，用这最亲近的肢体语言向它请教，树干粗粝的肌肤还带着湿润，一个老者的沧桑，一个智者的温馨，同时让我会心入境。

几年前白云山峡中建了水库，水落而石现，瀑成挂珠，水流浅吟，水与石几百万年相守相离，那种复杂的情感一白于天下，惊动了许多亲见者，惊呆了白云山上空的朵朵白云。洪荒之力与铁石心肠居然磨鬓擦腮演绎出一幕幕水下龙宫，人间奇美的地质大景观。洞，是水与石倾心的沟通；壶，是水与石相约相守的情穴；那瀑布岩又是它们相抚的留痕。只因水的生命在于路上，石的生命在于厮守，石看着汩汩东去的水，只能借日月点灯，以水修书，把自己化作一个笔架守在案头，寄去相思。这水与石天荒地老的爱，原来都见证在九龙洞的这条溪谷中。有情有爱的世界就没有丑恶，这满川的石，块块都美，块块都揣一颗痴心，而又吐纳着灵气。想到这，我慢慢地依偎在树上，萌出一种孩童的可爱。闭上眼，想起传说中朱阳关杜员外女儿杜润玉得桃怀孕而生九龙的故事；想起前些年我的同学在这里演绎的一出让人羡慕的插曲。攀爬、观景，突然一位秀美的姑娘从一块大石跃到另一块时没踩准位，就要下滑，在那块石头上接应她的人，也就是我的同学，大喝一声，“男朋友在此，别怕！”一把猛揣，把她揽在怀里。满溪谷大声喝彩，这一个突如其来的男朋友之“爱”，成了一天的美谈。“男朋友在此，别怕”一路上喊个不停，虽说后面的路，不见有人抱得美女入怀，可这水与石的执爱大美，则让大家心怀满满。

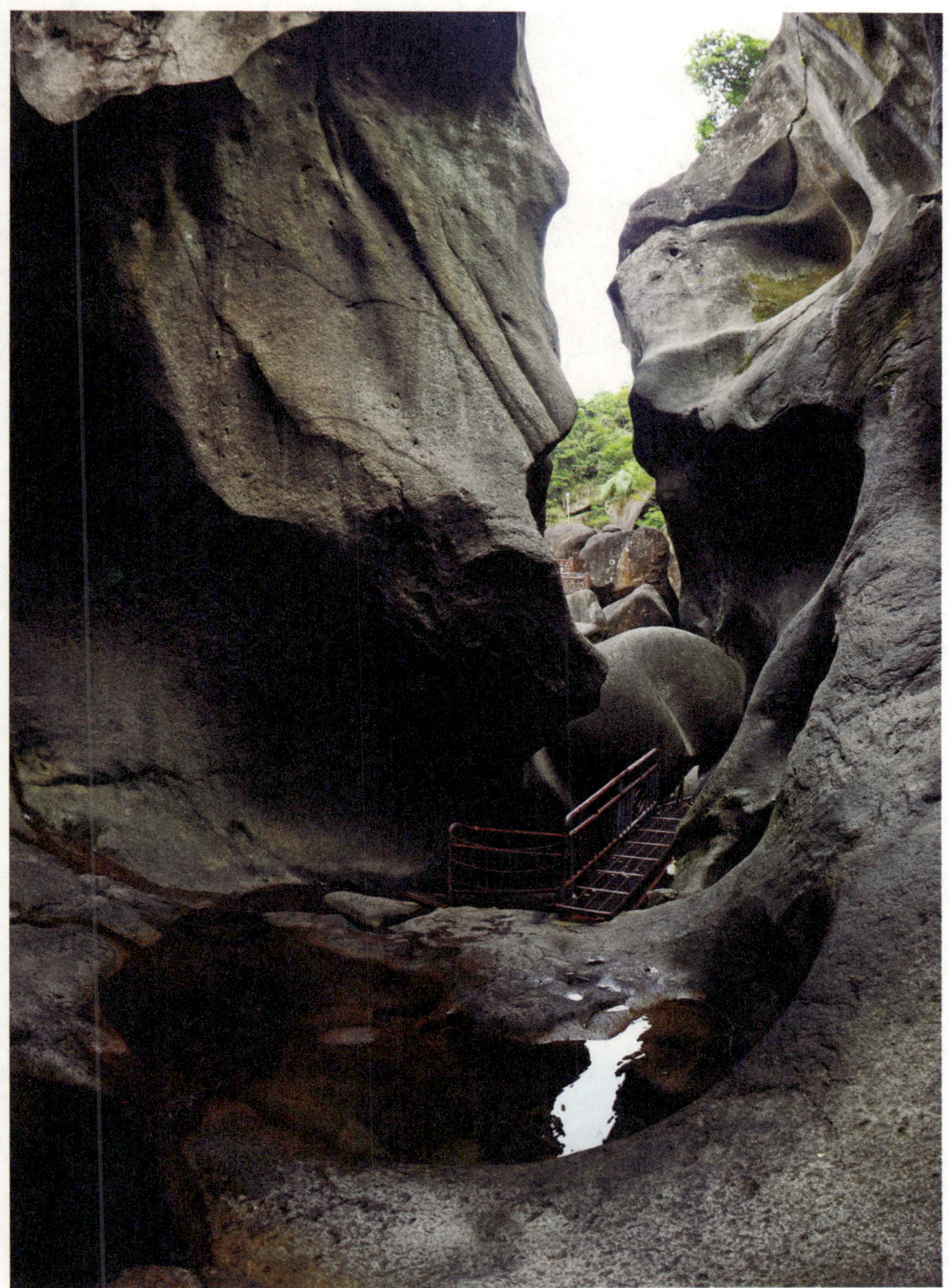

白云山相守相离水与石（2016 年）　林新富　摄

“走吧！”是我朋友的招呼，天上飘下了一些雨丝。我这一依偎仿佛与树说了许多心语，心中找到了几分满足。我再一次与老树亲近是双手搂着她，那点粗粝的感觉虽然犹在，但我体会更多的是那潮湿的温润。我虽还想问，老树的护肤之润来自何方？还想问，我也能成为这里的一棵树吗？一片落叶从树上落下，慢慢飘到被人称作九龙生命之门大壶穴中，我权把这片落叶当作树的释疑，树的护扶之润来自这九龙洞里潺潺不绝的流水，来自白云山上的天光水沐。人只能是一片树叶，醉美一季，落叶归根就是大福报。

我取出手帕，擦了擦脸，拭了拭眼角，回顾着老树与这里水与石执爱铸造的风景，几分不舍，几分惬意，别过，别过！

古韵新风话桂林[①]

黄曙英[②]

对于桂林，停栖在记忆中的便是古朴与清丽交织的田园骊歌。少年时代的我在穆阳三中求学，住在桂林村口表伯家里，两位表伯都是在宁德退休后一同回归故里置地建房，颐养天年。那时，我正值青春期，性格甚是腼腆，心里怀揣文学梦，总喜在花前树下悠思，静静阅读书籍。然而，校园外的森林常有情侣往来，稍远又担心老人记挂念叨，于是如同玉女飘带般绕桂林村而过的穆水与啸溪汇聚处，那一片葱郁的溪坪茶林，成了我休闲时经常逗留的好去处。而最愉悦的享受，莫过于在炊烟袅袅的黄昏中，沿着桂林别具一格的十八曲螺形路，穿过特色各异、错落有致的古民居，在香气飘逸的深巷里，享受远近闻名的桂林扁肉，在味蕾上尽情绽放的感觉。那细皮、鲜嫩、华润又甜脆的味儿，一口口细细品尝，真是回味无穷。日子久了，桂林村也成了熟门熟路的地方，村中的千年樟、榕抱樟、五帝泉、蘑菇榕、明镜潭等奇特美景，还有位于村东面 1.8 公里凤翔山半山处的清泉洞，于绿野芳踪独辟一嶙峋石洞，约 200 平方米，磐石覆盖，内供神明，成就了一方信众精神寄托。史载清泉洞为清光绪十三年（1887）桂林王贡南倡辟，融淳厚人文、古朴民风、清爽环境于一体，让人流连忘返。

① 本文收录于福安市委宣传部 2016 年的文集《福安好穆阳》。

② 女，中国散文诗学会、福建省作协会员、宁德市作协理事，现供职于福安市文体新局。作品在福建省一级期刊《散文天地》“跨世纪青年散文家专号”推介，曾获“中国首届微型文学大展”二等奖，福建省作家协会、世界福文化专委会征文赛优秀奖，“中华当代文学作品汇展”优秀奖等奖项。多篇作品收录十多本作品合集，个人成果入编《福建省文艺家辞典》。

位于桂林村口大榕树处的王氏祠堂是村民们引为骄傲的“天下第一宗祠”。该祠堂因背依螺峰山，俗称螺峰王祠。始建于明朝万历三十七年（1609），至今已有400多年的历史。后因焚于火，到清朝光绪二十二年（1896）迁址重建。为土木结构、穿斗抬梁混合式建筑，占地面积1613平方米，主体建筑依次为门楼、戏台、祠厅、祖堂组成，具有鲜明的清后期祠堂建筑特色，主体建筑规模宏大，造工精巧；尤以木雕艺术精美、手法讲究见长，体现了晚清时期闽东一带祠雕艺术的特色，对研究清代中后期祠堂建筑及装饰都具有很大参考价值。据祠堂主事称，桂林王氏乃属太原王氏，是开闽王王审知之后，其开基始祖寿公之子畴德公选择了这块桂树环抱的宝地，作为自己的家园，繁衍子孙后代，至今已有900来年的历史，其分支定居在福安市境内的有康厝的社洋、罗洋、筧头、上村、邮亭，穆阳的苏堤及穆阳本村，赛岐的廉首，甘棠的南塘、港边，以及湾坞溪尾、溪柄等村。此外还有周宁、政和、宁德井上、柘荣窖洋、福鼎秦岐、寿宁祭下洋、下坪峰等县外镇村。该祠堂内现存有明代天启皇帝颁发圣旨一道，且祠堂正门上镶有“开闽第一宗”字样。另离王氏祠堂不远处的桂林启元祠建于清乾隆年间（1736—1795），其祠厅面阔5间，进深7柱，用材硕大，举架特高，明、次间皆采取彻明造，梁架结构粗犷明晰。族人皆称为“众厅”，厅内保存有17通碑刻，数量可观，最早是明万历，以及清代多个时期的，均记载王氏族人公益田产等事由，体现着中国传统聚族而居共置公产的历史现象，对研究福安市历史人文和地方特色均具有重要参考价值。

村里历史悠长的还有两个残垣断壁的北门和东门。村中老人介绍，历史上桂林村为防御自卫而筑堡，按东西南北建有四个城门，沧桑迁演，现在就剩下城堡北门，位于桂林村“三门境”，保存较为完好。大门外侧灰塑门额横匾，内书“巩固崇恒”四字。门内侧城堡顶部横条石侧沿刻有：“螺峰王宅造”。从北门直走约150米处到东门。门口正东向，城门为四方形，用花岗岩条石叠砌，比较规整。横架在城门内侧上的条石沿面刻写着：民国二十五年（1936）五月重建。东门南向数米处是民居建筑，北向还残存有用大鹅卵石和块石垒砌的残缺旧城墙，斑驳的墙体留下岁月的痕迹，也留下思绪翩跹的浮想。

桂林村是穆云畲族乡最大的行政村，不仅人才辈出，还是一个有着革命传统美德的老区。曾孕育过湖广茶陵州知州王九韶公；出过同治年间丙子科武举人王裕明前辈；有与周恩来总理同学的法国里昂大学法学博士，闽东地下第一个加入中共党组织（1921年入党）的王骏声同志；有曾经参与国家原子弹、火箭研究的师级干部王祖如先生等。在解放战争时期，粟裕、曾志、叶飞、任铁锋、陈挺等革命老前辈都曾在此从事过地下革

隆坪隆兴禅寺山门幽深（2014 年）　林新富　摄

命斗争。当粟裕带领红军部队进攻穆阳，受溪流阻挡，无法通过时，当地群众踊跃捐工献木，撤下自家的门板、梁木，配合红军抢搭浮桥，使红军渡过穆水，顺利地攻克了穆阳，赢得了胜利。当时粟裕曾感动地许诺，待到全国胜利，一定为桂林村群众建一座红军桥。如今该桥已穿越南北，成为白云山互通口一条重要交通要道。村里建起了农民公园、“文化堂”等休闲活动场所，大批的农民企业家把茶庄开到了北京、天津、南京、上海、青岛等地，桂林村人正以开阔的视野，崭新的风貌，创造出更加美好的生活！

隆坪史话[①]

郑明[②]

从福穆公路往东北约 12 公里，便来到穆云乡隆坪村，这是一个畲汉杂居的村寨，然村民以汉族居多，全村近 300 户 1000 多人口。村民以林姓为主，杂以雷、郭、黄、

① 本文发表于 2017 年 2 月 16 日“今日福安”微信公众号。

② 现为福安二中语文高级教师、福安市校园文学社副社长、福安市作家协会会员、福安市优秀青年人才、宁德市第四届人大代表。主编的校报《扬帆》曾获得全国校刊校报评比一等奖。

陈、施、汤、王等姓氏。据村民说，迁徙到这里最早的姓氏是毛氏和刘氏，因此其地最早名曰“毛刘坪”，可如今已寻不到这两姓氏族的踪迹。“邑西二十里有乡曰‘隆坪’，林族居焉。环绕皆山，有文峰，有带水，有灵龟把口，有双蛇赶水胜景也。实胜地，俗醇厚，人质朴。”（《林氏宗谱·建宗祠志》）宋绍熙年间（1190—1194），林姓隆坪始祖文盛父子迁徙至此，以“上大夫”和“孝廉”的身份归隐山林，沿袭至今已有800多年，繁衍子孙有数千之众。此后，上杭陈氏一族，郭姓、黄姓以及其他姓氏，少数民族也相继迁居于此，绵延至今。

东雄狮西笔岚，北玉女南文峰。群山环抱中，九曲溪流蜿蜒而过，世代隆坪人依山而居、临水而筑，务农为主，自耕自作，在相当一段时期，茶叶、桃李是村民的主要经济收入。隆坪村是福安市西部的文化名村，村中古屋、宗祠、牌坊静静伫立，穿越百千年时光，为后人讲述着一个个古老的故事。

建成于光绪二十二年(1896)六月的“节孝坊”（俗称“隆坪牌坊”），位于村中央，将村庄分为上村、下村。这座远近闻名的石坊，是当时“布政司理问衔浙江钱塘县丞陈承昌原配缪安人节孝之坊”，虽历经百年，但正楼、正脊及坊上弓梁、顶脊、匾、牌的龙凤雕塑、花卉、鸟兽纹等，还有12根栏柱柱头的狮雕、圆球等均保存完好。石坊正中间镶着双龙“圣旨”匾，当年文官到此落轿、武官到此下马的盛况仿佛就在眼前。

黄墙青瓦，飞檐流丹，遗存在村中的几座百年大宅，虽少有人居，但依然气宇轩昂。大门上方匾额上题写的“庆云结荫”“鸿泽渊涵”，以及左右框联中的祖训、祈语等，都洋溢着中国儒家耕读文化的温情。规模最大的当属上村陈氏兄弟依山而建互相毗邻的五座“六扇两边厦”大宅院，占地近10亩。据村民回忆，陈宅正门的“开门见山”四字笔力遒劲、笔风飘逸，遗憾的是因年久失修坍塌加之一场大火，如今陈宅只剩两座大宅空壳，但古屋雕花的马头墙，天井滴水檐留存的太极、八卦，足可见主人当年的风雅和富庶。现在保留较为完整的百年大宅，则是上村的施宅和下村的黄宅。村中除了林氏宗祠，还有林公宫、圣贤宫、显应侯王宫、虎马将军庙等清代建筑，供奉着比干、孔子、文昌帝、关羽、岳飞、林则徐、薛念、林亘、虎马将军等圣贤。这里，还保留有南宋书枢密院事郑寀原配阮氏的墓志铭。

隆兴寺是隆坪村的又一文化盛景，“业林深处有隆兴，三面环山钩月形，踞虎盘龙安胜势，晨钟暮鼓兆升平，蛛丝不挂屋檐净，红叶无飘瓦栋新，日遇圣僧成正果，继传衣钵有来人。”建于清顺治年间（1644—1661）的施济堂（庵），位于隆坪村后门山上，是隆兴寺的前身，据说古时瓦栋连云，华表映日，颇为壮观。特别让人惊奇的是，寺院后来虽历史经久，经风吹雨打，虫雕蚁蚀，慢慢地栋坏梁倾，逐渐凋残，但却始终未见蛛网牵挂檐下，堂的四周皆是大林，却又不见一片红叶飘积瓦面。随后，在十方善士、仁人君子慷慨解囊之下，寺院得以重建，名因地称，改名为隆兴寺。如今该寺已初成规模，雄伟壮观，并开辟扩充为佛学院，僧众及佛学院读经学生多达 100 多人。且新建的寺院整个栋面清洁光滑，果真不落一片残叶，实乃一大奇观。寺中开辟塔林，集全国书法名家石刻于一体，人们在隆坪村观览胜景的同时，到隆兴寺里看古迹、读古诗、吃素斋可真是别有一番天地。

虽地处深山，但丰厚的文化土壤孕育了隆坪人尊师、重教、乐于求知的优良传统。早在解放前，村里就有过私塾先生和私塾学堂，这在当时的整个闽东尚属少见。解放后，村民们率先让出祠堂办学校，于是隆坪村也有了“国立学校”。上世纪 70 年代，村里告别了祠堂，建起了土木结构新校舍，福安三中还曾经在这里开设过初中分班。许多农家子女在读书、掌握了丰富知识后，也纷纷当起了教师，教书育人。全村 1000 多人口中就有 110 多名从事教育工作，分布在闽东各县（市）中、小学教坛上，这使隆坪村

妩媚多姿桃花红（2013 年） 李安宝 摄

成了远近闻名的“教师村”。相传宋时朱熹涉足此地曾写下这样的诗句：“铜蛇赶蛤到溪边，汉凤朝阳拱中央。双龙戏珠锁水口，五百年后有贤人。”噫嘻！朱子的谶言今日终于变成了现实！

一年四季林木葱茏，鸟鸣花香，风景秀丽，淳朴的隆坪人在这大山深处世代繁衍。如今，溪流两岸的步行栈道，村庄的进一步绿化使隆坪村貌焕然一新，八方游客驻足流连，隆坪人也在新农村建设中收获着自己的希望和未来。

畲乡三月桃花红[①]

张志强[②]

三月阳春，暖和的不仅仅是溪流，还有我的目光。我的目光是被畲乡的桃花点燃的。当我在穆云乡虎头村下车时，简直无法想象初见的感觉。不是一小片桃树的花红，而是铺布在广袤的原野上的千亩桃红。那种错落有致又连成一气的粉红，犹如一块披在畲乡的薄红盖头，含羞似笑，让你觉得天地也变得如此妩媚多情。旁边是一条长长清清的啸溪，清到让你心醉的那种，清到让你忆起单纯的童年。花的妩媚与啸溪的清纯，共同勾勒出这幅畲乡美图。

在虎头，无论远眺或者近观，都让人赏心悦目。远眺，则见簇簇桃林犹如西天的彩云，淡红浅红粉红，闲散漂浮，连空气中都浮动着彩色的乐符；近观，则朵朵桃花好似轻盈的粉蝶，拥挤喧嚣欢唱，自在飞舞，在暗红褐色的树枝上演绎着童话的故事。在虎头，平野肥沃的土地里，桃花自然汇成了一条彩色的河流，空灵地流动，欢快地舒卷，它改变了你对色彩的定义。即使在山上，桃树依然是沿山而植，这里一簇，那里一丛，不管山风如何寂寞地吹拂，它们抱成一团盛开自得。桃树给我别样的审美感受，我看到它们战胜了孤独，战胜了喧嚣，清醒地明白自己的生命姿态。因为它们知道阳光始终和自己在一起，它们的花瓣翕开了阳光的翅膀，在山里飞翔。

最喜欢在非周末的清晨漫游虎头，游人不多，薄雾轻笼。花瓣上衔着甘露，娇态也在这个片刻真实浮现。空气中扇动着花香的羽翼，一个桃花岛又一个桃花岛温柔地将你

① 本文发表于2013年3月16日《闽东日报》。

② 现为福安一中高中语文教师。福建省作协会员，宁德市作协会员，福安市作协会员。在《福建日报》《微型小说选刊》《童话王国》等报刊发表作品百余篇。2013年5月，获福建省首届启明儿童文学奖。

拥抱，让你突然有遗世独立而成浪漫诗人的错觉。啸溪静静流淌，以水的灵动滋润花的温柔。土地有了桃花的映衬，也仿佛穿上了一件多彩的外衣，显得年轻而富足。几个少女隐藏在桃林中，随意抛出阵阵轻盈的笑声，使这样的清晨更加生机勃勃。在虎头，你可以暗许自己当一位吹箫赋诗赏花的桃花岛主，因为自由和浪漫，就是这里的精神。从虎头村中伸展出一块很大的空地，轻轻嵌入桃林，一棵年代久远的榕树长在那里，亭亭华盖，像是这片土地的守护神。果然旁边设有一庙，供村民祈祝。我透过漫如云彩的桃花，在默默想，这片土地一定是有灵魂的。

虎头——这样一个有威武名字的村庄，为什么会喜爱上多情的桃花，为什么会选择植桃来丰沃自己的乡土？也许是因为桃这一美丽的果树有着悠远的历史吧。早在4000年前，桃就被人类利用、选择、驯化、栽培，中国商、周时期已有普通桃的原始种，古书如《诗经》《山海经》《管子》，都对桃进行了诸多记载。在它进化的过程中，不断地进行自我超越，不仅有了丰富的品种，而且拥有了丰富的文化内涵，这与畲家人有着何等相似。在滔滔长逝的岁月长河中，在沧海桑田的社会变迁里，畲族人不仅没有被苦难压垮，而且拥有了自己独特的语言、服饰、音乐、体育、民间艺术和民俗风情，在民族大家庭中是一枝独秀，散发着独特的文化魅力。也许是因为桃是最能代表乡人幸福之梦的果树吧。在最初的《诗经·周南·桃夭》里，桃就已经在其中吟唱着“桃之夭夭，灼灼其华”的诗章。桃因生长旺盛，花色艳丽，结果早而多，亦象征着家庭人丁兴旺、祥和与幸福。到了东晋末年，陶渊明更巧妙地构思出一片世外桃源的景象：“忽逢桃花林，夹岸数百步，中无杂树，芳草鲜美，落英缤纷。”在陶渊明的笔下，桃又变为世外乐土的标志。我想，在漫长的植桃史中，畲乡人定然在每一棵桃树上倾注了勤劳的汗水，给每一朵桃花献上了最甜的笑容，而桃也一定被深深感动了，所以以累累的果实来回报畲乡人，让每一个勤劳的畲家都能“灼灼其华”，让每一个美丽的畲乡都成为桃源乐土吧。桃总是古人用以比喻人才、人品时对象。如“桃李满天下”“桃李不言，下自成蹊”“桃李盈门”等成语，一直沿用至今。从这片畲乡，曾走出了帝师郑寀，走出了一腔爱国热血的中华邮政局军邮总视察林卓午少将，走出了多少举人进士、硕士博士。畲乡人好学上进，心在故土，眼睛却看着世界，他们不做井底之蛙，视野开阔，愿担社会重任，勇济天下苍生，其精神与胸襟尤令人感奋。

在虎头，在这个平凡的小山村，我透过金色的阳光，似乎看到了这里的村民正以他们旺盛的生命力和深邃的智慧在这片土地耕耘，无数个创造的日子汇合在一起，厚重的文化便立起来了。面对这些朴素的畲乡人，你怎能不被他们的这种生命姿态所深深打动，并由衷地赞叹和产生敬意呢？三月，我在畲乡，看到桃花红了，看到村貌更新，看到村民笑靥，看到高速公路已通，由此我想到了桃的深层文化符号。在古时，桃树的兴衰，常联系着国家的兴衰。适逢太平盛世，百姓安居乐业，桃也得以很好发展。《尚书》记载："周武王克商，归马于华山之阳，放牛于桃林之野。"周武王凯旋而归，坐定天下，便公布了一项偃武修文的重大措施。这是一幅和平景象，不用别的花作陪衬，只用桃花，足见桃花和西洋的橄榄枝具有同样的意义。在今天伟大祖国的现代化建设进程之中，畲乡的千万桃林，不是也勇立时代的潮头，不是也在合唱一首春天的故事吗？正是：畲乡三月桃红，人间正是春浓。若觅世外乐土，不如转入此中。

桂林清泉洞[①]

王振秋[②]

乡愁，就像一坛陈年的老酒，岁月愈久，味道愈浓。因为，岁月酿造记忆的琼浆，时间沉淀怀旧的情感，已然在心田发酵。朋友的聚会，同事的闲聊，话题或多或少都会扯上家乡，福安西部的小村庄——桂林村。我不敢把家乡与山水甲天下的广西桂林相媲美，但她在游子的心中却有它处不可比拟的美。那里的每一株小草，每一朵野花，都散发我闻过的馨香；那里的山山水水都留下我儿时的足迹，都贮存我儿时的笑声。更何况，那里还有我的父母和亲人。

穆云乡桂林村，四周群山环抱。有天龙山、狮子峰、禄山峰，加上万亩林场，千亩生态林，处处树木葱茏，山清水秀，鸟语花香。终日长流不息的穆水，如同一条玉带绕林却不与啸溪合抱而自成一流。村内螺形状的道路别具一格，九弯十八曲的小巷里弄古民居鳞次栉比，交错有序，别有一番水墨江南的韵味。村头巷尾有千年古樟、五帝泉、万年蘑菇榕、明镜潭等景致，景景奇特。尤其以距村东两公里的风翔山的清泉洞，洞构奇特，巧夺天工。一块形似金龟的巨石冠顶，形成一个天然的殿宇，洞宽 9 米，深 32 米，洞内有洞，洞洞相通，一泓泉水潆洞而出，水流清清，水声汩汩，疑是银河落家乡。

① 本文发表于 2017 年 2 月 23 日《闽东日报》。

② 笔名梦笔、枫枫，生于 1964 年，福建省作家协会会员，宁德市作家协会理事。在省级以上报刊发表文学作品 50 多篇，各类文章 20 余万字。

相传，清光绪十三年（1887），村中秀才王贡南带着“寻龙先生”到风翔岗山腰处为祖先寻找墓地，看到这里奇石峭立，自成洞穴，洞内清泉自溢清香透彻，寻龙先生用罗盘对照后说：“此地真乃仙家境地，若建立读书楼阁必出大贵。”贡南听了很高兴，顺手把一瓶酒放在洞口，自个侧身爬入洞穴，想探一探这洞到底有多深，冷不防，洞内却滚出了一块大石头，击碎了酒瓶，于是，贡南不敢再往里爬。回家后，贡南放心不下寻找墓地之事，便建议村人开洞建阁，村中螺峰祠堂董事齐声赞许。开春后，便动工挖掘，挖开洞口，洞内竟有一个可容纳上千人的大厅，令人叹为观止的是，洞顶一块大石，足足有两座房子大小，像是天造的屋顶，覆盖着前后两座大厅，整个洞不施一瓦一木，便自成一处广宇。挖掘洞穴的过程中，村里安排一个叫王毛明的人在工地上守夜看管工具。可是一到夜幕降临，洞内便传出男女说话声和乐器弹奏声，王毛明毛骨悚然，惊出一身冷汗，连夜跑回村里。经他一说，是妖魔在作怪，其他工人也不敢去干活了。几天后，贡南写了一纸祭文，向洞中仙人祷告，请求各位仙翁夜晚勿在洞内大声喧哗，好让工程早日完成，日后定以万年之香火祭祀众仙。一纸祭文果然奏效，从此，晚上非但寂静无声，而且洞口云雾弥漫，清香飘逸，加之泉水叮咚作响，宛如仙境一般。贡南见此情景，提笔写下了这么一副对联：洞弥之气古，泉写道心清。这副对联头尾四个字联得也很特别，从头念起是“洞古泉清”，从尾念起则为“清泉古洞”。“清泉洞”，洞名一直沿用至今。

站在洞前远眺，穆阳溪水悠悠，洞前竹林苍翠欲滴；洞后漫山遍野的青松，呼啸的涛声，格外爽心悦目。清泉洞的松、竹、石、泉，以其鬼斧神工的特质，独自成景，没有丝毫的造作。身处此境，你感觉不到热烈和奔放，只有清新淡雅，仿佛心灵得到一次洗礼。漫步洞内，凉风嗖嗖，听泉水叮咚，看清涟涓涓，喝上一口久违的甘露，爽了唇舌，甜了心田。在洞旁先人仿普陀景观，塑观音云游像，建文昌阁，供村中学子膜拜魁星考取功名。由此，这里深深地烙上了宗教和文化的印记。

“石开石罅一泓清，我佛慈悲泻净瓶。虔折柳枝来蘸得，灵台洒试镜长明。”好一处心灵的栖息地！清冽冽的泉水养育着一方人。从桂林村走出去的学子屡屡出仕，荣宗耀祖，成就一番事业。

时间流转，生命红火。时光大致还是保留了这座小村质朴的颜色，不同的是，小村正跨着矫健的步伐，朝着宏伟的目标英勇迈进。

凤凰到此[①]

丁林霞[②]

风景常有，唯个性难觅。而个性，往往从这些气质传导出来：风韵、风情、风范、风骨……这样的气质一搭，念想的空间哗啦增大。风景如人，若颜值内在俱佳，相对而立，则四周空气荡漾流转，气场挪移变换，让人目不斜视。譬如穆云畲乡，端端地安在世界地质公园白云山下，仙气沾着人气，添了风情，染了风韵，增了风骨，白云山的底蕴就慢慢地晕染开来。

比如这穆云溪塔葡萄沟。和多数地方一垄一垄盖着塑料膜的葡萄棚栽方式不同，聪慧的“山哈”沿溪面用铁丝拉线搭架栽培，让刺葡萄藤蔓交叉穿插，远远望去，一大片一大片如绿色地毯般铺设而去的葡萄架，葱葱郁郁，连绵不绝。葡萄藤下溪水潺潺，溪岸番鸭成群，或溪里戏水，或岸边栖息；葡萄藤繁叶茂，庇荫一处凉爽。一串串的葡萄，颗粒圆润，裹着白霜，透着蓝紫，轻轻撩开紫衣，露出内里的鲜嫩与水润。满架的丰硕，已经不再是一种装饰，更是生命的投影，依偎在白云山下，透着南国风韵，带着畲家风情。

顺溪而行。数百年的相思树展开巨大的树冠，投射下大片的阴凉地，三两孩童，在树下嬉戏玩耍，这样看着，目光也变得柔和，想起进入白云山景区时，有道路标识：穆云穆阳，白云山。那时看着就觉得字形端正，结构匀称。穆——云，穆——阳，畲乡柔和的名字，轻轻地在唇齿间呼出时，更有温和恭敬，行云流水，明亮温暖的蕴意，这样的地名，声形意，皆属上乘，与“白云山”紧紧挨着，和谐融洽，让人心生喜欢。

有“山哈”挑着沉甸甸的葡萄担子从碇步桥上走过，两臂尽力撑开，紧紧握着绳索，控制箩筐晃动的幅度，汗水从额前淌下，脸上却带着欢喜。正午的阳光照在溪面上，也照在他身上，溪水粼粼，漾得身上仿佛镀了一层明晃晃的金光，犹如走在一条金光大道上。这矫健的步伐坚定沉稳，一如其畲族先祖从广东潮州凤凰山麓到福安的迁徙步伐。那始于唐代的步伐，数百年如一日地在这里踏响，在这里繁盛衍生，延续着“溪塔蓝”的辉煌与传统，溪边的“蓝氏宗祠”“畲族文化展馆”“王三公宫”“畲药生态园”与畲家遗存的民居、古亭、廊桥一起，默默收藏这些笃定的步履，让记忆倾听时光深处

① 本文发表于2016年11月17日《闽东日报》。

② 女，1978出生，回族，小学高级教师，鲁迅文学院第十八期少数民族文学创作培训班学员，福建省宁德市作家协会会员。

遮阴蔽日刺葡萄（2015 年）　　穆云畲族乡政府　提供

的动静。

现在，我对着这个宁德地区最大的蓝氏迁途起源地——穆云乡溪塔村，敬拜！敬拜！畲家的摇篮，似是应约的，我来了，这一约将是一生的念怀。有了念怀，仿佛一切都与自己相关。廊桥、流水、古道、土墙、黑瓦，还有黄狗，都与溪塔村好听的名字一样，让我喜欢。这个背靠白云山麓的村子很小很静，四周群山环抱，桃园偎依。依着背风向阳的山势建起的房子，错落有致。青山绿树，黄墙黑瓦，大块涂抹的色调，因有白灰勾勒的屋檐做边，衬着黑瓦愈加得黑，黄土愈加得黄。

村子前方是宽阔的大坪，大坪修有水池，池水清澈，应了“水聚明堂为吉”之说。水池旁大片的空地，几块平铺的谷笪上晾晒着红辣椒。红红火火，这就是日子。溪塔畲村，不管条件如何，不管外面的世界怎么样，畲家的日子就如晒在阳光下的一切：小巷可以悠闲踱步，土墙可以挡风避雨，黄狗可以看家护院，灯笼可以点上吉祥。

轻轻步入一户人家，来不及环视四周的布置和条柱上的大红对联，目光就叫厅堂上高高张贴的“凤凰到此”四字深深吸引。虽然我对畲族知之甚少，但我知道畲族有浓郁的凤凰情结，这与他们认定的民族发祥地广东凤凰山和三公主的传说有着天然的关联，他们视本族女性为凤凰化身。勤劳善良聪明美丽的畲族妇女以对本民族的卓越贡献博得同胞的普遍尊敬，形成了畲家特有的“崇凤敬女”习俗。结婚时，厅堂张贴“凤凰到此”，行跪拜礼时，新娘不下跪，新郎下跪。男尊女卑，仿佛在这里一下子颠倒。

“凤凰到此”是他们永远的心念。这心念，却让我一下分辨出这户人家的畲族身份，让我看到了被传承的畲族风俗文化，看到了如白云山般坚韧的畲家风骨。这心念，随着白云山的风悠悠转转，让每一朵白云都带着风情，让每一块石头都透着风骨，让我着迷。

晴川看白云

陈巧珠[①]

提到白云山，我的脑海里就会闪现出洁白、轻盈、缥缈的温柔之美，大朵大朵的白云在山间缭绕、缠绵。那种的洁白、那种飘云，只有白云山这种集山峰、峡谷、溪流、水库于一体的山情水性才能拥有。

白云山，千峰烘托，巍峨挺立于福安市西北部，据说就因常年白云缭绕而得胜名。我曾去过多次，虽说四时风光各不相同，但那里的悬崖、那里的峡谷，那里的翠树，那里的白云，那里的葡萄沟成了我的脑海中挥之不去的风景图。这次进白云山，先经历山脚下的溪塔村，是一个有着浓郁风情的畲族村，还是有名的白云山葡萄沟。两条溪流清澈透亮，缓缓而过，在村口会心地交汇，把村庄揽抱怀里。站在溪边或走在葡萄架下，感觉两条溪谷的潺潺流水，击石飞珠，飞溅的都是架上葡萄诱人的光芒。抬起头，架上的葡萄则密密遮掩，偶尔有一两束光柱泄下，仿佛有了神话里天宫神眼偷窥葡萄架下的甜蜜。几刻钟的酝酿，再上白云山，心里仿佛也多了几分情愫，车子沿公路逆流而上，打开车窗，清新的空气沁人心脾，这空气还是葡萄沟送来的，潺潺流水，淙淙有声，依稀中仿佛还有畲族青年对唱的余音；这空气是白云山送来的，葱葱绿树，呼呼有声，倾听中尽是天籁禅音。同行的朋友为了拍摄白云山的云海与日出，上白云山，我上白云山则如公路盘旋而上一样，为上山而上山。上山公路在没人没车行走时休息，我也在自己听星语与风歌后歇息。

---

① 福建省作家协会会员，供职于宁德市邮政分公司，从2009年开始创作，在《福建文学》等十几家媒体刊物上发表作品达50余篇。

星耀白云峰（2015 年） 穆云畲族乡政府 提供

第二天清晨，看日出，拍日出的人起得特别早，我在他们的动静里也爬了起来，他们扛着照相机直奔山崖，我紧跟其后。因了昨夜的一场雨，山顶的气息有些潮湿，风裹了这湿润扑面而来，那种山野的气息真分不清什么味，我只能说清新。东方闪现着温柔的光，在云层之中有了光芒，光线忽明忽暗，我静静地凝视着那一缕光芒，期待日出时那瞬间的喜悦。周围一片寂静，大家似乎屏住了呼吸，耳畔传来花落时轻柔的声音，我的目光轻轻地掠过远远的云端，在流光溢彩的期许里，思绪在第一缕阳光的温情里婉约晶莹。

天空渐渐亮起来，周遭染上了金属色，虽是初秋，而草木却风华正茂，微风轻拂中，留下一抹璀璨的霞光。霞光过后便是日出，日出之后便是晴天，雨后的晴天就会有意想不到佛光景观。我见到了，那是在云朵随着风翻滚之后，躲开太阳，铺就一层薄纱，万丈佛光直射而下，我静穆地站在佛光里虔诚合掌，在白云山巅能佛光沐浴，这是这方山水，这方日月的施舍，我俯首轻声道谢，感谢给我一个丽日与静夜，给我这清新山野味道，给我一个有虫鸣低语的空间。

下山了，白云山壶穴是在我看日出的白云山下，是在我溪塔村葡萄沟源头，这是世界地质公园白云山景区最神奇一道风景——九龙洞。我惊叹于大自然的鬼斧神工，一块块巨大的岩石经过亿万年流水的侵蚀而成的壶穴，形态各异，它们与山顶上的白云就这样静坐、对视，此刻虽然寂静无声，我却听到梵音阵阵，如行云流水般袅袅升腾，从水里，从岩石上，渐渐氤氲、蔓延、晕染开来，那梵音撩起天上的白云，给予诱惑的希望和光明。白云胜雪，岩石如墨，一种是空灵的美，一种是凝固的美，两种形态，一动一静，相得益彰完美地结合于天地之间的白云山，我就站在这无尽的地欣喜与遐思中。

风景别后成了念想，白云山的日出、白云山的佛光，白云山的九龙洞……一一流连。如同云恋山，岩恋水，葡萄恋溪塔村，相守永远。

山哈童谣（2008 年）　　黄俊　摄

大事纪略

穆云畲族乡自1984年10月23日建乡以来，辖区内一个个“一穷二白”的贫困畲村，几乎都实现了“百姓富、生态美”的幸福转型。成功施行造福工程，开发稀有矿石，打造旅游节品牌，是穆云畲族乡打造白云山下最美畲乡的真实写照。

穆云畲族乡造福工程

为解决穆云畲族乡内偏远山区贫困群众的生活难题，20 世纪 90 年代以来，全乡通过造福工程搬迁偏远山村及地质灾害隐患村，共 1043 户、4172 人，整体搬迁 3 个行政村、37 个自然村。黄儒村原村址在白云山脉 600 多米的半山腰，是革命老区基点村，也是福安市唯一的回族聚居村。1997 年 9 月，受第 11 号台风暴雨袭击，黄儒村后门山海拔 800 米处出现一条长 1000 多米呈“S”形的裂缝，长达 1 公里，宽 30 ~ 100 厘米。后经福建省地质工程勘察技术人员勘察认定，是当时福安市唯一的特大地质灾害隐患村，存在山本滑坡隐患。

上洋新村石碑（2014 年） 林新富 摄

1998年，黄儒村整村搬迁工程启动。穆云畲族乡党委、政府在桂林村秀溪洋征地44.77亩，首批安置黄儒村176户、706人，经过5次征地，共征得用地54.6亩，总投资7000万元。至2005年年底，全村248户、1160人全部实现搬迁。

新建的黄儒造福新村，集中安置黄儒村及周边村庄部分造福工程搬迁户，按户均54.6平方米建设四层半。新村按村镇建设规划，完成居住房等公共基础设施，自来水、电、有线电视、排污管道及路面硬化部分工程。2016年，农民人均可支配收入达12956元。

上洋村原址位于宁德世界地质公园白云山脚下，海拔350米，距穆云畲族乡政府所在地15公里，山高路陡，交通不便，是个经济落后的少数民族村，下辖陈厝、吴厝、华垅头、拱桥头等6个自然村。

为了改变“一方水土养不活一方人”的窘迫困境，穆云畲族乡优先考虑农村建档立卡贫困户、无房户以及危房户，鼓励“畲民下山”，把易地搬迁与美丽乡村建设结合起来，通过统一规划设计、群众自建、政府补助的方式，在桂林秀溪洋建设了占地面积70多亩的“上洋造福新村”。有33个偏远自然村和地质灾害点的搬迁户陆续搬往新村，新村面积逐渐扩大，现有住户265户、1161人，其中畲族人口占75%。

在充分考虑传统特色、生产生活需要等因素的基础上，穆云畲族乡先后投入600多万元，逐步完善配套道路、水电等基础设施，完善医疗卫生、文化、商业等公共服务体系。2016年，上洋造福新村被列为省级造福工程集中安置点，基础设施建设更加完善，农民更加安居乐业，生产生活更加方便。

开发“穆云红”矿石

1997年7月，留洋地区曾发现储量达十万立方米的石泡流纹岩矿。1998年4月5日，双溪村又发现优质石材矿——火山石泡、球粒流纹岩。经福建省地勘局火山岩专家认定，将其定名为“穆云红”，这批上等石材矿全国罕见，在福建省内也属首次发现。

1998 年 10 月，经福安市人民政府批准，穆云畲族乡在桂林村建立以石板材村加工为主的工业小区，占地面积 9.513 亩，主要用于发展特色“穆云红”石泡流纹岩加工的石制品，成为穆云畲族乡新的经济增长点。

穆云畲族乡桃花节、畲歌会

穆云畲族乡水蜜桃种植历史悠久，全乡水蜜桃种植面积超过 9000 亩，每年桃花盛开的季节，这里就成为一片粉色桃花海，吸引赏花游人如织。加之花季总逢畲族的传统节日“三月三”，穆云畲族乡将二者有机地结合在一起，从 2011 年开始，每年在水蜜桃种植最戎规模的虎头村举办富有畲乡特色的桃花节、畲歌会，截至 2016 年，已举办了六届桃花节。

首届桃花节畲歌会举行（2011 年）　钟秀云　摄

第二届桃花节畲歌会举行（2012 年）　钟秀云　摄

第三届桃花节畲歌会举行（2013 年）　钟秀云　摄

2011 年 3 月 24 日，福安市穆云畲族乡于虎头村举办首届桃花节、畲歌会，畲民们载歌载舞，欢迎宾客。

2012 年 3 月 27 日，穆云畲族乡在虎头村举办第二届桃花节、畲歌会和“走向生育文明，建设幸福家庭”宣传服务活动。活动内容有民俗腰鼓、畲家武术、杂技、舞蹈“打枪担”及民俗图片展。

2013 年 3 月 12 日，第三届桃花节、畲歌会在虎头村如期举办。畲歌会上表演的内容除传统的民俗腰鼓、武术、杂技、舞蹈外，还在虎头村大榕树下、坝沿、桃园油菜地安排 3 个对歌点进行畲歌对唱，表演赢得观众的热烈掌声。

2014 年 3 月 25—26 日，穆云畲族乡第四届桃花节暨民俗文化活动展演在虎头村召开。活动持续两天，主要节目包括原生态畲歌对唱、畲族舞蹈、畲族武术表演、福鼎木偶、霍童线狮、评书、布袋戏、畲族巫舞“奶娘踩罡”“起洪楼”等。同时在虎头吴氏宗祠举办摄影展，在洋中亭旧路设置糍粑、菅粽、乌米饭等风味小吃展台。展演场地主要集中在虎头民俗广场、篮球场、景观亭、桃源栈道等处。

2015 年 3 月 24—26 日，第五届桃花节暨民俗文化活动展演在穆云畲乡虎头村隆重举行，村中千亩绚丽桃园的壮观景象再次呈现在市民眼前，吸引各地游客数千人前来观赏。当天，在虎头村民俗广场、景观亭、木栈道、桃园等地点，同时进行民俗文化活动展演、原生态畲歌对唱、桃花缘相亲汇等活动。此届桃花节历时两天半，游客在赏桃花的同时，可以品尝到畲族风味美食，还能欣赏到极具民族特色的服装秀、布袋戏、提线木偶等节目，并有原生态的畲歌对唱伴随整个活动现场。

2016 年 3 月 18—27 日，为期 10 天的第六届畲乡桃花节在穆云畲族乡生态旅游景区虎头村如期举行。主持人王智辛主持开幕式，腾格尔登场演出，演唱畲族歌曲《幸福

第五届桃花节畲歌会举行（2015 年）　　林新富　摄

畲歌颂党恩》，此外还有现场作画、剪纸表演、畲族双音表演等节目，精彩不断，规模空前，给现场观众呈现了一场海西最具特色的桃花盛会。

该届桃花节围绕“清新福建美丽乡村”主线，以“多彩穆云，人文穆阳，魅力康厝”为三题，将原有的万亩桃花核心景区升级为“全域旅游”，即以福安穆云畲族乡虎头村桃源为核心，联动周边溪塔葡萄沟、世界地质公园白云山、开闽第一进士村（福建廉政教育基地）廉村、闽东革命老区楼下村、全国生态文化村棠溪村等景点，打造“白云山十里画廊乡村游景观带”。此外，还设置了“桃花仙子大赛”决赛、农特产品推介会、畲家宴、畲族特色文化表演起洪楼、上刀山、汉服协会成人礼、百人相亲大会等活动。

穆云畲族乡刺葡萄采摘节

穆云畲族乡的溪塔村有一条绵延近5公里的野生刺葡萄沟，是“中国三大葡萄沟之一”。在乡政府的鼓励下，溪塔村民在葡萄沟之外也遍种刺葡萄，全村种植刺葡萄面积超过900亩。每年8月是刺葡萄成熟的季节，2010年开始，依托溪塔刺葡萄沟和溪塔的畲族特色，穆云畲族乡每年举办一次主题各异的刺葡萄采摘节，截至2016年，已经成功举办了七届。

2010年8月21日，福安穆云畲族乡在溪塔村举办首届刺葡萄采摘节。穆云畲族乡畲族演员们在溪塔村葡萄架下载歌载舞，与该乡畲族群众一同庆祝刺葡萄喜获丰收。

2011年8月25日，闽浙五市“正园春”杯原生态畲歌展演暨第二届刺葡萄采摘节在福安市穆云畲族乡溪塔村举办。来自福州、南平、宁德、温州、丽水等闽浙五市的畲

闽浙五市“正园春”原生态畲歌展演暨第二届刺葡萄采摘节（2011年） 丁立凡 摄

别开生面的吃刺葡萄比赛（2015年）

畲女采摘溪塔刺葡萄（2014年） 林新富 摄

族歌手表演凤凰古调，包括畲族小说歌《祖宗歌》、罗连调《采茶歌》、双条落《义姐妹》、阿鲁调《节气歌》、福鼎调《拦路歌》、景宁调《祝酒歌》、顺昌调《敬茶歌》、福宁调《迎客歌》等。

2012年8月28日，由穆云畲族乡党委、政府，福安市纪律检查委员会办公室、福安市农业局、福安市果业协会联合举办的“第三届刺葡萄采摘节暨廉政文化进畲村活动”在溪塔村举行。来自各地的畲汉同胞一齐听畲歌、观民俗、赏美景、品葡萄。

2013年8月29日，由穆云畲族乡刺葡萄协会主办的“中国福安·穆云畲族乡第四届刺葡萄采摘节和‘畲业杯’原生态畲族民歌邀请赛”在溪塔村举行。畲族民歌邀请赛，有来自浙江、广西、江西等全国43个畲族乡镇的28支队伍、70多名选手参加。按照音准、节奏、音色、情感及台风、服装等多项评比，最后来自罗源县霍口畲族乡的雷莺香、雷建银对唱的《广东凤凰歌》获得一等奖。民歌赛中，宁德市畲族歌舞团助演舞蹈《火头旺》《竹响畲乡》等展现畲族生产劳动丰收的场面，赢得现场观众阵阵热烈掌声。本届刺葡萄采摘节期间，举行了“溪塔刺葡萄”地理标志证书颁发仪式，举办了“美丽畲乡·生态穆云”摄影展、畲族文化展览以及吃葡萄比赛等。

第六届刺葡萄采摘节暨刺葡萄上市推介会现场（2015 年） 林新富 摄

2014 年 8 月 27 日，福安第五届刺葡萄采摘节暨原生态畲歌会在溪塔村葡萄沟举行。来自宁德、霞浦、福安等地的畲族演员载歌载舞与游客一起欢庆丰收的节日，畲家小妹现场进行葡萄采摘比赛。

2015 年 8 月 30 日，中国福安·穆云畲乡第六届刺葡萄采摘节暨刺葡萄上市推介会在福安市穆云畲族乡溪塔村举行。数千名畲汉同胞齐聚溪塔村，游葡萄沟，品刺葡萄，戏清溪秀水，赏畲歌畲舞。活动进行刺葡萄种植大户颁奖，经溪塔村委推荐，穆云畲族乡刺葡萄协会审核，张榜公示，溪塔村雷廷付、兰松金、吴寿祥获得“刺葡萄种植大户”称号。

2016 年 8 月 22 日，第四届全国观光葡萄学术研讨会暨福安市第七届刺葡萄采摘节在福安市溪塔村召开。八方游客慕名前来，游葡萄沟，品刺葡萄，与畲族男女共同歌舞，纵情山水之间，共享葡萄盛宴。

这次刺葡萄采摘节，除传统节目外，还有葡萄采摘趣味比赛及“中国最美葡萄沟”授牌、穆云畲族乡生态旅游景区“国家级 AAA 级旅游景区”授牌仪式。

节日期间，畲家青年男女在路旁对唱畲歌，“山高水长歌悠扬，山歌就在云里藏”形成一派独有的畲乡田园风光，令人心旷神怡。《山哈生来爱唱歌》《凤凰与山客》《竹响畲山》等节目，歌声悠扬，舞步欢快，传达出畲族人民欢庆丰收的喜悦和畲族人民蒸蒸日上的美好生活。

"中国最美葡萄沟"授牌（2016 年） 林新富 摄

2016 年穆云畲族乡被命名为第四批全国民族团结进步创建活动示范单位

穆云畲族乡致力于开展民族团结工作，通过举办桃花节、畲歌会等大型畲族群众性活动，挖掘和保护畲族文化，维护民族团结和社会稳定，将民族工作融合于穆云发展建设的各个时期、各个层面。

2016 年 8 月开始，穆云畲族乡积极申报全国民族团结进步创建活动示范单位，牢牢把握"共同团结奋斗、共同繁荣发展"民族工作主题，制定《穆云畲族乡民族团结进步创建活动工作计划（2017—2019 年）》，成立穆云畲族乡民族团结进步创建活动领导小组，对创建活动进行部署推进。2016 年 12 月 20 日，穆云畲族乡被国家民委命名为第四批全国民族团结进步创建活动示范单位。

节日的喜悦（2012 年）　　詹建芳　摄

附录

收录了穆云畲族乡旅游发展总体规划之发展战略与定位、穆云畲族乡生态旅游区质量等级申请报告。

穆云畲族乡旅游发展总体规划之发展战略与定位①

指导思想

以美丽乡村建设为发展契机，以促进农民增收、农业增效、农村建设为核心，上位对接《福安市旅游产业发展专题研究》以及各相关规划要求，为完成“大白云山生态文化旅游区”建设目标，围绕福建省乡村旅游休闲集镇和特色村的规范要求，以“一村一品·一品一业”为指导思想，围绕其区位和旅游资源等比较优势形成旅游市场，并围绕市场培育旅游产业，稳步推进农村一二三产业融合，进而围绕产业合理分工，实现一村一品，一品一业（即一个村培育一个乡村旅游品牌，并围绕品牌培育一个旅游产业链），在旅游品牌培育上，以休闲农业创意开发、畲族民俗风情体验为手段，引风入景，错位开发休闲农业旅游产品和畲族民俗文化旅游产品，带动穆云经济与社会发展，促进“百姓富，生态美”，实现生产发展、生活富裕、生态良好的平衡发展，推进穆云畲族乡旅游发展和美丽乡村建设。

整体开发思路

依托白云山世界地质公园、国家AAAA级旅游景区等品牌优势，提升白云山景区的辐射功能，全面整合穆云乡的旅游资源，一以“农”为吸引力，依托现有的虎头水蜜桃生产基地、溪塔刺葡萄科技示范基地、洋坪蔬菜生产加工和生姜生产基地、留洋山区反季节蔬菜生产基地以及隆坪无公害茶叶生产基地，植入文创元素，遵循“创意＋休闲＋精致＋体验”的原则深化开发项目地的农业旅游资源，发展1—2个全国性休闲农业示范基地，打响“穆云塔溪葡萄”“穆云虎头水蜜桃”“穆阳线面”“穆云双溪嫩姜”“穆云蟾溪绿色稻米”“穆云桂林烤肉”六大地方品牌；二以“白云生处有人家”作为亮点，创意改造乡村

① 本文节选自《福安市穆云畲族乡旅游发展总体规划（2016—2025）》。

民居，塑造“白云山人家”乡村民宿联盟品牌；三以古村落与山水的结合，深入挖掘宗祠制度下畲族人民聚族而居、繁衍生息的村落文化，深化畲族民俗体验。

围绕“一村一品·一品一业”的指导思想，近期重点培育以白云山景区大道为主轴的桂林——“商阜闽村”、虎头——“桃花源里”、溪塔——“畲情葡萄沟”、玉林——“廊桥人家”、双溪——“峡谷驿站”、南山——“悠然田居”、咸福——“水墨古村”、蟾溪——“稻花香里”、竹州山——“红色村寨”、洋坪——“福寿人家”的十大乡村旅游品牌连线的“十里画廊乡村旅游带”和隆坪——“佛学古村”、下逢——“从溪慢游”、翁洋——“百鸟脆林”连线的“生态古村休闲长廊”，中远期辐射带动贵洋、桥溪、燕坑、里楼、外垄、外洋、外厝、王楼“高山休闲农业环线”建设，通过做好旅游八大要素——食、宿、行、游、购、娱、育、美组合式开发，使规划地的各个项目串点成线、连线成面，有效实现项目地空间布局合理开发。

战略定位

总体定位

依托白云山世界地质公园、国家AAAA级旅游景区等品牌优势，提升白云山景区的辐射功能，立足资源优势，突出差异和特色，抓重点，出精品。通过打造十大精品（商阜闽村——桂林村、桃花源里——虎头村、畲情葡萄沟——溪塔村、悠然田居——南山村、红色村寨——竹州山、廊桥人家——玉林村、稻花香里——蟾溪村、水墨古村——咸福村、峡谷驿站——双溪村、佛学古村——隆坪村），形成十大亮点（四季乡村旅游节、“白云山人家”乡村民宿品牌、养生家宴、珍奇六色、从溪漂流、银坑探险、千年古榕、商埠豪宅、秀丽穆水、乡贤英杰）。将“十大精品”“十大亮点”作为核心产品，形成由精品和特品构成的产品结构，从“青山、秀水、果香、田园”到“古树、古建、民风、人杰”乡村八大要素，将穆云总体旅游品牌——“白云山下·最美畲乡”的内涵具体化。

与此同时，以十里画廊乡村旅游带作为本次规划的引爆点，辐射带动周边的乡村旅游项目跟进发展，通过几个方位的组合式开发，使规划地的各个项目串点成线、连线成面，有效实现项目地空间布局合理、产业优化发展、乡村环境美化、村民幸福致富，将项目地打造成集生态休闲度假、畲族风情体验于一体的乡村旅游休闲目的地。

“十大精品”“十大亮点”精准定位

此次规划的“精品”与“亮点”既紧密联系又相互区别，具体地说，“精品”是从大的方面来说，即指把已成熟的或旅游资源丰富但尚未开发的旅游景区进行重新包装，精心策划，使该景区成为穆云旅游的“拳头”产品，从而吸引更多游客前来参观游览；“亮点”则是从小的方面来讲，即指某一处旅游景点，或某一道自然景观，或是某一处特色建筑，或是当地特产，或是运动项目等能够使游客眼前一亮，为之一震，即便游客以前参观过、游玩过、品尝过，也会发现穆云开发出来的这些特色旅游产品与众不同，独具风格，形成一道亮丽的景观。从某种程度上，“精品”包括“亮点”，甚至有一些“亮点”正融于“精品”之中，二者的关系是相辅相成的，这些“精品”与“亮点”正是整个穆云旅游资源浓缩而成。总之，穆云虽然旅游资源丰富，但要想吸引更多的游客前来，单凭自身的旅游资源还是远远不够的，这就需要日后的规划与开发，将穆云的典型旅游资源打造成吸引游客的“精品”与“亮点”。

穆云畲族乡旅游十大精品一览表

表 3

村落定位	具 体 内 涵
商阜闽村 —— 桂林村	以王氏宗祠、古渡口文化、清泉洞道教为核心，以商贸文化为线索，进行仿古修缮，节点开发恬静悠闲的访古游、亲水娱乐活动等项目，并将其农民商贸街进行整改，打造餐饮、购物等集散中心，配合相关的体验活动打造富有古商贸文化气息的商阜闽村
桃花源里 —— 虎头村	以桃花源里为打造口号，千亩桃园作为桃花源里的景观背景，将农耕文化、畲族文化、桃文化如星光般布置在园区中，打造一个桃文化主题休闲园
畲情葡萄沟 —— 溪塔村	以水上葡萄沟为背景吸引物，融葡萄文化、水文化于畲族文化，设计浪漫风情的亲水活动、独具风情的畲族对歌活动、溪塔刺葡萄采摘节、端午祭祀节活动、溪塔摄影写生活动、刺葡萄酒 DIY 以及葡萄架下的其他系列活动，打造一个富有畲族风情的水上葡萄沟
悠然田居 —— 南山村	以布达拉宫式奇特村落景观为亮点，村落依山而建，古村落保留完整，此地以乡村田园风光及自然生态环境为背景，做好精品民宿客栈品牌，融休闲度假、露营探险等多种功能于一体的悠然田居
红色村寨 —— 竹州山村	以石臼景观群为重点，以红色文化作为资源依托，开发中共安德县委根据地、红军洞、人民公社食堂、中共畲族革命纪念碑、竹州山革命红叶石林等景点，将其打造成为集石臼观光探险、红色文化体验等于一体的红色文化体验旅游地
廊桥人家 —— 玉林村	以古廊桥为核心，以特色古村落为背景，营造小桥流水人家氛围，发展廊桥考察、村落观光摄影旅游地
稻花香里 —— 蟾溪村	以“稻花香里说丰年，听取蛙声一片”为灵感，充分利用蟾溪村环村高山梯田资源，开发稻米主题休闲项目，打造开发以田园休闲、农业体验、观光摄影写生等功能于一体的稻田休闲旅游地
水墨古村 —— 咸福村	以白云山国家 AAAA 级旅游景区的服务区为基础，充分利用环村百亩高山稻田，以古民居为依托，开发集传统工艺、购物、特色民居、养生美食与一体的休闲集散地

续表 3

村落定位	具 体 内 涵
峡谷驿站 —— 双溪村	以穆阳“上四府”古驿道作为背景，修缮古民居，开展客栈餐饮，以峡谷无公害蔬菜、生姜田为重点，形成融菜地休闲、绿色餐饮、峡谷休闲等多种功能于一体的配套设施完善的穆云峡谷驿站休闲旅游地
佛学古村 —— 隆坪村	以“三古”（古文化、古建筑、古树）为基础，以福安隆兴寺甘露佛学苑为核心，联合“林氏宗祠”“节孝牌坊”等历史文化古建，开展观光、休闲、科普、佛教文化学习等专项旅游项目

穆云畲族乡旅游十大亮点一览表

表 4

亮点名称	具 体 内 涵
四季乡村节	春季，以“春暖花开，多彩穆云”为主题打造虎头桃花节、溪塔畲族民俗旅游节、蟾溪插秧比赛等 4 项乡村旅游活动。夏季，以“荷香果甜，甜蜜穆云”为主题，打造溪塔刺葡萄采摘比赛、蟾溪稻田摸鱼比赛、周末露天电影院、竹州山知青生活体验活动、留洋区山地自行车骑行比赛等 10 项乡村旅游活动。秋季，以“禾稼载黄，丰收穆云”为主题，打造“穆云水稻收割节”乡村旅游活动。冬季，以“乡土情长，温暖穆云”为主题，打造泥煨农家特产、夜憩农家客栈等乡村旅游活动
“白云山人家”乡村民宿品牌	以“白云山人家”作为穆云乡地域性民宿品牌对穆云乡民宿行业进行联盟，指导并帮扶愿意开发农家民宿的村民，在保留原有农舍和山林的基础上，将村落老房子改造成为观景餐厅、乡野民宿等设备，营造穆云乡“白云山下有人家”的村落气息
养生家宴	以绿笋土鲍汤、穆阳扁食、桃胶酸辣汤、红糖菅粽、蛎包夹饼等作为五大招牌菜，突出“绿色、保健、养生”的特点，力求菜品的色、香、味俱全。在品尝美味的过程中吃出文化、吃出学问
珍奇六色	六色（粉、紫、黄、绿、黑、白）代表当地六大特产：虎头水蜜桃、溪塔葡萄、双溪生姜、福安大白茶、穆阳烤肉、穆阳线面，将六者合理组合，丰富旅游商品，在游玩过程中，品尝特色菜肴。同时，也可将其当作纪念品馈赠亲友
从溪慢游	以桥溪村、贵洋村、下逢村龙溪水域内、犁田沿途清幽的环境为依托，规划桥溪村为上漂流口，犁田村为下漂流口，开发溪流慢游的活动，让游客乘竹筏或橡皮艇顺势而下，观赏两岸珍奇古树，乡村美景
银坑探险	以外垄、外洋、里楼等村至今保留的 40 多个宋代炼银坑遗迹为依托，将现有保存较为完善的炼银洞进行进一步保护，对尚存的银瓠、银窝、银线设置讲解牌；布置展厅，介绍历朝历代的银矿工人的生活处境；在银坑洞崎岖不平的路况，开展银坑探险活动；在地势较为宽阔的地方，布置休闲吧，供游客休息，并依此规划几家银饰工艺品店
千年古榕	千年古榕位于桂林村内，面朝秀水穆阳溪，风景宜人，可打造成为开放式生态观光公园和园林，并结合红军抗战故事，增添公园的文化底蕴
商埠豪宅	以商贾豪宅为基准，开发具有科学研究价值的体验性专项旅游产品和综合性旅游产品。以“三雕”为主要内容，合理地设计旅游路线。有选择地新开发能够突出体现畲式民居建筑特色的旅游产品
秀丽穆水	以“黄金水道”穆阳溪为基准，为体现古代水运交通枢纽，设置古代货船、仿古游船，开发夜游穆云等亲水旅游产品
乡贤英杰	以郑寀、缪烈、钟日往、王九韶、王祖如、王贡南、刘绍基、刘绍淇等乡贤作为基础，以村落历史文化作为基准，开发名人文化访古游

产业定位

依托白云山世界地质公园、国家AAAA级景区等品牌优势，以“农民增收、农业增效、农村增美”为核心，积极发展生态、精致的乡村旅游，塑造穆云乡村旅游品牌形象。近期将旅游业发展成为穆云乡融合一二三产业发展的新兴产业，有效保护良好的生态环境、传承传统优秀民俗文化的绿色产业，中远期将旅游业培育成穆云经济的主导产业，推动区域经济发展、城镇建设、环境美化和全面小康社会建设的重要龙头产业。

形象定位

根据穆云乡乡村旅游主体资源及市场需求导向，综合考虑穆云乡未来旅游发展前景，将穆云乡旅游总体形象定位为：

“白云山下”——体现穆云畲族乡依托福安白云山世界地质公园的区位优势。

“最美畲乡”——体现穆云生态美·古村美·风情美三位一体的乡村美。

市场定位

从市场现状来看，近5年来福安市旅游增长较快，以福安白云山为例进行搜索分析，福安本地及宁德、福州、泉州、厦门、温州等地客源相对密集，浙江、上海、广州、京津等发达省市有待进一步挖掘客源潜力，同时白云山开发较晚，相对于太姥山、白水洋，福安白云山世界地质公园搜索指数偏低，龙头带动作用并未很好地体现，而周边的坦洋村、廉村等特色文化旅游的关注度比穆云乡的关注度要高，客源分布相对广泛。从市场需求状况来看，按交通的远近距离来看，近程市场如宁德、福州、温州等周边市场拥有近2000万人的潜在市场，出游需求旺盛，而且随着该区域机动车保有量逐步增加，以自驾游为形式的自助游越来越发达；远程市场如长三角地区、珠三角地区、环渤海地区旅游消费能力日益增强，对产品独特性和体验性等要求更高，更加偏好生态休闲、文化体验、乡土风情等，旅游消费更注重品位。从专项市场来看，穆云乡宗祠较多，民间信仰丰富多彩，问祖寻根的市场有挖掘的潜力。

穆云的目标市场应以三大市场分级推进，以福安市及周边县（市），宁德市、福州市、福鼎市、温州市、厦门市、泉州市为一级目标市场；以上海、广州等长三角、珠三角等发达城市客源、北京以及福建省内其他城市客源作为二级拓展市场；以华中城市群等地作为三级机会市场分级推进。

发展战略

品牌塑造战略

通过环境治理、绿化、项目建设、旅游服务、旅游商品和全方位的旅游公关推广活动（含特色鲜明的节庆活动），促使旅游者、公众和媒体从视觉和实地体验中加深印象，从而树立起穆云水清、山秀、林美、天蓝、人亲、果香的天人高度合一的品牌形象，成为区域持续发展的内在动力。

错位发展战略

穆云乡拥有以畲族文化、农耕文化、果文化等旅游资源，同时拥有村落景观、自然生态景观等旅游资源。规划应该抓住特色资源，充分挖掘这些特色旅游资源，重点开发特色农耕文化、畲族民俗文化、村落休闲观光摄影等旅游产品，与周边地区形成错位发展格局。

持续发展战略

穆云乡旅游发展应该以有利于原生态环境和乡村旅游资源保护为重要保障。在旅游开发过程中，尤其注重对水体资源与环境的保护，加大监管力度，处理好社区居民、企业、政府等主体在旅游发展过程中的地位和作用，实现生态效益、经济效益和社会效益的统一。

人才发展战略

人才既是穆云乡旅游业的创业之本、竞争之本、发展之本，也是旅游生产力发展的重要因素。穆云旅游业实施人才战略，目的是培养造就一支数量充足、结构合理、素质较高、适应国内外市场发展的旅游人才队伍，包括行业管理人才、企业经营管理人才和技术人才。为此，穆云乡必须利用和开发乡内外、国内外人才市场和人才资源，运用内部培育和外部引进两种方式，构筑整体素质、能力超过周边区域的人才高地。同时，开通多渠道的人力资源开发途径，并以法律、经济和制度手段，营造重视人才、吸引人才、激励人才、合理使用人才的氛围。

发展目标

充分利用穆云乡的地理区位优势，发挥少数民族乡的特色，依托穆云独特的农业旅游资源与优美的乡村环境，进行产品设计与品牌营销，紧密联系周边知名景区，充分挖掘当地的资源与文化，通过资源整合、综合规划和目的地管理手段的有机结合，通过组合串线促进乡村旅游发展，促进产业链的形成，将穆云乡打造成民俗体验、生态休闲、乡村度假于一体的乡村旅游地，逐步将项目地发展成为福建省乡村旅游休闲集镇、福建省乡村旅游特色村精品示范点、国家生态旅游示范区。

穆云畲族乡生态旅游区质量等级申请报告①

旅游景区简况表

表 5

名称	穆云畲族乡生态旅游区			主管部门	福安市旅游局	
性质	在下列正确的位置划（√）：风景区（√）、文博院馆、寺庙观堂、旅游度假区、自然保护区、主题公园、森林工园、地质公园、游乐园、动植物园、工农业旅游、科教文化及其他					
通讯地址	福安市穆阳镇东旭街 77 号			邮编	355002	
电活	0593−6782100			传真	0593−6782101	
网址	http：//www.famyx.gov.cn					
负责人	钟廷富			电话	13950505500	
基本数据						
申报详细范围与面积（需附图说明）		溪塔村与虎头村范围，面积 3000 亩				
依托城市（镇）名称		福安市				
日接待最大容量		1 万人				
工作人员	总人数	28 人	导游（讲解）人员	6 人	保安人员	6 人
	管理人员	8 人	高级导游（讲解员）	人	环卫人员	8 人
上年经营情况	接待游客人数		35 万人次	营业收入		万元
	其中：入境游客数		0.1 万人次	利润总额		万元
	门票价格		元	上缴税费		万元
投入情况	累计投入		1600 万元	年均投入		万元
开业时间	景区自 2007 年 6 月开始开业接待游客					

① 本文是穆云畲族乡生态旅游区《旅游景区质量等级申请评定报告书》的一部分。

旅游资源概述

穆云畲族乡生态旅游景区是闽东北亲水游线路的重要组成部分，主要由溪塔葡萄沟和虎头桃源两大景点组成。溪塔葡萄沟美在溪山秀丽、畲族风情，美在满溪满涧的葡萄，被誉为“全国三大葡萄沟之一”“南国葡萄沟”。葡萄沟系当地畲民们利用秀溪、詹溪两条溪流，在溪旁种植野生刺葡萄，溪面搭架，形成绵延近 6 公里的葡萄沟。沟上绿荫蔽日，沟下流水潺潺，形成一道南国独有、美不胜收的风景线。虎头桃源依山傍水，风景优美，民风淳朴，宁静安详。村中畲民以种植穆阳水蜜桃为主，目前全村种植面积达 1000 多亩，已成为穆阳水蜜桃最大的生产基地之一，也因此形成虎头桃花“沃野千里，竞相绽放”的盛况。阳春三月“满树和娇烂漫红，万枝丹彩灼春融”，一抹抹粉红的桃花掩映村道，引领我们走进桃林里的村庄，“阡陌交通，鸡犬相闻”的宁静足以让人忘却尘世的纷扰。

溪塔、虎头皆为畲族村庄，溪塔共 133 户、633 人，村民皆蓝姓，先祖自明万历年间迁入，是闽东蓝姓畲族的主要发源地，称为“溪塔蓝”。虎头共 217 户、825 人，村民皆吴姓，先祖吴达公居虎头已有 300 余载。两村至今仍存完整的畲家习俗，遗存有古民居、古亭、古桥，展现独具特色的畲族风情。溪塔地处峡谷、风光幽美、山群环抱、山清水秀，一年四季树木葱郁，村中有溪涧交汇南流，溪涧两岸生长大量野生刺葡萄沿溪搭架，茂密生长的藤蔓覆盖溪面，连绵数里。沿溪而下便是虎头桃源，伴随着淙淙溪涧流水，两岸的桃枝在风中摇曳，千亩桃园孕育而生。每逢“三月三”、桃花节、刺葡萄采摘节等节日，这里人如潮，歌如海，乌饭飘香，畲歌盘答，金舞银饰，蔚为奇观。溪塔葡萄沟、虎头桃源是现代都市人旅游观光、休闲度假的绝好去处。

随着近年来的不断发展，现如今已形成自身特有的运营模式，一是以文化活动促交流，这里畲域风情丰富，民风古朴，畲文化积淀深厚，村中已连续举办数届大型的群众性畲族文化保护活动和艺术活动，传承和发扬畲族祠堂文化、歌谣文化、巫术文化、婚饰文化及枪担舞、舂糍、乌饭、包菅粽等畲族民俗文化，增进了文化交流与理解。二是以技术支持促发展，溪塔刺葡萄与虎头水蜜桃的种植皆以技术为基础，注重培育优质品种，因地制宜，积极培育现代农业。三是以组织发展聚力量，积极成立专业合作社与种植协会凝心聚力、整合资源，以一户带多户，共同富裕。

发展概况

穆云畲族乡生态旅游景区行政归属穆云畲族乡人民政府，经营管理单位为穆云畲族乡生态旅游区管理委员会。

溪塔葡萄沟景点：

溪塔刺葡萄的种植历史可以追溯到20世纪80年代，畲民在栽培刺葡萄的过程中，利用秀溪、詹溪两条溪流，因地制宜地沿溪面用铁丝拉线搭架，牵引刺葡萄藤蔓交织穿插生长，自然构起一条绵延六公里的葡萄沟奇特景观，沟上绿荫蔽日，沟下流水潺潺，形成一道南国独有、美不胜收的风景线，吸引着来自四面八方的游客，其发展历程如下：

2006年：全国葡萄协会会长誉其为“中国三大葡萄沟之一”，作为“闽东北亲水游”的站点入选CCTV十大完美假期旅游线路；

2007年：获全国旅游景区质量等级评定委员会评定为国家AA级旅游景区；

2008年：挂牌成立溪塔社区，是福安市社会主义新农村建设试点示范村和全省仅有的六个农村社区建设实验点之一；

2011年：溪塔获得三星级乡村旅游经营单位荣誉称号。

2013年：“溪塔刺葡萄”获国家工商总局地理标志证明商标，同时溪塔村也被评为中国村社发展促进会评选为“中国特色村”。

虎头桃源景点：

“穆阳水蜜桃”的种植始于20世纪30年代，至今大约有80多年的栽培历史，随着近年来不断加强技术支持和规划发展，虎头桃源脱颖而出，正如《桃花源记》所描绘：“土地平旷，屋舍俨然。有良田美池桑竹之属”。一抹抹粉红的桃花掩映村道，引领我们走进桃林里的村庄，“阡陌交通，鸡犬相闻”的宁静足以让人忘却尘世的纷扰。其发展历程如下：

2008年：被宁德市科协授予“科普工作先进单位”；

2009年：被福建省科协、财政厅授予“福建省科普惠农兴村先进单位”；

2011年：虎头水蜜桃协会成功注册“虎桃牌”商标；获福建省“无公害农产品认证”“无公害农产品产点认证”“品牌农产品证书”；“穆阳水蜜桃优株选育及配套技术研究应用”获得福建省农业科技二等奖；

2012年：获国家农产品地理标志称号。

如今，将溪塔葡萄沟和虎头桃源的优势互补，畲族文化一脉相承，生态农业相得益彰、互融互促，共同构成穆云畲族乡生态旅游景区。整个景区工作人员28名，其中管理人员8名，讲解员6名，保安人员6名，环卫工作8名。在上级领导部门的大力支持、村“两委”和群众的共同努力下，累计投入1600万元，近三年投入1000万元。

旅游活动项目

穆云畲族乡生态旅游景区作为目前少有的以生态农业与畲族文化相结合的旅游项目，具有其独特的、具有代表性的融畲族风情和民俗文化于自然生态的节庆活动：

1.“三月三”畲歌会：三月初三是畲家的乌饭节，每逢此佳节，便邀请霞浦、福鼎、罗源、蕉城等闽东地区的畲族同胞，成群结队在葡萄沟下、桃花源里尽情对唱畲歌，以歌传情，歌颂劳动，表达爱情，在聆听悠扬畲歌的同时，吃畲族特有乌饭，品畲乡特色饮食文化，吸引着众多游客。

2. 桃花节：阳春三月，穆云畲族乡生态旅游景区漫山遍野，桃花盛开，油菜花点缀其间，风景如画，吸引成千上万的游客纷至沓来，可谓花如海，人如潮。

3. 刺葡萄采摘节：金秋九月，当葡萄挂满枝头，刺葡萄采摘节便会如期举行，一同庆祝丰收的喜悦。“串串葡萄串串情，情牵藤架歌满喉。葡萄佳酿溢醇香，田园风光醉心头。”吃葡萄、品佳酿、听畲歌……人们体验着畲族风情，流连于葡萄架下。

畲族是一个热爱生活的民族，在日常生活中时常也是以歌代言，而每当春节、元宵节、“二月二”、“三月三”、“封龙节”、“六月六”、中元节、中秋节、重阳节、冬至节等畲族传统节日时，能歌善舞的畲族男女便会演绎唱述本民族历史和神话传说等。除此之外，穆云畲族乡生态旅游景区还有以下旅游项目：

畲药生态园：畲族先民身处偏僻山村，深谷凝云，高岗锁雾，纵横溪河，涧泉飞瀑，雨量充沛，增加了空气相对湿度，呈现“雨天满山云，晴天遍地雾”“湿而不暑，湿而不瘴”的小气候特征。长年朝雾夕岚、温和湿润的独特气候，是个得天独厚生长畲药的地方。溪塔、虎头作为深山纯畲村，其畲药开发价值高。

古文物保护园：景区内现遗存有古民居、古亭、古桥，尤以溪塔廊桥、“孩儿撑伞”建筑等为代表，展现独具特色的畲族风情。

摄影家园：溪塔葡萄沟、虎头桃源一年四季山水如画，而其却更似待在深闺的美丽少女，依然安静地绽放，吸引着摄影家们前来驻足，揭开其神秘面纱展现在世人面前。

主要参考文献

〔明〕陈应宾修，闵文振纂:《福宁州志》，明嘉靖十七年（1538）版。

〔明〕陆以载纂:《福安县志》，明万历二十五年（1597）版。

〔清〕朱珪修，李拔纂:《福宁府志》，清乾隆二十七年（1762）版。

〔清〕张景祁等纂修:《福安县志》，清光绪十年（1884）版。

习近平著:《摆脱贫困》，福建人民出版社，1992 年版。

福建省福安市老区志编纂委员会编:《福安市老区志》，1994 年版。

《福安市畲族志》编纂委员会编:《福安市畲族志》，福建教育出版社，1995 年版。

福安市地方志编纂委员会编:《福安市志》，方志出版社，1999 年版。

李向平著:《中国当代宗教的社会诠释》，上海人民出版社，2006 年版。

张先清著:《官府、宗教与天主教：17—19 世纪福安乡村教会的历史叙事》，中华书局，2009 年版。

福安市统计局、国家统计局福安调查队编:《福安统计年鉴》，2016 年版。

编纂始末

2015 年 5 月，中国地方志指导小组办公室印发《中国名镇志文化工程实施方案》的通知，提出出版一批质量高、影响大、社会效益好的名镇志。穆云畲族乡有着极富特色的民族风情、丰富的旅游资源和大量的文物古迹，值得向外界宣传、推介。此时由蓝炯熹主编的《穆云畲族乡志》已经海峡书局正式出版。穆云畲族乡党委、政府研究决定在已有一部综合志的基础上，对乡内的传统文化、乡土文化、民俗文化、民族文化，乃至它们的保护、开发与传承情况进行再搜集、再整理，申报中国名镇志文化工程项目。

同年 7 月，穆云畲族乡名镇志文化工程项目启动，成立名镇志编纂领导小组和编纂委员会。在福建省方志委、宁德市方志委及福安市方志委的帮助与指导下，根据《中国名镇志文化工程实施方案》的具体要求，编委会制定了编纂方案，确定了志书纲目体的架构，力求突出特色。编委会对各纲目的内容编写与材料搜集工作做了分工安排，于 9 月完成志书初稿。

2016 年 3 月 26 日，中国名镇志文化工程丛书编纂指导会在周庄举行,《穆云畲族乡志》被列为重点推进的名镇志之一。在福建省方志委主任陈秋平，副主任俞杰、林浩的关心指导下，在中共福安市委、市政府的大力支持下，志书开始第二轮从目录到内容的多方位调整，穆云畲族乡独有的民族风情与独特的旅游资源得到了更好地突出展现。春去秋来，丙申至丁酉，编委会全体成员克服困难几易其稿，第二轮志书的总纂工作终于完成。

北京市方志办原主任王铁鹏，福建省方志委市县志辅导处处长吕秋心，福建省方志委市县志辅导处副处长曹斌，福安市方志委原主任、现福安市政协副主席梁丽琪等对志书篇目设计、内容采编、照片应用等方面提出的宝贵修改意见和建议，为志书的最后定稿付出了心血。在短短时间内能够完成如此浩大的文化工程，离不开业已出版的《穆云畲族乡志》奠定的基础，离不开主编蓝炯熹及编纂委员会的全体成员所做的大量细致、艰辛的工作。在此，谨向关心支持本书编纂的各级领导、专家学者和社会各界及全体修志同仁表示衷心的感谢！

志书编纂不仅涉及面广，而且资料丰富，虽潜心考证、不断修正，但由于时间仓促，部分资料不全，加之编写水平有限，书中难免存在许多缺漏与不妥，敬请专家、读者与关心志书的朋友谅解，并提出宝贵意见、建议。

编　者

2017 年 12 月